海商法

李 賀、胡 聰◎編著

前　言

　　海商法是一個古老的法律體系，它是為了適應通商航海貿易的發展而逐步建立起來的，是一門實踐性很強的學科，從國際法到國內法，再趨向於國際統一化發展。海商法專門研究海上運輸關係和船舶關係，以其為研究對象，相應地形成了獨特的法律制度。鑒於此，我們組織了有長期教學和實踐經驗的教師，吸收國內外的研究成果，以中國現行海商法典為參照系，編寫了這本最新的《海商法》。

　　全書共分為13章，主要介紹了海商法總論、船舶物權、船員、海上運輸合同、船舶租用合同、海上拖航合同、船舶碰撞、海難救助、共同海損、船舶污染損害賠償、海事索賠責任限制、海上保險合同、海事爭議的解決。本書的編寫，採用理論與實踐相結合、思考與辨析相結合、廣度與深度相結合，既考慮了海商法專業，又兼顧其他相關專業的必修課程需要，在內容闡釋的深淺程度上，盡量考慮了不同層次、不同專業的需要。

　　本書在編寫時對每一章做了下列闡述：首先，本章概要針對章的內容作了一個學習前的導引。其次，學習目標針對章的內容作了遞進層次上的編排，使學生能把握學習中的重點；技能目標可以培養學生的思辨能力和解決實際問題的能力；先導案例將激發學生的學習興趣，通過案例使學生明確學習的內容，增強學生的學習自信心和學習的自覺性；知識精講把理論和實踐融會貫通地結合在一起，在內容的講解上，穿插了「知識小百科」、「法律課堂」、「案例應用」，便於學生加深對知識的理解。最后，本章小結對章的內容作了一個概括和總結。鑒於本課程具有較強的實踐性，本書立足於提高學生整體素質和學生綜合職業能力，使其掌握必要的專業知識，課後編排了基礎訓練（包含單項選擇題、多項選擇題、判斷題、簡答題、技能應用題）、模擬法庭（包含案例分析、實訓操作），配合學生在掌握海商法的基礎上，靈活運用海商法解決實際問題。

前言

本書由李賀、胡聰編寫。其中，第一章、第二章、第三章、第四章、第五章、第七章、第十二章由胡聰執筆；第六章、第八章、第九章、第十章、第十一章、第十三章由李賀執筆。本教材適合高職高專和應用型本科教育層次的海商法及國際航運業務管理等法學類、航運管理類專業的學生使用，也可作為自學、從事海商法實務、司法考試人士的教材使用，其內容做到了與考證對接。另外本書配有免費的電子教學課件、習題參考答案，從而為讀者提供全方位的、細緻周到的教學資源增值服務。

本書在編寫過程中，參閱了大量的教材、著作，我們謹在此表示衷心感謝。由於編寫時間倉促，加之編者水平有限，難免存在一些不足之處，懇請專家、學者批評指正，以便改進完善。同時感謝西南財經大學出版社的大力支持。

編著者

目　錄

第一章　海商法總論 (1)
- 第一節　海商法概述 (1)
- 第二節　海商法的適用範圍 (9)
- 第三節　海事法律關係 (11)
- 本章小結 (13)
- 基礎訓練 (14)
- 模擬法庭 (15)

第二章　船舶物權 (17)
- 第一節　船舶概述 (18)
- 第二節　船舶所有權 (25)
- 第三節　船舶抵押權 (28)
- 第四節　船舶優先權 (30)
- 第五節　船舶留置權 (34)
- 本章小結 (35)
- 基礎訓練 (36)
- 模擬法庭 (37)

第三章　船員 (40)
- 第一節　船員概述 (41)
- 第二節　船長 (44)
- 本章小結 (46)
- 基礎訓練 (46)
- 模擬法庭 (48)

第四章　海上運輸合同 (50)
- 第一節　海上貨物運輸合同概述 (51)
- 第二節　提單 (57)
- 第三節　海上貨物運輸國際公約 (66)
- 第四節　國際貨物多式聯運合同 (70)

目　錄

　　第五節　海上旅客運輸合同 ……………………………………（72）
　　本章小結 …………………………………………………………（74）
　　基礎訓練 …………………………………………………………（75）
　　模擬法庭 …………………………………………………………（76）

第五章　船舶租用合同 ………………………………………………（79）
　　第一節　船舶租用合同概述 ……………………………………（80）
　　第二節　航次租船合同 …………………………………………（81）
　　第三節　定期租船合同 …………………………………………（86）
　　第四節　光船租賃合同 …………………………………………（90）
　　本章小結 …………………………………………………………（94）
　　基礎訓練 …………………………………………………………（94）
　　模擬法庭 …………………………………………………………（96）

第六章　海上拖航合同 ………………………………………………（98）
　　第一節　海上拖航概述 …………………………………………（99）
　　第二節　海上拖航合同 …………………………………………（100）
　　第三節　海上拖航合同當事人的主要權利和義務 ……………（103）
　　第四節　海上拖航中的損害賠償責任 …………………………（106）
　　本章小結 …………………………………………………………（109）
　　基礎訓練 …………………………………………………………（109）
　　模擬法庭 …………………………………………………………（111）

第七章　船舶碰撞 ……………………………………………………（113）
　　第一節　船舶碰撞概述 …………………………………………（114）
　　第二節　船舶碰撞的損害賠償責任 ……………………………（117）
　　第三節　船舶碰撞的損害賠償 …………………………………（119）
　　本章小結 …………………………………………………………（124）
　　基礎訓練 …………………………………………………………（124）
　　模擬法庭 …………………………………………………………（127）

目 錄

第八章　海難救助 (129)
第一節　海難救助概述 (130)
第二節　海難救助合同 (132)
第三節　海難救助款項 (135)
第四節　有關海難救助的國際公約 (137)
本章小結 (138)
基礎訓練 (139)
模擬法庭 (140)

第九章　共同海損 (143)
第一節　共同海損概述 (143)
第二節　共同海損犧牲和費用 (145)
第三節　共同海損理算 (148)
第四節　共同海損的法律與慣例 (150)
本章小結 (152)
基礎訓練 (152)
模擬法庭 (154)

第十章　船舶污染損害賠償 (156)
第一節　船舶污染的基本法律問題 (157)
第二節　船舶污染的國際法管制 (160)
第三節　中國防治船舶污染海洋環境的相關立法 (173)
本章小結 (176)
基礎訓練 (176)
模擬法庭 (178)

第十一章　海事索賠責任限制 (181)
第一節　海事賠償責任限制概述 (182)
第二節　海事索賠責任限制制度的基本內容 (184)
第三節　關於海事索賠責任限制的國際公約 (187)

目　錄

　　本章小結 …………………………………………………（188）
　　基礎訓練 …………………………………………………（188）
　　模擬法庭 …………………………………………………（190）

第十二章　海上保險合同 ………………………………（195）
　　第一節　海上保險合同概述 ……………………………（196）
　　第二節　海上保險合同的主要內容 ……………………（198）
　　第三節　海上保險合同的訂立、變更、解除和終止 …（200）
　　第四節　海上保險的索賠與理賠 ………………………（203）
　　本章小結 …………………………………………………（205）
　　基礎訓練 …………………………………………………（205）
　　模擬法庭 …………………………………………………（207）

第十三章　海事爭議的解決 ……………………………（209）
　　第一節　海事爭議解決概述 ……………………………（209）
　　第二節　海事仲裁 ………………………………………（212）
　　第三節　海事訴訟 ………………………………………（217）
　　第四節　法律適用與訴訟時效 …………………………（222）
　　本章小結 …………………………………………………（225）
　　基礎訓練 …………………………………………………（225）
　　模擬法庭 …………………………………………………（227）

附：案例集錦 ………………………………………………（230）

第一章
海商法總論

【本章概要】

中國海商法自1993年7月1日起正式實施，在解決航運糾紛和貿易糾紛方面發揮了巨大的作用。海商法作為一門古老的學科，其歷史可以追溯到上古時期。作為一門適應海上航海貿易行為而產生的學問，有其自身的調整範圍和特有的法律制度。本章通過對其基本內容的闡述，讓初學者從總體上對海商法有一個初步的瞭解和認識，為后續其他章節的學習奠定理論基礎。

【學習目標】

1. 瞭解：海商法的發展歷史以及海事法律關係的主體、客體和內容；
2. 熟知：海商法的概念和特點；
3. 理解：海商法在解決海事糾紛中的意義；
4. 掌握：海商法的適用範圍。

【技能目標】

1. 能夠充分地應用海商法基礎知識解決海事糾紛；
2. 能夠初步地掌握分析海事糾紛的方法。

【先導案例】

某軍艦與A輪船發生碰撞，造成嚴重的人員傷亡和財產損失，A商船的船主張海事賠償責任限制。軍艦負責人認為，商船與軍艦碰撞不屬於中國《海商法》第一條所規定的「運輸關係和船舶關係」，因此，不適用《海商法》，不能享受責任限制。請問：軍艦的所有人成為海事債權關係的權利主體時，如救助人、船舶優先權擔保的債權人，《海商法》的規定是否適用？

【知識精講】

第一節　海商法概述

一、海商法的歷史沿革與發展趨勢

海商法是一門古老的學科，同時又是一門博大的學科。海商法是隨著航海貿易的

興起而產生和發展起來的。就其歷史發展而言，它起源於古代，形成於中世紀，系統的海商法典則誕生於近代，而現代海商法則趨於國際統一化。在人類社會的經濟活動中，經濟基礎與上層建築之間的對立統一關係是普遍規律，在任何社會都是適用的。海商法作為法律，屬於上層建築的重要組成部分，其發展歷史也遵循這樣的規律。即與各個歷史時期的經濟發展水平和航海貿易活動的狀況相適應。因此海商法的發展經歷了一個從無到有，從興起到完善，從傳統航海貿易活動到現代運輸方式的成長過程。

海商法以一個連續的過程形式存在，一般認為其歷史沿革經歷了由簡單到複雜、由低級到高級的三個發展階段：

（一）古代海商法

從時間上來看，古代海商法經歷了漫長的歷史時期，大約從奴隸制時代到歐洲封建制度解體。這一時期的海商法經歷了上古階段和中古階段兩個發展階段。

上古階段，也就是通常所說的奴隸制時代，這一階段屬於海商法的萌芽時期。作為啟蒙時期的海商法只是對航海貿易活動的簡單認識。對後世有重要影響力的主要有兩部法典：《漢謨拉比法典》（Code of Hammurabi）和《羅德海法》（Lex Rhodia）。

在古巴倫時代，奴隸制經濟和商品貨幣關係得到迅速發展，兩河流域（幼發拉底河和底格里斯河）進入法典編纂的鼎盛時期。《漢謨拉比法典》便產生於這個時期。公元前18世紀，古巴比倫第六代國王漢謨拉比頒布了《漢謨拉比法典》，該法典被認為是世界上最早的一部比較系統的法典。

《漢謨拉比法典》由序言、正文和結語三部分組成，正文包括282條法律，對刑事、民事、貿易、婚姻、繼承、審判等制度都作了詳細的規定。其中與海商法有關的條款更是多達10個，涉及了關於船舶碰撞、出租船舶、船舶抵押、貨損賠償等內容。

到了古希臘時期，地中海地區海上貿易活動非常活躍，在地中海東部，有一個面積大約為一平方千米的小島叫做羅得島，羅得島人是周圍一帶的海上主宰，有著強大的海上艦隊和嚴明的組織紀律，也是東地中海一帶的航海貿易中心。頻繁的海上貿易往來不僅推動了商業經濟的發展，而且促進了當地法律文化的進步。由於往來穿梭的各民族和地區的商人們都喜歡把海上貿易糾紛放在羅得島來解決，久而久之在海上貿易實踐活動中逐漸形成了較為固定的商業習慣，公元前3、4世紀《羅德海法》便在這樣的大背景之下應運而生。

《羅德海法》的內容既涉及關於船舶以及船上人員的規定，如船舶租賃、船舶適航義務何船員薪酬等，也涉及一些典型的、重要的海商法律制度，如船舶碰撞與海難救助等，可謂非常全面。《羅德海法》是古代第一部海事習慣法，它的出現不僅對調整地中海沿岸海上商業活動起到了重要的作用，同時它也是調整歐洲各國海運商業的較系統的、起支配作用的一部法律。

中古階段，也就是通常所說的中世紀，這一階段屬於海商法的顯著發展階段。隨著經濟的發展，歐洲進入文藝復興時期，並出現了位於地中海、大西洋、北海等區域的幾個中心港口，眾多城邦相繼成立特別法庭或法院，產生了各種由私人編纂成冊的海事習慣法，用來解決各種海上糾紛。其中對後世制定海商法影響較大的有：《奧列隆慣例集》（Lex Oleron）、《康索拉多海商法典》（Lex Consolato）、《維斯比海法》（Rules of Wisby）和《海事黑皮書》（Black Book of the Admiralty）。這一時期的海商法區域性強，且大多為私人編纂的慣例，其效力存在明顯的局限性。

《奧列隆慣例集》產生於公元 12 世紀波爾多附近的奧列隆島，主要對大西洋沿岸地區有較大影響，為歐洲海商法的發展奠定了基礎；《康索拉多海商法典》又稱《海事判例集》，產生於公元 14 世紀，主要對地中海地區影響較大，被稱為當時最完備的海事法，對以后的歐洲航運界影響深遠；《維斯比海法》產生於公元 15 世紀，它是在《奧列隆慣例集》的基礎上整理和編撰而成的，盛行於波羅的海沿岸及北海南岸；《海事黑皮書》主要匯集了英國法院的判例和海事審判習慣，在英國比較流行，對歐洲各國海事司法也有較大影響。

（二）近代海商法

近代主要指 17 世紀到 19 世紀這一歷史階段，這一時期海商法發展到了一個新階段。隨著資本主義生產關係在歐洲各國的逐步確立，歐洲各國紛紛建立起中央集權的封建國家。英國工業革命加劇了海運市場的獨立化進程，加上商品經濟的發展，商航分離，制定全國統一海商法的經濟基礎業已形成。在這樣的大環境下，海商法進入了國內化時期。在海商立法方面，各國先后制定了海商法典或是各種單行的海事法規。法國國王路易十四於 1681 年頒布了《海事條例》（Ordonance de la Marine），它是歐洲第一部綜合性海商法典；美國於 1893 年指定了《哈特法》（Hater Act），英國於 1894 年制定了《商船航運法》（Merchant Shipping Act）等。

這一時期各國的國內立法為調整海上貿易中發生的各種關係提供瞭解決依據，促進了海上事業的進一步發展。但是，由於各國政治經濟法制傳統的各異，海商法自然形成了不同的法系，呈現出不同的特徵。這就嚴重制約了日益國際化的海運業的發展，為國際海事司法實踐帶來諸多不便，因此要求統一各國海商法的呼聲日趨強烈。

（三）現代海商法

從 19 世紀開始，國際社會就開始致力於推動海商法的國際統一化，這一時期的海商法主要表現為國際立法，在國際海事委員會（Committee Maritime International，CMI）、國際海事組織（International Maritime Organization，IMO）和其他有關國際組織的努力下，大批的國際公約得以制定。如海運界所熟知的調整船舶碰撞糾紛的《1910 年碰撞公約》，調整提單關係的《1924 年關於統一提單若干法律規定的國際公約》（即《海牙規則》）和《1972 年國際海上避碰規則》等，除此以外，國際海運實踐中的一些習慣性規則以及各國在制定和修改海商法時，也盡量與公約和海事慣例保持一致的做法，進一步促進了海商法的趨同。中國《海商法》在制定時就參考了許多中國參加或認可的國際公約和國際慣例。

海商法是一種極具開放性的法律，它總是在不斷的自我否定中發展著。縱觀海商法的歷史沿革，海商法無不表現出與時俱進的特點，總是在不斷制定新法規，淘汰不適應的法規。在當今經濟一體化的進程中，我們可以歸納出整個國際社會的海商立法將呈現出以下發展趨勢：第一，海商法日益走向國際化、統一化，海事衝突範圍進一步縮小；第二，海商法的調整範圍和調整對象日益擴大；第三，海商法向著更加公平、合理分擔海上風險的方向發展；第四，海商法從以貨物為中心向以船舶為中心轉化，同時強調對海洋環境的保護；第五，海商法制度創新的要求日增，以使其符合新的航運實踐。

知識小百科 1-1　　國際海事委員會和國際海事組織

國際海事委員會（Committee Maritime International，CMI），是促進海商法統一的非政府間國際組織，1897年創立於比利時安特衛普。大會是國際海事委員會的權力機構，由所有國際海委員會的成員組成。其宗旨是通過各種適當的方式和活動促進國際間海商法、海事慣例和實踐做法的統一。促進各國海商法協會的成立，並與其他具有相同宗旨的國際性協會或組織進行合作。

國際海事組織（International Maritime Organization，IMO）是聯合國負責海上航行安全和防止船舶造成海洋污染的一個專門機構，該組織最早成立於1959年1月6日，總部設在倫敦。國際海事組織設有大會和理事會，以及海上安全、法律、海上環境保護、技術合作、便利運輸等5個委員會和一個秘書處。其宗旨是促進各國間的航運技術合作，鼓勵各國在促進海上安全，提高船舶航行效率，防止和控製船舶對海洋污染方面採取統一的標準，處理有關的法律問題。

二、海商法的概念與特點

（一）海商法的概念

在中國，海商法學者大多認為海商法（Maritime Law；The Law of Admiralty）有廣義和狹義之分。廣義的海商法是指調整海上運輸關係和與船舶有關的特定關係的法律規範的總和。具體來說主要包括各國制定的綜合性的或單行性的各種海運或海事法律以及其他有關法律法規和有關國際海商公約或慣例。狹義的海商法是指海商法典本身，即各國制定的綜合性的或單行性的各種海運或海事法律的總稱。比如中國1993年7月1日起正式施行的《中華人民共和國海商法》（以下簡稱《海商法》）就屬於一部綜合性的法典，單行性的如海上貨物運輸法、海上保險法等。本課程講授的內容採用了廣義的海商法概念，但以中國《海商法》和有關主要國際公約為主。

對於海商法的定義，國內外學術界有各種不同意見，目前還沒有形成統一的共識。對於中國海商法的定義，是從中國《海商法》第一條的立法目的得出的。中國《海商法》第一條規定：「為了調整海上運輸關係、船舶關係，維護當事人各方的合法權益，促進海上運輸和經濟貿易的發展，制定本法。」據此，中國多數學者認為，海商法是調整特定的海上運輸關係和船舶關係的法律規範的總稱。①海上運輸關係主要指海上合同關係、海上侵權關係和由於海上特殊風險而產生的相應的法律關係等，船舶關係主要指圍繞船舶這一特定財產形式而產生的物權和侵權法律關係。

（二）海商法的特點

海商法在整個法律體系中有著重要的作用，這種重要性是由其特殊性決定的，和其他法律部門相比，海商法主要體現了以下特點：

1. 國際性

航海貿易活動的國際性決定了海商法調整對象的國際性，以海上貨物運輸為例，中國海商法中有關海上貨物運輸合同中關於承運人責任的規定僅適用於國際海上貨物

---

① 司玉琢，等. 海商法詳論 [M]. 大連：大連海事大學出版社，1995.

運輸，起運港和目的港往往涉及兩個或兩個以上的國家，貨物往往要從一國境內運往另一國境內，甚至有時需要在中途的第三國港口掛靠停留，而涉及的當事人往往非一國當事人，由此決定了海商法立法的國際性。

2. 專業性

海商法是一門法律理論和航海技術、航運業務緊密聯繫的法律，它涉及船舶、航海、船員、貨物的運輸與管理等專業和技術。

3. 特殊性

一方面是海上運輸面臨風險的特殊性，和其他運輸相比，海上運輸可能會面臨海上惡劣氣候或海盜等風險。從事海上業務活動可能面臨巨大的經濟損失或賠償責任，所以需要投入巨額資金。另一方面是海上法律制度的特殊性，為了鼓勵海上事業的發展，針對這些特殊風險，在海商法領域形成了一些其他法律所不存在的特殊的法律制度，如船舶抵押制度、船舶優先權制度、海上救助制度等。

 知識小百科 1-2　　《中華人民共和國海商法》的性質

1. 這是一部以國際立法和國際慣例為基礎的立法；
2. 其在立法內容上具有一定的超前性；
3. 其採用強制性條款和非強制性條款相結合的方法調整合同關係；
4. 《中華人民共和國海商法》自 1993 年 7 月 1 日起施行。

三、海商法的法律性質

海商法的法律性質是指海商法應歸屬於哪一個法律部門，即和其他法律部門相區別的根本屬性。關於此問題學術界頗有爭議，目前主要有以下幾種觀點：

（一）海商法屬於民法的特別法

海商法的調整對象有海上運輸關係和與船舶有關的關係兩種。這兩種關係都是平等主體之間的權利義務關係，當事人之間的平等性正是民法的核心特點，海商法具有民法的一般特徵。而海商法的國際性、專業性、特殊性的特點又是不同於民法，因此屬於民法的特別法，目前中國多數學者持此觀點。在「民商分立」的國家則把海商法視為商法的組成部分。

（二）海商法是國際法組成部分

從法學的分類方法來看，國際法學屬於二級學科，包括國際公法、國際私法和國際經濟法三個分支，海商法屬於國際經濟法的一個分支。由此來看，海商法是國際法的組成部分。

（三）海商法隸屬於國際私法

海洋運輸中發生的法律關係多是涉外的法律關係，由於各國海商法規定不同，往往會發生法律衝突。為了解決各國之間的法律衝突，各國在其海商法中規定了一些衝突規範。從這個意義上講，海商法存在著大量國際私法問題。但海商法畢竟與國際私法不同，海商法主要屬實體規範，是直接調整；而國際私法基本上是衝突規範，屬間接調整。

（四）海商法是獨立的法律部門

海商法在國際上，特別是航運發達國家成為獨立的法律部門，至少有近百年的歷史了。作為一門法律學科海商法是綜合性的，它包括了很多內容，有民事的、商事的、行政的、也有刑事的內容。其中船舶優先權、共同海損、海事賠償責任限制等制度是海商法中特有的制度。因而海商法是一個相對獨立的法律部門。隨著中國海運事業的迅速發展和海運立法的不斷完善，中國海商法作為一個獨立的法律部門的條件已經成熟，同時已形成了自己的法律體系[①]，它有其自己特定的調整對象和內容。

四、海商法的調整對象

調整對象是指某一法律部門所調整的特定的社會關係。不同的法律部門有不同的調整對象。海商法究竟應以哪些社會關係為其調整對象，尚存在爭議。從其調整對象的範圍來看，海商法有廣義與狹義之分。廣義上的海商法既調整平等主體之間的橫向民事關係，又調整非平等主體之間縱向的行政關係。狹義上的海商法則主要是調整平等主體之間的橫向民事關係，不調整縱向行政關係。

中國《海商法》第一條規定，海商法的目的是「調整海上運輸關係、船舶關係，維護當事人各方的合法權益，促進海上運輸和經濟貿易的發展」。由此可以得出結論，海商法調整兩大法律關係，即海上運輸中發生的法律關係和與船舶有關的法律關係。

（一）海上運輸中發生的法律關係

海上運輸中發生的法律關係包括各種合同關係、侵權關係及因海上特殊風險而導致的其他法律關係，主要是指承運人、實際承運人同托運人、收貨人或者旅客之間，承拖方同被拖方之間，保險人同被保險人之間的關係。例如：提單反應了承運人與托運人、收貨人之間的關係；船舶碰撞反應了侵權方與受害人之間的關係；海事賠償責任限制反應了海上特殊風險下船舶所有人與債權人之間分攤這種風險的關係。

所有這些關係，都是平等民事主體之間的權利義務關係。除了民事法律關係外，就海上運輸而言，《海商法》還包括國家對海上運輸進行行業管理的行政法律關係，表現為國家與被管理者之間的縱向關係。

（二）與船舶有關的法律關係

一切海上活動，不論是客貨運輸、海難救助，還是拖航、打撈、捕魚、採油，都必須有船舶參加。使用船舶是各種海上活動最基本的特徵，這就產生了與船舶有關的法律關係，主要是指船舶所有人、經營人、出租人、承租人之間，抵押權人與抵押人之間，救助人與被救助人之間的關係。這種關係也是平等民事主體之間的權利義務關係。船舶所有權、船舶抵押權和船舶優先權等物權關係，在與船舶有關的法律關係中具有重要意義。此外，船舶登記、沿海航行權等，與海運管理一樣，反應的也是國家與被管理者之間的縱向關係。

總之，在海商法調整的海上運輸關係、船舶關係中，當事人各方的合法權益主要通過依法訂立與履行合同、依法承擔違約責任和侵權責任而得到維護。

---

① 司玉琢. 海商法 [M]. 北京：法律出版社，2003：5.

五、海商法的表現形式

海商法的表現形式又稱作海商法的淵源，即通過一定的形式表現出來，以便人們遵守和執行，並由國家強制力保證實施。

（一）國內立法

國內立法是指國家機關制定的關於海事海商方面的規範性文件，既有實體法規範也有程序法規範。國內立法是中國海商法的主要表現形式。具體地說，國內立法包括三大部分：

（1）法律：主要是指擁有立法權的國家機關依照立法程序制定的規範性文件，全國人民代表大會及其常務委員會按照立法程序制定和頒布了關於海事方面的法律，如中國《海商法》、《海事訴訟特別程序法》、《中華人民共和國海上交通安全法》、《中華人民共和國合同法》（以下簡稱《合同法》）、《中華人民共和國民法通則》，等等。當然，中國《海商法》是最直接和最重要的淵源。

（2）行政法規：主要是指不同國家行政機關制定的有關海事的行政法規，包括命令、條例、規定、辦法、決議和指示等。根據中國《海商法》的規定，國務院及各部委（主要是交通部）制定了一系列中國《海商法》方面的法規和規章，以補充法律的不足。如《中華人民共和國船舶登記條例》、《關於不滿 300 總噸船舶及沿海運輸、沿海作業船舶海事賠償限額的規定》。當然，行政法規和部門規章不得與國家法律相佐。

（3）司法解釋：主要是指司法機關對法律、法規的具體應用問題所做的說明。最高人民法院制定並發布的司法解釋，具有法律效力。其所作的解釋分為三種，即「解釋」、「規定」和「批復」。這些司法解釋對司法實踐具有重要的實踐意義，如《關於審理船舶碰撞和觸碰案件財產損害賠償的規定》等。

（二）國際海事條約

國際條約是指兩個或兩個以上國家所訂立的有關權利義務關係的協議，其中與海上運輸或船舶有關的條約稱之為國際海事條約。這裡值得一提的是，當一國正式參加有關海商方面的條約后，必須要解決該國內立法和該國際海事條約的關係問題。世界各國立法對此問題的態度不盡相同。以美國[①]為代表的國家採用並入式的方法，直接把該國參加或批准的國際海事條約並入本國法律中，而以英國[②]為代表的國家則採用轉化式，該國參加或批准的國際海事條約不能直接適用，而是需要將其所確立的基本制度規定在本國的法律之中間接適用。

對中國來說，既不同於美國的並入式，也不同於英國的轉化式，《海商法》第二百六十八條規定：「中華人民共和國締結或者參加的國際條約同本法有不同規定的，適用國際條約的規定；但是，中華人民共和國聲明保留的條款除外。」在對待國際條約的態度上，我們國家採取的是國際條約優先於國內立法適用的方式。

[①] 美國憲法規定，條約是國內法的組成部分。如果該國加入了某一國際海事條約，則該條約就當然地成為該國海商法的組成部分。

[②] 英國的《1924 年海上貨物運輸法》就是在參加 1924 年《海牙規則》后制定的，並將《海牙規則》的規定轉移到本國的法律之中。

知識小百科 1-3　　　中國參加的主要國際海事條約

調整內容	條約
船員	《1978年國際海員培訓、發證和值班標準公約》
海上旅客運輸	《1974年海上旅客及其行李運輸雅典公約》
海上貨物運輸	《1924年關於統一提單若干法律規定的國際公約》
船舶碰撞	《1910年船舶碰撞公約》和《1972年國際海上避碰規則》
海難救助	《1989年國際救助公約》
油污損害	《1969年國際油污損害民事責任公約》

（三）國際航運慣例

國際航運慣例又稱國際海事慣例，是指在長期反覆的海上運輸中對相同性質的問題採取類似行為而逐漸形成的，為大多數航運國家所接受的，不成文而具有法律約束力的行為規則。具有習慣性、國際性和規範性的特點。

海商法是具有悠久歷史的法律，存在著許多慣例，如：在共同海損方面，有頗具影響的《約克—安特衛普規則》；在海上貨物運輸方面，有關於承運人在艙面上裝載貨物的慣例。國際航運管理作為海商法的淵源，它可以在一定程度上解決某些領域無法可依的問題，補充國內立法和國際條約的不足，具有一定的不可替代性。但是它也存在含義不明確和幾個慣例同時存在如何適用等問題。

根據中國《海商法》第二百六十八條第二款規定：「中華人民共和國法律和中華人民共和國締結或者參加的國際條約沒有規定的，可以適用國際慣例。」對於中國來說適用國際航運慣例需要滿足兩個前提：一是以中國法律和中國締結或者參加的國際條約沒有規定為前提，二是不得違背中國的社會公共利益。

（四）海事判例①

判例是否是海商法的淵源，頗多爭論。但在普通法系的國家中，判例是法律的主要淵源。在英美法系國家，根據所謂「遵守先例」的原則，權威法院的判決作為先例，對於下級法院具有約束力，起著法律的作用。所以對於英美法系國家來說，判例也是他們的一個淵源。在大陸法系國家則不同，一般不承認判例作為法律的一種形式。根據「遵循先例」原則，某一判決中的法律規則不僅適用於本案，還適用於以後該法院或下級法院所判決的相同的或者相似的案件。當然，並不是任何法院的判決都可以成為「先例」得到遵循，而是根據法院的權威等級來劃分的，即下級法院必須服從上級法院的判決；上訴法院原則上也要受自己的判例約束。在英國，上議院作為最高上訴審法院，長期以來一直強調必須遵循該院的先例。直至 1966 年，上議院發表聲明，允許其在背離一項以前的判決是正當的時候，不遵循自己的先例。在中國，判例只是一個司法文書，而不是立法文書，應該說對其他案件不具有當然的約束力，不能認為是

---

① 判例——法院先前對某個具體案件所做的判決。

海商法的淵源。但是，我們也不能忽視判例對法院審理同類案件所起的借鑒作用。

在發生涉外海事糾紛以後，我們難免會與判例法國家以及當事人打交道，這也要求我們必須瞭解和研究他們的判例。特別是，如果中國當事人在判例法國家起訴或應訴，則更可以援引判例以支持自己的主張或進行抗辯。

知識小百科 1-4　　　　中國與外國海商法法律淵源比較

淵源	中國	外國
國內立法（包括司法解釋）	是	是
國際海事條約	是	是
國際航運慣例	是	是
海事判例	否	是（僅限於英美法系）

第二節　海商法的適用範圍

任何一部法律都有其特定的使用範圍，海商法當然也不例外。所謂海商法的適用範圍，其實就是海商法調整對象的具體化，包括適用的船舶、適用的水域和適用的事項三個方面。

一、適用的船舶

海商法適用的船舶是指某一國家海商法對哪些船舶具有約束力的問題。船舶是海上運輸的重要交通工具，在海商法中意義重大。海商法中的船舶不是一般意義上的船舶，法律有專門的要求。對此，中國《海商法》也做出了明確的規定。

《海商法》第三條規定：「本法所稱船舶，是指海船和其他海上移動式裝置，但用於軍事的、政府公務的船舶和20總噸以下的小型船艇除外，」「前款所稱船舶，包括船舶屬具。」上述條款從正反兩方面對海商法意義上的船舶做出了規定：兩大類船舶屬於海商法意義上的船舶，三大類船舶不屬於海商法意義上的船舶。因此，該條是適用於本法的「船舶」的定義，而不是對通常任何情況下「船舶」的定義。

（一）兩類海商法意義上的船舶

1. 海船

海船（sea-going vessel）是指從事海上航行的船舶。它是相對於在內河航行的內河船而言的，在建造規範和適航標準上，海船都比內河船更嚴格，包括海上機動船和非機動船兩種。大多數國家規定，海船應滿足具有海上航行能力和在法律上按照海船進行登記兩個條件。所以為海上航行而建造的船舶僅用於內河航行時，不認為是海船。而船舶部分用於海上航行，部分用於內河航行時，仍視為海船。

2. 海上移動式裝置

海上移動式裝置（offshore mobile units）是指具有海上航行能力並且可以移動的構造物，是一種類似於船舶但又不具備船舶外形的航行器，如海上移動式石油鑽井平臺①。由於航海技術和造船技術的不斷進步，如果將海商法的適用範圍僅僅限制於船舶這種概念上，未來在海上運輸中發生的某種關係可能會無法調整。同時從海事司法實踐角度來看，採用這種概括性表述也有積極的意義。但是雖具有船舶外形，但永久固定於海上、港灣、口岸或碼頭的浮船塢、浮標船、燈塔船、沒有推進器的疏浚船和躉船等不屬於海商法上的船舶。

(二) 三類非海商法意義上的船舶

1. 軍事用途船舶

軍事用途船舶如航空母艦、驅逐艦、護衛艦、導彈艇和潛艇，以及布雷、掃雷艦艇等，這類由軍隊所有的船舶無論是用於軍品運輸還是執行任務等，都不屬於海商法意義上的船舶。需要注意的是海商法第三條中的「用於軍事目的」，其強調的是船舶的用途，而不是船舶所有權，所以船舶本身不用於軍事用途的軍屬船舶不在此限。

2. 政府公務用途船舶

政府公務用途船舶如公安、海關、海事主管機關等所有的船舶，和軍事用途的船舶一樣，這類船舶強調的也是船舶的實際用途，而不是所有權的歸屬。從這個意義上來說，如果船舶用於執行公務，那麼不屬於海商法意義上的船舶，但是如果將公務船舶投入商品運輸，那麼情況就不同了，需要按照商船進行登記並使用中國《海商法》的有關規定。

3. 20 總登記噸以下的小型船艇

海商法第三條除了從用途上將軍事和政府公務用途船舶排除在外，還從船舶總登記噸位上將 20 噸以下的小型船艇排除在外。排除小型船艇與前述要求船舶具有航海能力是相一致的，這類小型船艇因不具備航海能力，不適合遠海航行。為保證海上航行安全，各國一般將其排除在外。

二、適用的海域

海商法適用的海域是指一國海商法所適用的水上空間，具體來說是指海上或一端或兩端連結海洋並且可用於船舶航行的江河水域。對於中國來說通常包括海洋和沿海兩部分，但是有一些內容不適用於沿海內河。如海商法中關於海上貨物運輸合同的規定就不適用於沿海內河，在中華人民共和國港口之間的海上貨運運輸不適用該章的規定。此種船舶因履行貨物運輸合同而發生糾紛時，應適用《民法》和《合同法》的規定，但是海商法中的其他制度如船舶碰撞、海難救助等仍然適用於沿海內河運輸。

---

① 主要用於鑽探井的海上結構物。上裝鑽井、動力、通信、導航等設備，以及安全救生和人員生活設施，是海上油氣勘探開發不可缺少的手段。

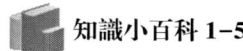知識小百科 1-5　　　　　中國主要沿海城市和航線

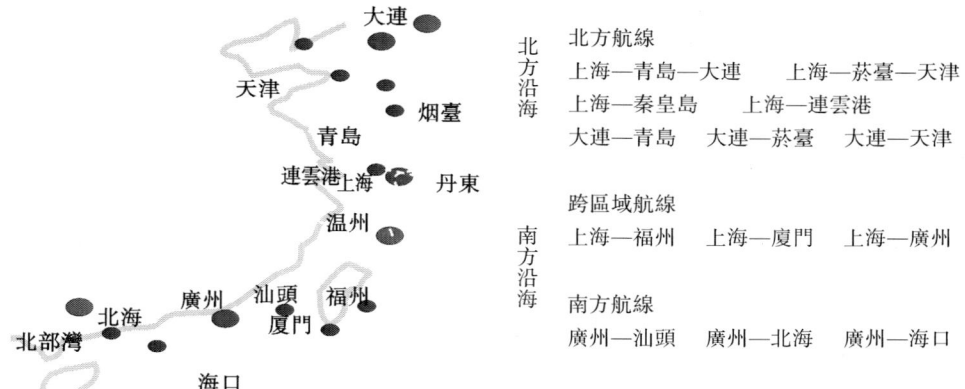

三、適用的事項

「事」指「海商法調整的事件」，海商法的適用事項是指一國海商法中所適用的具體事件和行為。有人認為，只要是發生在海上的案件就應該由海商法進行調整，其實不然。如船在海上航行過程中船上人員發生的犯罪行為，雖然發生地是在海上，但是卻不是由海商法調整，而是由刑法調整。再比如說海上資源的開發和利用則需要海洋法進行調整，也不適用海商法。

在事件上，海商法調整的事項主要是「商事」行為，是與船舶航行、經營和管理等法律活動有關的事件。主要包括船員、船舶物權、運輸合同、船舶租用合同、海上侵權、海上保險等；但是又不限於商事。如船舶登記、船舶檢驗、船員雇傭等雖然沒有發生在海上或與海相通的水域，也不屬於商事行為，但仍應適用海商法，因為這些「事件」是海商法調整範圍之內的事件。

第三節　海事法律關係

一、海事法律關係概述

海事法律關係是平等主體之間基於一定的法律事實，在海上活動中發生的權利義務關係。海事法律關係由海事法律規範確立，以海事權利義務為內容的社會關係，是由海事法律規範調整而形成的社會關係。從海商法的調整對象來看，海商法是圍繞著海上運輸和與船舶有關的特定關係展開的，因此與海上或船舶交易有關的法律行為應稱為海商法律關係，但是這種稱謂無法將諸如船舶碰撞、觸碰、擱淺、海難救助、單獨或共同海損等基於海上事故而發生的特殊社會關係包括在內，所以目前普遍採用的是海事法律關係這一概念。

與其他法律部門的法律關係相比較，其特點在於以海事權利和海事義務為內容，

當然海事法律關係仍然具有一些共同屬性：

第一，海事法律關係是平等主體之間的法律關係，一般是由當事人依自己的意思自願設立的。只要當事人依其意思實施的行為不違反法律規定，所設立的法律關係就受法律保護。

第二，海事法律關係以權利和義務為基本內容，海商法律調整社會關係是賦予海事主體權利和義務，海事法律關係一經確立，當事人一方即享有海事權利，而另一方便負有相應的海事義務。

第三，海事法律關係是人與人之間的關係，我們國家屬於大陸法系國家，和英美法律國家不同，我們不承認對物訴訟制度，中國《海商法》只調整在海上運輸中以及基於船舶營運而發生的人與人之間的關係，而不是人與物或物與物之間的關係。

第四，海事法律關係的保障措施具有補償性和強制性，在海事法律關係的保障手段上，以財產補償為主要內容，但是當當事人不主動承擔責任的情況下，權利人可以尋求司法救濟，即訴請法律援助強制追究當事人的責任，所以說海事法律關係是以補償性和強制性措施為保障的社會關係。

二、海事法律關係的主體

海事法律關係的主體是指海事權利的享有者和海事義務的承擔者，即海事法律關係的參與人。包括自然人、法人、以自己名義參加海事法律關係的國家和其他組織。

（一）自然人

自然人是海事法律關係的基本主體，從航海貿易的發展史來看，在航海貿易初期，參與海事法律關係的主體幾乎都是自然人。但是需要注意的是，自然人不能直接以個人名義從事海上運輸，而是需要經過核准登記為個體工商戶，以個體工商戶這種特殊的表現形式參與海上活動。

（二）法人

法人是海事法律關係的重要主體，並且在海事法律關係主體中所占比例越來越大。就從事海運業務及其相關業務的海事企業法人角度看，則包括船舶所有人、船舶經營人、船舶承租人、船舶多式聯運經營人和海上保險人等。事業法人如航道局、航標站等。

（三）國家

國家是海事法律關係的特殊主體，並且需要以普通當事人的身分參與海事法律關係。我們知道國家想要經營海上貨物運輸，不能以政府的名義而只能委託給某些具有法人資格的企業經營。在此情況下，按照國際法的特別規則，國家應放棄或限制主權豁免。

（四）其他組織

1. 國際航運組織

國際航運組織也是海事法律關係的特殊主體，是國家之間以條約或民間協議為基礎，具有國際性行為特徵的組織，依據其締結的條約或其他正式法律文件建立的有一定規章制度的常設性機構。如大家所熟知的波羅的海船舶所有人協會、國際保賠聯盟等。

2. 合夥

合夥是具有中國特色的海事法律關係主體,合夥是指兩個以上的民事主體共同出資、共同經營、共負盈虧的企業組織形態。目前中國現行立法已經承認了合夥的民事主體資格,海商法作為民法的特別法,當然也不例外。

3. 海事法律關係的內容

海事法律關係的內容是由各方主體所享有的海事權利和承擔的海事義務組成的。權利表現為海事權利人的為或不為一定行為和要求海事義務人為或不為一定行為的資格。義務變現為依據法律或海事權利人的要求為或不為一定行為的資格。

海事法律關係的內同可以歸納為物權關係和債權關係。物權關係如船舶所有權、船舶抵押權、船舶留置權等,是單務性的海事法律關係;債權關係如海上貨物運輸合同、海上旅客運輸合同、船舶租用合同、海上拖航合同、海上保險合同等,是雙務性的海事法律關係。

主要應注意的是海事權利的行使和海事義務的承擔不但要遵守一般的民法要求,還要符合海商法的特殊規定。

四、海事法律關係的客體

海事法律關係的客體是指海事法律關係各方當事人權利和義務共同指向的對象,具體包括物、行為、勞務及相關利益等,具有多樣性。

1. 物

物在海事法律關係中具體表現為船舶和貨物,海上運輸的主要運輸工具是船舶,主要運輸內容為貨物運輸,所以船舶和貨物是海事法律關係客體的基本表現形式。

2. 行為

海事法律行為就是海事法律關係主體的活動,權利人行使權利的活動和義務人履行義務的活動。如海上運輸合同的海事法律關係客體是特定的運輸行為,海上拖航合同的海事法律關係客體是海上拖航行為。

3. 勞務

如船員雇傭合同中,海事法律關係的客體是包含相應技術含量的勞務。

4. 相關利益

在海上保險合同中,海事法律關係的客體是保險利益,如被保險人在簽訂海上貨物保險時,對其投保的貨物具有的保險利益就是該海事法律關係的客體。

本章小結

本章從海商法的發展歷史與趨勢、定義、特點、表現形式和海事法律關係等角度對該學科做了宏觀性的闡述,並結合中國的具體情況對中國《海商法》做了概況性的介紹。

海商法是調整海上運輸關係和船舶關係的法律規範的總稱,具有涉外性、專業性和特殊性的特點。以國內立法、國際海事條約、國際航運慣例和海事慣例等為表現形式。在整個海商法的法律歷程中經歷了古代、近代和現代三個階段,形成了許多特有的法律制度,在適用的船舶、水域和事項上都有特殊的規定。

基礎訓練

一、單項選擇題

1. 世界上第一部航海習慣法是（　　）。
   A.《羅德海法》　　　　　　　　B.《巴西利亞法典》
   C.《海事條例》　　　　　　　　D.《哈特法》
2. 《中華人民共和國海商法》自（　　）起施行。
   A. 1992 年 6 月 5 日　　　　　　B. 1992 年 11 月 7 日
   C. 1993 年 7 月 1 日　　　　　　D. 2000 年 7 月 1 日
3. 歐洲第一部綜合性海事法典是 1681 年法國路易十四頒布的（　　）。
   A.《提單法》　　B.《商船法》　　C.《海事條例》　　D.《哈特法》
4. 以下哪一項不是中國海商法的表現形式？（　　）
   A. 國際條約　　B. 國際航運慣例　　C. 海事判例　　D. 司法解釋
5. 海事法律關係的基本主體是（　　）。
   A. 自然人　　B. 法人　　C. 國家　　D. 國際航運組織

二、多項選擇題

1. 海商法的調整對象為（　　）。
   A. 內河運輸中發生的法律關係　　B. 海上運輸中發生的法律關係
   C. 與船舶有關的法律關係　　　　D. 沿海運輸中發生的法律關係
2. 中世紀海商法的三大基石是（　　）。
   A.《羅德海法》　　　　　　　　B.《奧列隆慣例集》
   C.《海事裁判例》　　　　　　　D.《維斯比海法》
3. 海事法律關係的主體有（　　）。
   A. 自然人　　B. 法人　　C. 國家　　D. 國際航運組織
4. 非海商法意義上的船舶是指（　　）。
   A. 軍事用途船舶　　　　　　　　B. 政府公務用途船舶
   C. 20 總噸以下的小型船艇　　　D. 20 總噸以上的小型船艇
5. 海事法律關係的客體是指（　　）。
   A. 相關利益　　B. 物　　C. 行為　　D. 勞務

三、判斷題

1. 對於海商法的性質，中國大多數學者認為屬於一個獨立的法律部門。（　　）
2. 根據中國《海商法》的規定，船舶是指海船和海上移動式裝置，但是 20 總噸以下的小型船艇除外。（　　）
3. 海事法律關係的客體包括物、行為、勞務及相關利益。（　　）
4. 海商法調整的事項主要是「商事」行為但又不限於商事行為。（　　）
5. 海商法的含義有廣義和狹義之分，狹義是指《中華人民共和國海商法》。（　　）

四、簡答題

1. 簡述海商法的調整對象有哪些？
2. 簡述海商法的法律淵源有哪些？
3. 簡述海商法的概念與特點？
4. 簡述海商法的法律性質？
5. 簡述海商法的適用範圍？

模擬法庭

一、案例分析

【背景資料】

某年1月，申請人根據航次租船合同的約定，安排M輪在印度承載鐵礦到中國防城港。G公司以CFR價格條件與托運人簽訂買賣合同，對貨物預報關後，又以貨物質量差為由拒絕清關和提貨。涉案貨物卸在防城港四個月至今無人提取，業已產生大量的港口和倉儲費用，申請人亦未收到運費。申請人留置該批貨物，並為收取運費向法院申請海事請求保全。

國際貿易實踐中，存在著外貿代理、貨物買賣、貨運代理、船舶代理、貿易結算等眾多法律關係，涉及進出口貨物管制、關稅徵收、通關和保稅、商檢等中間階段。每一環節出現問題，都可能使交易受挫；同時目的港所在國法律、法規、貿易政策、檢疫制度的限制或變化，也可能導致貨物無法進口通關。因此，承運人根據提單或有關提單的法律規定在卸貨港交付貨物時，經常會出現收貨人不明、收貨人下落不明或收貨人拒收以致貨物無人接受。目的港無人提貨使承運人面臨諸多風險，儘管承運人控製著貨物，但法律對承運人的救濟尚存不足。

（資料來源：http://www.fabang.com/a/20100511/147922.html.）

【思考與討論】

請根據案例背景資料，回答下列問題：

中國《海商法》調整無人提貨的條款主要是第八十六條，請對《海商法》第八十六條進行認真分析，承運人應該怎樣做才能保護自己的合法權益？如果中國《海商法》對此沒有相關規定，承運人訴請法院審理此案時，法院應該以什麼法律為依據？（條件具備的，請教師在模擬實驗室對學生進行分組，針對上述問題進行討論。）

二、實訓操作

【實訓內容】

清末修律是中國法制近代化的開端，也是中國近代海商立法的開端。新中國成立前的海商立法具有一定的意義。新中國成立後，廢除了舊法，在吸收和借鑒國外具有廣泛影響力的國際條約和先進立法經驗的基礎上，制定了一系列海商法律法規。請查找資料，收集中國海事、海商相關的法律法規。

【實訓目標】

加深學生對廣義海商法的含義和其法律形式的認識和理解；學會溝通、合作、創

造，提高學生的綜合素質。

【實訓組織】

將學生分成若干組，每組7人，每組設組長1名負責組織本組成員進行實訓，由組長將收集的資料寫成書面報告，並總結（注意：教師應提出活動前的準備和注意事項，同時隨隊指導）。

【實訓成果】

1. 考核和評價採用報告資料展示和學生討論相結合的方式；
2. 評分採用學生和老師共同評價的方式。

評價考核標準	分值
調查中國海事海商立法的基本情況	20
對所調查海事海商立法的介紹是否全面、正確	20
資料圖文並茂、報告是否完整有新意	20
對海商法的定義、表示形式理解是否準確	20
學生的儀態端正、思考清晰、語言流暢	20
合計	100

第二章
船舶物權

【本章概要】

前已述及，海商法意義上的船舶並不是一般意義上的船舶，而是具有特定含義的船舶。船舶是海商法調整的對象之一，並且也是海事糾紛常見的形式，有鑒於此，世界各國的海商法往往對船舶問題列出專章予以規定。中國《海商法》第七條至第三十條，共二十四條是有關船舶的規定。涉及船舶的法律性質、船舶所有權、船舶擔保物權等規定。

【學習目標】

1. 瞭解：船舶的概念、分類；
2. 熟知：船舶的法律性質；船舶國籍的重要性與取得；船舶登記的內容；
3. 理解：船舶物權的種類和船舶擔保物權的受償順序；
4. 掌握：船舶物權在解決相關法律問題中的意義。

【技能目標】

1. 能夠充分地理解和靈活運用船舶物權基本知識分析相關法律問題；
2. 能夠根據相關法律規定解決船舶物權相關法律糾紛；
3. 能夠合理地分析船舶優先權的項目和受償順序。

【先導案例】

某年 5 月，甲公司將 S 輪抵押給乙銀行取得 500 萬元貸款。5 月 20 日，S 輪投保一年定期船舶險 600 萬元。6 月 30 日，S 輪從俄羅斯 A 港運一批鋼材到中國 B 港。途中遭遇惡劣天氣，主機損壞，一艙和二艙進水。H 輪依 NO CURE，NO PAY 救助合同對 S 輪進行拖帶救助，拖帶一天後，S 輪由於進水過多沉沒。H 輪花救助費用 80 萬元。另外，S 輪沉沒時，尚有 50 萬元船員工資未付。事后，保險公司支付 600 萬元給甲公司。請結合本章知識分析以下各項哪些正確：① 50 萬元工資應從 600 萬元中優先受償；② 80 萬元救助費用應從 600 萬元中優先受償；③ 500 萬元貸款應先於工資受償；④ 所有債權就 600 萬元按比例受償。

【知識精講】

第一節　船舶概述

一、船舶的概念

船舶（vessel）是各種船只的總稱，對於船舶的定義，各國海商法有一定的差異，但是大多都在用途、航行能力和船舶噸位方面做了限制。

中國《海商法》第三條規定：「本法所稱船舶，是指海船和其他海上移動式裝置，但是用於軍事的、政府公務的船舶和 20 總噸以下的小型船艇除外」；「前款所稱船舶，包括船舶屬具」。總體上講，如果符合這一定義，那麼就適用《海商法》，反之，則不適用《海商法》。因此，對於這一條規定的理解具有十分重要的意義。中國海商法對船舶的定義是從船舶形態、船舶用途和船舶規模三個角度進行的。

（一）船舶形態

從船舶形態上看，海船以及其他海上移動式裝置屬於中國《海商法》所定義的船舶。非海船不屬於中國《海商法》所定義的船舶。非海船，在中國主要是指內河船，有關內河運輸以及內河船舶的法律關係由其他有關法律來調整，不適用中國《海商法》。

（二）船舶用途

從船舶用途來看，中國海商法意義上的船舶僅限於商業目的，非用於商業運輸的海船不屬於中國《海商法》所定義的船舶。非用於商業運輸的海船，包括軍事船舶以及公務船舶，不適用中國《海商法》。如果編製屬於軍事船舶或公務船舶，但用於商業運輸的船舶，中國《海商法》對其仍然適用。

（三）船舶規模

從船舶規模來看，20 總噸①以下的小型船艇不屬於中國《海商法》所定義的船舶。20 總噸以下的小型船艇一般難以勝任客貨遠航運輸，因此，中國《海商法》將其排除了適用範圍。

　知識小百科 2-1　　　　　幾種特殊形式的船舶

情況	規定
建造中的船舶	中國《海商法》第十四條、第二十五條分別規定了建造中的船舶可以設定船舶抵押權和船舶留置權，受該法調整。
船舶碰撞中的船舶	中國《海商法》第一百六十五條規定了在船舶碰撞領域，船舶可以是非用於軍事的或者政府公務的船艇，包括非海船（主要是指內河船舶）、20 總噸以下的小型船艇。
海難救助中的船舶	中國《海商法》第一百七十二條第一項規定了在海難救助中，船舶可以是指任何其他非用於軍事的或者政府公務的船艇，包括非海船（主要是指內河船舶）、20 總噸以下的小型船艇。

---

①　總噸（Gross Tonnage）是根據船舶噸位丈量規則的規定，丈量后確定的船舶內部以噸位表示的總容積。

二、船舶的分類

根據不同的標準對船舶可以作出不同的分類，主要的分類方式有：

（一）船舶使用目的

按照船舶使用目的是否與商業有關分為商船和非商船。商船主要是指運輸船、海洋開發船和捕魚船等。非商船主要是指從事商事活動以外的船舶，如公安邊防巡邏艇、海關緝私船、環保監測船、港監公務船、檢疫船、消防船等。

（二）船舶動力裝置

按照船舶動力裝置分為機動船和非機動船。機動船指用機器推進的任何船舶，包括蒸汽機、內燃機以及核動力裝置船舶。現在絕大多數船舶都是機動船。非機動船是指由人力、風力等非原動機操作的船舶，如帆船及搖櫓船等。

（三）船舶國籍

按照船舶國籍分為國輪和外輪。船舶國籍是指船舶與特定國家在法律上的確認關係和從屬關係。船舶通過在一國進行登記取得該國國籍，船舶取得一國國籍後，可以懸掛該國的旗幟在海上航行。因此，國輪是指在本國登記，有本國國籍或懸掛本國國旗的船舶。外輪是指在外國登記或懸掛外國國旗的船舶。

 知識小百科 2-2　　　　　船舶國籍的取得方式

船舶國籍的取得方式主要有封閉性、半封閉性和開放型三種。封閉性要求船舶所有權必須全部為本國人所有方能取得本國國籍，如中國、美國等；半封閉只要求本國人所有船舶所有權的一半以上即可，如北歐等國；開放型只要是船舶年齡和技術標準符合要求，任何船舶都可以在該國登記，如巴拿馬、索馬里等國，這種在沒有真實聯繫的國家進行登記取得該國國籍、懸掛該國國旗的船舶稱為「方便旗船」。實踐中，方便旗船存在很多弊端，也給世界航運安全帶來了隱患。

（四）船舶營運方式

按照船舶營運方式可以分為定期船和不定期船。定期船也叫班輪，是指按照固定航線在固定的停靠港口，運費率相對固定，定期開航且裝卸全負責的船舶。不定期船主要是從事航次租船運輸的船舶，是指在非特定的航線上，根據商務需要作不定期營運的船舶。這種劃分關係到法律的適用和單據的使用。

三、船舶的法律性質

確定船舶的法律性質，對於處理與船舶有關的法律問題具有現實的意義。與一般意義上的船舶相比，海商法意義上的船舶具有如下法律性質：

（一）合成性

船舶的合成性主要是就船舶本身的構成而言的，船舶由船體、船機以及船舶屬具等組合而成。船舶的每一個部分都不能脫離船舶這個整體而單獨存在，各部分單獨存在時都不能使船舶發揮其效能。船舶的所有權轉移，則船舶的各個部分隨之轉移。因此，船舶在法律上是不可分物。

船體又稱船殼，由甲板、底板、船首柱、船尾柱等構件組成，船體結構是十分複

雜的。船機主要是船用機器設備，船舶屬具一般包括羅經、錨鏈、海圖、消防與救生設施、探測儀等，除以上各種器具外，還包括船舶通常需配備的物料、備件、淡水和船員給養等。船舶與其船舶屬具的不可分離是海上航行的客觀需要。在實務中處理船舶也並不分離其屬具，這主要是由於船舶如不配備羅經、錨鏈、海圖、消防與救生設施、探測儀等屬具，則不具備航海能力，成為不適航的船舶，海上承運人不能以這樣的船舶去承運貨物或是去進行旅客運輸。

強調船舶的合成性，是從船舶作為海上運輸工具的角度出發的，但船舶在法律上的這種不可分性並非是絕對的①。

（二）擬人性

雖然船舶從本質上來說是物體，船舶的法律地位屬於一種物，但是船舶被法律作了擬人化處理，法律賦予了船舶一定的人格特徵。即在法律上把船舶視為當事人或權利主體。最突出的體現就是英美法系國家實行的「對物訴訟」制度。根據這種制度，原告可以以船舶作為被告，提起訴訟。中國的海商法不承認這種理論。船舶的擬人性主要表現為以下幾個方面：

（1）船名

對於營運的船舶來說，必須有船名，船名在履行船名登記程序后取得。除此之外，相關法律還對此做出了規定，如一艘船舶只準使用一個名稱，不得與登記在先的船名重名或者同音等。

（2）船籍

海上航行的船舶須有國籍，船籍具有雙重意義，從國際法角度來說，只有懸掛一國國旗的船舶才有權在公海上自由航行，船舶在公海受船旗國的主權保護；從國內法角度看，懸掛一國國旗的船舶在船旗國的領海和內海享有完全的自由航行權，同時還可以享受船旗國的許多優惠政策。

（3）船籍港

船舶登記港為船籍港。船籍港由船舶所有人自行選定，它是確定訴訟管轄的標準之一，也是送達法律文書、確定船舶失蹤等的標誌。

（4）船齡

船齡被作為衡量船舶是否適航，以及確定船舶的價值、運費或租金、保險責任範圍及收取保險費等諸多行為或事實的標準。船舶除了有自己的名稱、國籍、年齡、船籍港等，還具有如同人出生、死亡一樣的船舶取得、滅失制度等。

（三）不動產性

動產和不動產是一對相對的概念，所謂動產是指能夠自行移動或用外力移動而不改變其性質和價值的有體物；不動產是指不能自行移動，也不能用外力移動，否則就會改變其性質或減損其價值的有體物。船舶，顯而易見是動產，但船舶作為大型運輸工具在形態和許多方面類似不動產，主要表現在：

（1）船舶的價值比一般動產大得多；例如一艘好望角型新造散貨船的價格大約在5300萬美元左右；載重量在20萬噸以上的巨型油輪或30萬噸以上的超巨型油輪、燃

---

① 在國際海上保險市場上，船東既可以把船殼、船機、船舶屬具等作為整體一併投保，也可因船舶的各部分有相對獨立的使用價值而僅就船殼、船體或屬具等分別單獨投保。

氣船、核動力船等的造價動輒上億美元，那些專用於裝運集裝箱貨物的全集裝箱船或其他各類專用船也都價值巨大。

（2）船舶所有權變更沒有不動產頻繁：船舶主要是作為航運的運輸工具使用，它雖然可以被作為買賣標的，但購買船舶是為了將其投入營運，所以船舶所有權的變更並不頻繁。

（3）各國法律一般將船舶作為不動產處理：由於船舶具有所有權變更不頻繁及價值巨大的特點，各國法律一般將船舶作為不動產處理，主要表現為以船舶為標的所發生的各種物權關係須履行法定的登記確權程序。

四、船舶國籍的重要性與取得

（一）船舶國籍的重要性

船舶的國籍在法律上的意義非常重要，主要表現在：

（1）在國際法上的重要意義。按照1958年《公海公約》規定，各國無論是否沿海國，凡懸掛本國國旗的船舶均有權在公海上自由航行，受船旗國的保護和監督。船旗國的法律及船旗國所締結的國際公約適用於該船舶。凡是非法懸掛兩國以上國旗和不懸掛國旗航行之船舶，不受國際法保護，有被視為海盜和國際公害船舶之嫌疑，任何國家的軍艦可以搜查和捕獲之。在戰爭時期，船舶的國籍和其懸掛的國旗是判定該船是否為敵國船、盟國船和中立國船舶的標誌，從而決定對其是保護還是捕獲。

（2）在國內法上的重要意義。從國內法的角度講，船舶之國籍也有重要的作用。懸掛本國國旗，可以在船旗國的領海和內海享有完全的自由航行權。如係捕魚船、海洋鑽井平臺，可以在船旗國的領海、內水、大陸架和專屬經濟區進行捕魚、海底勘探和開發。此外，船舶可以在海運政策、稅收和造船補貼等方面享受船旗國的優惠待遇。對於船舶在公海上發生的刑事案件，一般由船旗國適用本國法律解決，對於船舶在公海上或外國領海、港口發生的民事案件一般也適用船旗國法。

（二）船舶國籍的取得

《聯合國海洋法公約》第九十一條規定，各國基於主權自主原則，有權確定船舶取得本國國籍的條件。目前各國海商法規定的給予船舶國籍的標準是不一樣的，主要有以下幾種：①船舶所有人國籍主義，即船舶的國籍隨船舶所有人的國籍而定；②資本歸屬主義，即船舶的國籍取決於船舶資產份額歸屬者的國籍；③船長國籍主義，船長的國籍即為船舶的國籍；④海員國籍歸屬主義，海員的國籍即為船舶的國籍；⑤造船地主義，即船舶的製造地國就為船舶的船籍國。

依1995年施行的《中華人民共和國船舶登記條例》，船舶取得中國國籍，應具備以下條件：①船舶應當歸屬於中華人民共和國所有，或為集體經濟組織或公民個人所有，包括在華註冊登記的中外合資經營企業、中外合作經營企業和外資企業；②船員應由中國公民擔任。不過，「三資」企業的船舶應有60%以上的中國籍船舶，且船長、大副、輪機長、大管輪和服務員必須為中國公民。如有特殊情況需要外國公民擔任時，應當經交通部批准。中國的這種規定兼採了船舶所有人國籍主義和船員國籍主義，有利於保護中國船舶和船員的利益。

五、船舶登記

(一) 船舶登記的法律及其效力

船舶登記（Ship Registry）是指對船舶享有某種權利的人，向國家授權的船舶登記機關提出申請並提交相關文件資料，船舶登記機關審查後對符合法律規定條件的船舶予以登記並簽發相關證書的法律事實。船舶登記是船舶取得國籍和航行權，確定船籍港，建立港航行政機關、司法機關對船舶的監督管轄關係，確認和公示船舶所有權及其他權利，使船舶在法律上能享有權利和承擔義務的必經程序。

各國對船舶登記所採取的法律措施不盡一致，有的國家把船舶登記視為法定的和強制性要求，本國船東沒有選擇權，必須將自己擁有的船舶在本國登記。如英國《1894年商船法》（Merchant Shipping Act, 1894），直到《1989年商船法》（Merchant Shipping Act, 1989）出現，這種規定才有所變化。有些國家堅持船東必須為本國公民或法人，才能在本國登記，如新加坡等。但是，也有一些國家採取「開放登記」（Open Registry）制度，又稱「方便旗」制度（Flag of Convenience），對申請登記的船舶及其船東基本無限制，手續簡便，審查不嚴，登記了大量與該國無任何實質聯繫的船舶。方便旗制度對國際航運造成極大危害，遭到國際航運界的反對。

國家制定或認可的以船舶登記為調整對象的一系列法律、法規的組合為船舶登記制度。為了加強對船舶的監督管理，保障船舶所有人以及有關各方的合法權益，各國都在海商法或專門法律（如船舶法）中建立了船舶登記與公告制度。

中國《海商法》頒布以後，1994年6月2日國務院發布了《中華人民共和國船舶登記條例》（以下簡稱《船舶登記條例》）。根據《船舶登記條例》的規定，國家授權的船舶登記主管機關是中華人民共和國海事局，各港的港務監督機構是具體實施船舶登記的機關。船舶登記港為船籍港。

船舶登記的法律效力一方面表現為確認船舶的權屬：從船舶登記機關獲取了相應的登記證書來證明其享有的船舶權利，可以對抗第三人；未經登記的，不得對抗第三人。另一方面表現為確定船舶的國籍：通過登記取得國籍，從而獲得懸掛該國國旗航行的權利以及享受登記國的優惠政策。

(二) 船舶登記的內容

各國的規定不盡相同。按照中國《船舶登記條例》的規定，中國的船舶登記制度包括船舶所有權登記、船舶抵押權登記、光船租賃登記、船舶權利的變更和註銷登記以及臨時登記等。中國的船舶登記機關為各港口的港務監督機關。在哪一個港口辦理船舶登記，由船舶所有人自由選擇，而予以登記的港口則成為該船的船籍港。如果是國外獲得的船舶，則應當先到中國駐該國的使、領館辦理臨時登記，取得不超過一年期限的臨時國籍證書和懸掛中國國旗航行的權利。待該船舶到達國內後，船舶所有人再到選定的港口辦理船舶登記。

(三) 船舶登記的種類

1. 船舶所有權登記

海商法規定，船舶所有權的取得、轉讓和消滅，應當向船舶登記機關登記；未經登記的，不得對抗第三人。船舶所有權登記主要用於確認船舶的所有權關係以及受哪一個船旗國法律的保護。船舶所有權登記是船舶其他權利登記的基礎。

2. 船舶抵押權登記

海商法規定，設定船舶抵押權，由抵押權人和抵押人共同向船舶登記機關辦理船舶抵押權登記；未經登記的，不得對抗第三人。同一船舶設定兩個以上抵押權的，船舶登記機關應當按照抵押權登記申請日期的先后順序進行登記。

知識小百科 2-3　　　　　船舶登記工作程序

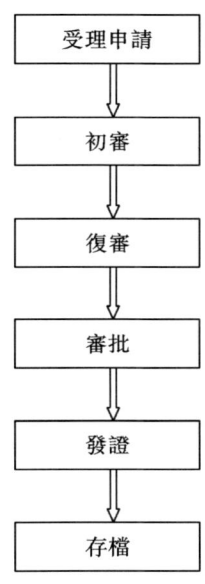

3. 光船租賃登記

船舶登記條例規定，光船租賃權的設定、轉移和消滅，應當向船舶登記機關登記，未經登記，不得對抗第三人。有下列三種情形之一的，出租人、承租人應當辦理光船租賃登記：①中籍船光船出租中國企業；②中國企業租進外籍光船；③中籍船光船出租境外。

4. 開放登記

開放登記是指允許外國船舶在本國登記註冊，這些允許國外船舶在本國登記的國家被稱為開放登記國。和開放登記相對的是封閉登記，這是目前國際上比較常用的兩種登記類型。中國屬封閉登記國家，執行嚴格限制的登記制度。

5. 變更登記和註銷登記

當客觀情況發生變更，如船舶所有權轉移導致船舶所有人發生變化或者船舶共有人發生變化，船籍港變更，船舶滅失和船舶失蹤，船舶抵押合同解除等，船舶所有人應當持船舶登記的有關證明文件和變更證明文件，到船籍港船舶登記機關辦理變更登記和註銷登記（見表 2-1）。

表 2-1　　　　　　　　　　船舶註銷登記適用的情形

船舶註銷登記	
名稱	適用條件
報失登記	用於船舶滅失或沉沒
失蹤登記	用於船舶失蹤已屆滿 6 個月
報廢登記	用於船舶已經主管機關核准拆解
報銷登記	用於船舶已被政府徵用，或經主管機關核准已將船舶所有權轉移給國內外新的船舶所有人

　　船舶登記自 1660 年英國起源以來，逐步形成了多種船舶登記類型，除上述主要登記類型外，還有船舶臨時登記、船舶航線登記等類型，並且按照不同的分類標準可以進行不同的分類（見圖 2-1）。

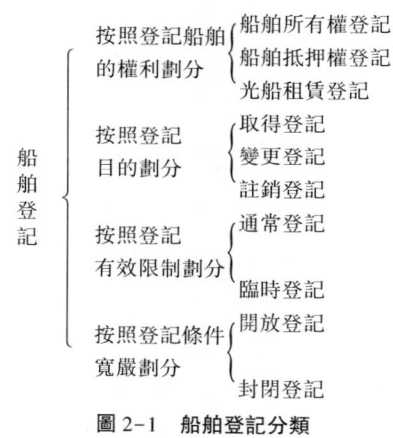

圖 2-1　船舶登記分類

六、船舶物權

（一）船舶物權的概念和分類

　　船舶物權是指權利人直接對船舶行使並排除他人干涉的權利，各國對船舶物權的法律規定不盡相同。需要指出的是這裡所探討的船舶物權僅指海商法意義上的船舶物權。除特別說明外，船舶物權中「船舶」一詞是指中國《海商法》第三條定義的船舶。對不符合《海商法》意義上的船舶只能成立一般民法意義上的船舶物權，此種船舶物權不受《海商法》的調整，因而不在本章探討範圍之內。

　　物權法定原則是物權法的基本原則之一，具體是指物權的種類和內容均由法律作出強行性規定，不允許當事人自由創設或變更。中國《海商法》第二章規定了四種船舶物權：船舶所有權、船舶抵押權、船舶優先權和船舶留置權。從性質上講，船舶所有權屬於自物權；船舶抵押權、船舶優先權和船舶留置權屬於擔保物權。

（二）船舶物權的特點

　　船舶物權具有如下特點：

（1）船舶物權屬於特別法物權

民法屬於一般法，海商法屬於特別法，在法律適用上特別法優先於一般法，因此在海商法有相關規定的情況下要優先於民法適用。

（2）船舶物權公示方法具有特殊性

前已述及，船舶的法律性質之一是不動產性，因此船舶雖然是動產，但是以不動產方式對待，需要登記。需要說明的是船舶物權登記不是一種法律的強制要求，也不是船舶物權變動的必要條件，船舶物權登記僅具有證明和對抗的效力。

（3）船舶物權優先次序具有多重性、複雜性

第一，船舶物權之間存在優先次序，優先性依次為：船舶優先權、船舶留置權和船舶抵押權。如果有普通債權，則排在船舶抵押權之後。

第二，船舶優先權之間存在優先次序，優先順序為船員工資、報酬——人身傷亡——船舶稅費——海難救助報酬——侵權責任。

第三，船舶抵押權之間存在優先次序，以登記的先后為準，同日登記的，按照同一順序受償。

第二節　船舶所有權

一、船舶所有權的概念

（一）船舶所有權的定義

中國《海商法》第七條規定：「船舶所有權，是指船舶所有人依法對其船舶享有佔有、使用、收益和處分的權利。」船舶所有權是船舶所有人所能支配的船舶的範圍，它是一種財產所有權，同時也反應了物權關係。

（二）船舶所有權的主體與客體

船舶所有權的主體是船舶所有權人，他可以是國家、法人或自然人。目前中國的許多船舶都屬國家所有，但是國家並不直接對其擁有的船舶進行管理，而是由國有企業法人直接經營。除國有企業法人外，滿足一定條件的集體所有制企業法人和中外合資企業法人也可以成為船舶所有人、個人、合夥、聯營等，他們也可以依法取得船舶所有權，成為船舶所有人。船舶是船舶所有權的唯一客體。

（三）船舶所有權的範圍

船舶所有權的範圍是船舶所有人所能支配的船舶所有權客體的範圍，它因英美和大陸法系國家對船舶的規定不同而稍有差異。英美法系國家認為船舶船體和屬具不可分離、合為一體，構成海商法意義之船舶，船舶所有權理所當然及於船舶的船體、設施和屬具；大陸法系則認為船舶的船體和屬具是主物和從物的關係，雖然所有權及於船舶的船體和屬具，在所有權轉移時，兩者一併轉移，但是法律允許當事人對此有特別約定。

二、船舶所有權的特點

（一）以海商法意義上的船舶為客體

船舶所有權的客體僅限於船舶，但此種船舶不是一般意義上的船舶，而是海商法

意義上的船舶。海商法意義上的船舶如前所述，中國《海商法》第三條做出了明確的規定，船舶所有權的範圍包括船舶本身及其屬具。

（二）以登記為公示方式

船舶所有權以登記作為其變動的公示方法，船舶的性質屬於動產，但此種動產具有其特殊性。根據中國《海商法》的相關規定，船舶所有權的取得、轉讓和消滅，應當向船舶登記機關登記。

（三）船舶所有人的法律地位特殊

船舶所有權人具有特殊的法律地位。一方面船舶所有權人負有特殊的法定義務，另一方面船舶所有權人享有一些法定的特權，如責任限制等。

三、船舶所有權的內容

根據船舶所有權的定義可知，船舶所有權的內容包括四個方面。

（一）佔有權能

佔有權能一般表現為船舶所有權人對其船舶享有的把握或控制的權利。實踐中，船舶所有權人沒有直接佔有屬於自己的船舶，而是委派船長和船員對船舶施以實際的控製。有時候船舶所有人的佔有權能可能會受到一定的限制，例如在光船租賃中，船員完全聽命於承租人。雖然船舶所有人喪失了通過船員對其船舶的控製或佔有，但這並不表示船舶所有權人所有權的喪失，反而是船舶所有權人行使其船舶所有權的結果。

（二）使用權能

使用權能是船舶所有權人對船舶按其性能或用途進行事實上的運用的權利，包括直接利用和間接利用兩種方式。直接使用是指船舶所有人用自己的船舶承運自己的貨物或旅客，但是實踐中間接利用占絕大多數，即船舶使用權常常與船舶所有人分離。例如在航次租船的情況下，船舶的使用權歸於貨主或航次租船人，而非船舶所有人。因此，享有使用權的人不一定是實際使用人。

（三）收益權能

收益權能一般是指利用船舶而獲得一定的經濟利益的權利。這是船舶所有權人最看重的也是船舶所有權中最重要的一項權能。因為船舶所有人擁有船舶的根本目的在於利用船舶的性能或用途得到經濟上的利益。實踐中該項權利的實現常常以使用權能的讓渡為對價。除班輪運輸外，不僅船舶所有人享有收益權外，非所有人也享有部分收益權。

（四）處分權能

處分權能是指船舶所有權人依法對其船舶進行處置進而決定船舶命運的權利，分為事實上的處置和法律上的處置兩種情形。事實上的處置，如修理、改裝、拆解等；法律上的處置，如對船舶設定抵押權等。需要說明的是船舶所有人對船舶進行法律上的處置或進行事實上的處置都受到諸多限制。

四、船舶所有權的取得、轉讓和消滅

（一）船舶所有權的取得

按照民法相關理論，船舶所有權的取得方式包括原始取得和繼受取得兩大類：

(1) 原始取得

船舶所有權原始取得主要是指建造船舶。當船舶建造完成以后，根據《船舶登記條例》的規定，辦理船舶所有權登記。公法上的沒收、徵購、收歸國有和捕獲等，因海事法院的強制拍賣而取得也屬於原始取得。

(2) 繼受取得

船舶所有權的繼受取得是船舶所有權人通過某種法律行為從原所有權人那裡取得船舶所有權，顯然船舶所有權的繼受取得是船舶所有權轉讓的必然結果。主要方式包括船舶買賣、繼承、贈與、保險委付等。

根據《海商法》第九條規定，無論通過哪種方式取得，均需簽訂書面合同，並經登記機關進行所有權登記，才能產生法律效力，否則不得對抗第三人。船舶所有權自登記完畢時起轉移。

(二) 船舶所有權的轉讓

船舶所有權的轉讓是船舶所有權人將自己的船舶所有權讓與他人的法律行為。在海商法下主要有三種情況：第一，以船舶買賣法律行為的有償轉讓；第二，以船舶贈予法律行為的無償轉讓；第三，根據保險合同或海上保險法而發生的轉讓，例如保險委付。

根據中國《海商法》的規定，船舶所有權轉讓應當簽訂書面合同。因此，船舶所有權轉讓無論通過上述三種形式中的哪一種都需要書面形式。船舶所有權轉讓后，船舶所有權從船舶交付時轉移。

(三) 船舶所有權的消滅

船舶所有權的消滅包括船舶所有權的絕對消滅和相對消滅兩類。

船舶所有權的絕對消滅是指因一定法律事實的發生，而使船舶失去原有的形體或效用或者不再為海商法意義之船舶，包括船舶滅失、船舶報廢拆解、船舶失蹤或船舶喪失海商法之功能等。

(1) 船舶滅失。船舶發生嚴重毀損，已失去其原有的形態和效用，無法再行修復，不能為海商法之船舶，即構成船舶滅失。

(2) 船舶報廢拆解。船舶無法航行或使用而被拆解為構建船舶的材料，船舶所有人無意在原龍骨的基礎上重建船舶，構成船舶報廢拆解。

(3) 船舶失蹤。船舶在一定的期限內未從被獲知最后消息的地點抵達目的地，構成船舶失蹤。各國對構成船舶失蹤期限長短的規定不盡一致，中國《海商法》第二百四十八條規定為 2 個月。《船舶登記條例》第四十條規定，船舶所有人應在船舶失蹤之日起 3 個月內向船籍港登記機關辦理註銷登記。

(4) 船舶喪失海商法之功能。船舶雖然依然存在，但是不再為海商法意義之船舶，如商船被改裝為從事軍事或政府公務之船舶，失去商業功能，也應為船舶所有權的絕對喪失，此與一般意義上財產所有權的絕對喪失不同。

船舶所有權的相對消滅是指因一定法律事實的發生，使船舶的原所有人喪失所有權，新所有人取得船舶所有權，船舶依然為海商法意義之船舶，包括船舶買賣、委付等。

實踐中，引起船舶所有權消滅的原因有很多，主要有：因船舶滅失而消滅，如沉沒、失蹤、拆解等；因船舶轉讓而消滅，如贈與、保險委付、出售等；因法院拍賣而消滅；因船舶被沒收、捕獲、徵用或徵購而消滅。

第三節　船舶抵押權

一、船舶抵押權的概念
（一）抵押權的一般含義
一般意義上的抵押權是指為擔保債務的履行，債務人或第三人將財產抵押給債權人但不轉移財產的佔有，當債務人不履行到期債務或發生當事人約定的實現抵押權的情形，債權人有權就該財產優先受償。其中提供擔保的財產為抵押財產，債務人或第三人為抵押人，債權人為抵押權人。
（二）船舶抵押權
船舶抵押權是以船舶為抵押財產的一種抵押權，中國《海商法》第十一條規定：「船舶抵押權，是指抵押權人對於抵押人提供的作為債務擔保的船舶，在抵押人不履行債務時，可以依法拍賣，從賣得的價款中優先受償的權利。」
對於該條款的理解，主要注意以下幾點：
（1）船舶抵押權以擔保債的履行為目的，對於該債務的種類和性質海商法並沒有做出限制；
（2）船舶抵押權的客體僅限於船舶，包括建造中的船舶但是不包括運費、租金等；
（3）按照抵押法基本法理，「提供」船舶不應理解為轉移船舶的佔有；
（4）抵押權人實現權力的方法只有船舶拍賣這一種方式。
船舶抵押權具有以下特性：
（1）特定性
中國《海商法》第十三條規定：「被抵押船舶的名稱以及擔保的債權數額等，均是船舶抵押權登記必須具有的內容。船舶抵押權的特定性不僅表現作為抵押物的船舶必須是特定的，而且表現為作為船舶抵押權擔保的債權必須是特定的，否則無法確定擔保物的價值和擔保的債權數額。」
（2）不可分性
中國《海商法》第十六條第二款規定：「船舶共有人設定的抵押權，不因船舶共有的分割而受影響。」該條款足以體現船舶抵押權的不可分性。船舶抵押權的不可分性是指在船舶抵押權擔保的債權未被全部清償以前，船舶抵押權人可以就作為抵押物的船舶的全部行使權利。也就是說船舶抵押權人不因為該船舶的分割、讓予、被擔保債權的部分清償、分割或者讓與而受到影響。
（3）追及性
船舶抵押權的追及性即船舶抵押的追及效力，對此中國《海商法》第十七條規定：「船舶抵押權設定后，未經抵押權人同意，抵押人不得將點船舶轉讓給他人。」從該條款可以看出不論抵押船舶流轉於何人之手，船舶抵押權人均有權追及該船舶並行使其權利。
（4）從屬性
中國《海商法》第十八條規定：「抵押權人將被抵押船舶所擔保的債權全部或部分轉讓給他人的，抵押權隨之轉移。」該條款體現了船舶抵押權的從屬性。船舶抵押權是

為了其所擔保的債權而設定的，其與所擔保的債權是一種從權利與主權利的關係，從二者的關係上看，船舶抵押權具有從屬性。

（5）順序性

中國《海商法》第十九條規定：「同一船舶可以設定兩個以上抵押權，其順序以登記的先后為準。同一船舶設定兩個以上抵押權的，抵押權人按照抵押權登記的先后順序，從船舶拍賣所得價款中依次受償。同日登記的抵押權，按照同一順序受償。」從該條款可以看出船舶抵押權具有優先性的順序，包括相對於其他船舶擔保物權的順序性和船舶抵押權相互之間的順序性（見表2-2）。

表 2-2　　　　　　　　　　船舶抵押權的受償順序

船舶抵押權比較		受償順序
未登記	未登記	同一順序平等受償
未登記	已登記	已登記優先於未登記
已登記	已登記	按登記順序確定優先性

（6）物上代為性

船舶抵押權的物上代位性，是指船舶抵押權的效力延伸於抵押船舶的代位物上。中國《海商法》第二十條規定：「被抵押船舶滅失，抵押權隨之消滅。」但是船舶滅失得到的保險賠償作為抵押財產，抵押權人有權優先於其他債權人受償。

二、船舶抵押權的設定、轉移和消滅

（一）船舶抵押權的設定

船舶抵押權是一種約定抵押權，基於當事人的合意而產生，必須具備一定的條件：

1. 抵押人具有處分權

設定船舶抵押權要求抵押人必須具有對船舶的處分權，也就是說抵押人必須適格。具體體現於中國《海商法》第十二條第一款規定：「船舶所有人或者船舶所有人授權的人可以設定船舶抵押權。」

2. 抵押合同需採用書面形式

船舶抵押合同是一種要式合同，不能採用口頭形式訂立。中國《海商法》第十二條第二款規定：「船舶抵押權的設定，應當簽訂書面合同。」在實踐中，單獨的船舶抵押合同，附設在主合同中的船舶抵押條款，當事人之間的有關來往信函、傳真等，都可以作為抵押合同的書面形式。

3. 辦理船舶抵押權登記

船舶抵押權涉及第三人的利益問題，為避免可能給不知情的第三人帶來不利，必須採取一定的公示方法。船舶抵押權的公示方法為船舶抵押權登記，對此中國《海商法》第十三條明確做出了規定：「設定船舶抵押權，由抵押權人和抵押人共同向船舶登記機關辦理抵押權登記；未經登記的，不得對抗第三人。」

【法律課堂 2-1】　　　船舶抵押權未經登記不得對抗第三人

某年 3 月 22 日，東莞安然公司用「閩燃供 2」油輪擔保自己對深圳卡迪夫公司的 5000 萬元債務，雙方簽訂抵押合同，但沒有去海事部門辦理相關登記手續，5 月 5 日

東莞安然公司將「閩燃供2」油輪賣給臺州東海海運有限公司，8月5日深圳卡迪夫公司主張行使抵押權。此時深圳卡迪夫公司不得向臺州東海海運有限公司主張，因為抵押權沒有登記。

（二）船舶抵押權的轉移

船舶抵押權具有讓與性，對此，國際上普遍的做法是，船舶抵押權隨著其所擔保的債權的轉移而轉移。船舶抵押權的轉移即指船舶抵押權人的變更，對於出讓人而言，這意味著船舶抵押權的喪失或消滅；對於受讓人而言，即是取得船舶抵押權。從理論上講也應當進行公示，不過中國《海商法》對此並沒有明確的規定。

（三）船舶抵押權的消滅

海商法規定了船舶抵押權隨著抵押船舶滅失而消滅，除此之外，實踐中能夠導致船舶抵押權消滅的原因還有：第一，因船舶抵押權擔保的債權消滅而消滅；第二，因船舶抵押權人未在債權訴訟時效期間行使抵押權而消滅；第三，因抵押船舶被司法拍賣而消滅。

第四節　船舶優先權

一、船舶優先權的概念和特點

（一）船舶優先權的概念

船舶優先權在有關的國際公約中被稱為「Maritime Line」，是海商法中特有的一項權利。具有鮮明的海商法特色，陸地法律中很難找到對應的制度。船舶優先權作為一項權利，是基於社會公共政策的考慮，由法律規定對某些海事債權給予特殊的保護，賦予其優先受償的地位。

中國《海商法》第二十一條規定：「船舶優先權是指海事請求人依照本法第十二條的規定，向船舶所有人、光船承租人、船舶經營人提出海事請求，對產生該海事請求的船舶具有優先受償的權利。」

根據中國《海商法》的規定，船舶優先權的基本含義包括三方面的內容：第一，船舶優先權是法定的特定海事請求人所享有的一種權利；第二，船舶優先權的標的是產生海事請求的船舶；第三，船舶優先權是一項優先受償的權利。

（二）船舶優先權的特點

1. 法定性

中國《海商法》第二十二條規定了5類海事請求權具有船舶優先權，因此船舶優先權是一項法定的擔保物權，而不是當事人約定的權利，這是和船舶抵押權最為重要的區別之一。一方面並非所有的海事債權都能產生船舶優先權，只有在法律規定範圍內的海事債權才能受船舶優先權的擔保，另一方面船舶優先權擔保的海事債權的義務主體也必須是特定的。

2. 秘密性

船舶優先權不需要像船舶抵押權一樣進行登記才能產生，船舶優先權隨著被擔保的海事債權的產生而自動產生，沒有任何公示性的要求，也不需要佔有船舶，具有秘

密性。船舶優先權的秘密性是針對第三人而言的，如船舶受讓人，在通過商業途徑購得他人的船舶后，可能因為債權人行使優先權而船舶被法院扣押。

3. 追及性

船舶優先權隨船轉移，不受船舶轉讓的影響。船舶優先權一旦產生，就立即「附著」在船舶上，不會因為船舶所有權的轉讓而消滅。這意味著雖然船舶所有權已經轉讓，但受船舶優先權擔保的債權人仍可針對該船行使船舶優先權。

4. 程序性

船舶優先權的行使須經過法定的程序，由於船舶優先權不以對船舶的實際佔有為條件，因此船舶優先權人在行使其權利時需要通過一定的司法程序才能實現。也就是說權利人雖然享有船舶優先權，但不能通過自行扣押或者變賣船舶的方式行使該項權利，而是必須通過向法院提出申請，通過司法程序對船舶實施扣押、拍賣、債權登記、按優先受償順序分配價款從而使其實現船舶優先權。

5. 優先性

當船舶拍賣后所得價款不足以清償全部債權時，船舶優先權擔保的債權人一般處於最優先的地位，不但優先於普通的債權人，也優先於船舶抵押權人和船舶留置權人。優先性是法律設立船舶優先權目的的體現，是船舶優先權最基本的特點，是船舶擔保物權之間最為優先的權利。船舶優先權與船舶抵押權比較見表 2-3。

表 2-3　　　　　　　　船舶優先權與船舶抵押權比較

比較	船舶優先權	船舶抵押權
相同點	以船舶為標的的擔保物權	
不同點	法定擔保物權	約定擔保物權
	無須登記	非經登記不得對抗第三人
	因船滅失而滅失	船舶滅失時可向肇事者提出請求
	優先受償	后於優先權受償

6. 時效性

船舶優先權有一定的時效，逾期該項船舶優先權就歸於消滅，而其所擔保的海事請求權就成為一般性質的海事請求權。根據中國《海商法》的規定，船舶優先權的時效為自優先權產生之日起滿 1 年。而且船舶優先權時效是一種絕對時效，不得中止或中斷。

二、船舶優先權的項目和受償順序

（一）船舶優先權擔保的債權項目

根據中國《海商法》第二十二條第一款規定，受船舶優先權擔保的債權項目有：

（1）船員工薪類：船長、船員和在船上工作的其他在編人員根據勞動法律、行政法規或者勞動合同所產生的工資、其他勞動報酬、船員遣返費用和社會保險費用的給付請求。

（2）人身傷亡賠償。在船舶營運中發生的人身傷亡的賠償請求。這主要是指船舶營運過程中發生的合同或債權所導致的人身傷亡。

（3）稅費類。船舶噸稅、引航費、港務費和其他港口規費的繳付請求，不包括如裝卸費等的使用服務費。

（4）海難救助。海難救助的救助款項的給付請求，包括救助報酬和特別補償。

（5）營運中的侵權賠償①。船舶在營運中因侵權行為產生的財產賠償請求，不包括由於違約所產生的船載貨物或旅客行李的滅失或損壞。

(二) 船舶優先權的受償順序

船舶優先權的受償順序是指受船舶優先權擔保的債權在受償時的先后順序，又叫船舶優先權的位次，是指兩個或兩個以上的優先權競合時，如何解決其效力的優先次序問題。主要當發生數宗債權並且產生優先權的船舶的價值不足以清償全部數宗債務時才發生作用。包括受船舶優先權擔保的不同種類的債權之間的受償順序和同一種類的債權之間的受償順序。

1. 不同種類的債權之間

處理這類受償順序時亦遵循的原則有：

（1）保護船員利益原則；

（2）侵權產生的債權優於合同產生的債權原則；

（3）人身傷亡債權優於財產損害職權原則；

（4）為別的債權受償創造條件的債權優於其他債權。

因此，通常情況下船舶優先權按照上述（1）、（2）、（3）、（4）、（5）的順序受償。即：（1）船員工薪類；（2）人身傷亡賠償；（3）稅費類；（4）海難救助；（5）營運中的侵權賠償。但是上述第（4）項給付請求，后於第（1）至第（3）項發生時，應先於第（1）至第（3）項受償。

因行使船舶優先權而產生的訴訟費用，保存、拍賣船舶和分配船舶價款產生的費用，以及為海事請求人的共同利益而支付的其他費用，應當從船舶拍賣所得價款中先行撥付。

2. 同種類債權之間

發生在同一航次中的同類債權一般不分先后，同時受償；不足受償的，按照比例受償。但是海上救助、共同海損分攤等債權除外。這類債權採用「時間倒序原則」。即如果存在兩個以上的海難救助給付請求，后發生的給付請求先受償，即「時間在先，權利在后」的受償方式。原因是這類債權為已存在的債權的受償起到了保護作用。

【法律課堂 2-2】

蘇××受被告雇請，從 2008 年 11 月 8 日至 2009 年 11 月 15 日在「×中燃 02」輪上擔任水手。蘇××與被告沒有簽訂書面勞務合同，但有證據證明雙方已經形成了事實上的勞動關係。×市中級人民法院在執行××市勞動爭議仲裁委員會仲裁裁決的過程中，應申請執行人在內的 10 名船員的申請，於 2009 年 5 月 19 日裁定拍賣被告××市中燃船舶運輸有限公司所屬的「×中燃 02」輪，並於 6 月 3 日發布強制拍賣「×中燃 02」輪的公告，限定有關債權人在公告期間內就與該輪有關的債權申請登記。原告於 7 月 2 日向本院申請登記本案所涉債權。中院於 2009 年 6 月 10 日公開拍賣了該船，以 39.4 萬元

---

① 載運 2000 噸以上的散裝貨油的船舶，持有有效的證書，證明已經進行油污損害民事責任保險或者具有相應的財務保證的，對其造成的油污損害的賠償請求，不屬於該範圍。

賣給×××省公民×××。船舶拍賣價款扣除本院在扣押該輪期間看管該輪的費用 2300 元以及拍賣費用 41,267 元后，余款為 350,433 元。

依據中國《海商法》第二十一條、二十二條第一款第一項的規定，船員勞務報酬的給付請求具有船舶優先權，可從產生該海事請求的船舶的拍賣款項中優先受償。在被告於 2008 年 6 月 25 日結算確認原告××的勞務報酬后，原告即時申請債權登記並起訴，主張船舶優先權，原告的勞務報酬請求 8000 元可按法律規定的船舶優先權序位從本院拍賣「×中燃 02 輪」所得價款中優先受償。

【案例應用 2-1】

2013 年 8 月，某 A 輪因欠修船費被留置，2013 年 12 月修船人申請法院拍賣，2013 年 12 月 20 日法院發布公告，經權利登記，A 輪同時負有船舶抵押權所擔保的債權 80 萬元，已登記，受償期限為 2014 年 6 月 1 日止；2013 年 2 月欠船員遣返費 5 萬元；2013 年四月欠港口規費 5 萬元；2013 年 6 月欠人身傷亡費 5 萬元；2013 年 7 月欠救助費 5 萬元；2013 年 7 月欠營運中財產損害賠償費 5 萬元。A 輪拍賣所得 100 萬元。假定不涉及海事賠償責任限制，請分析各債權人的受償順序及受償金額。

三、船舶優先權的取得、轉移和消滅

船舶優先權與其所擔保的海事請求同時產生，海商法主要規定的那幾種特殊的海事請求一旦產生，擔保這類海事請求的船舶優先權也同時產生，不需以協議、登記或佔有當事船舶就具有對抗他人的效力。船舶優先權的行使職能通過法院扣押產生船舶優先權的船舶來實現。

船舶優先權的轉讓，是指船舶優先權的權利主體的變更。中國《海商法》第二十七條規定：「本法第二十二條規定的海事請求權轉移的，其船舶優先權隨之轉移。」

船舶優先權的消滅根據中國《海商法》的相關規定，主要基於以下幾種原因：

（1）船舶優先權的時效屆滿。具有船舶優先權的海事請求自優先權產生之日起滿一年不行使，船舶優先權消滅，期間不得中止或中斷。

（2）船舶被法院強制出售。船舶經法院強制出售后，買受人所得財產即為原始取得的乾淨的船舶，任何依附於該船舶之上的債務就不復存在了。因此船舶優先權也就不復存在了。

（3）船舶滅失。船舶優先權是以船舶為標的的擔保物權，一旦船舶滅失，則優先權無法行使。

（4）經過催告程序后權利人未及時行使優先權。船舶轉讓時，根據受讓人的申請，法院通過公告的方式通知船舶優先權人，催促船舶優先權人及時主張權利，自公告之日起滿 60 日不行使的，船舶優先權消滅。

需要注意的是船舶優先權因某種原因而消滅，但其擔保的海事債權並不一定消滅。主要訴訟時效尚未屆滿，債權人仍可要求債務人履行其義務。

第五節　船舶留置權

一、船舶留置權的概念

根據中國《海商法》第二十五條第二款的相關規定：「船舶留置權是指造船人、修船人在合同另一方未履行合同時，可以留置所佔有的船舶，以保證造船費用或者修船費用得以償還的權利。除了造船人和修船人享有船舶留置權外，如果被拖方未按照約定支付拖航費和其他合理費用的，若被拖物系船舶，承拖人也可以根據上述規定主張船舶留置權。」

船舶留置權是中國《海商法》中留置權中的一種（見表 2-4），是法律賦予海事請求人實現海事債權的一種自救措施，在航運實踐中被廣泛運用。

表 2-4　　　　　　　　　中國《海商法》中的船舶留置權

類別	法律規定
造船人和修船人的船舶留置權	《海商法》第二十五條
承運人的貨物留置權	《海商法》第八十七條
出租人因承租人未支付租金或約定的其他款項而對船上承租人的貨物和財產等的留置權	《海商法》第一百四十一條
承拖人對被拖物的留置權	《海商法》第一百六十一條
救助人對獲救船舶、貨物及其他財產的留置權	《海商法》第一百九十條

二、船舶留置權的特點

船舶留置權雖然和船舶優先權、船舶抵押權一樣屬於船舶擔保物權，但是三者不完全不同（見表 2-5），同時船舶留置權還具有自身的特點：

（1）主體的特定性。船舶留置權權利主體是根據造船合同或修船合同而佔有船舶的造船人和修船人。

（2）標的的特定性。船舶留置權的標的是根據造船合同或修船合同而佔有的船舶，不包括海事債務人的其他財產。同時作為留置物的船舶不必須是債務人享有所有權的船舶。

（3）限制性。第一，船舶留置權的受償順序在船舶優先權之后，船舶抵押權之前；第二，船舶留置權必須通過法院拍賣來實現。

（4）佔有的先決性。佔有當事船舶是享有和行使船舶留置權的先決條件。在造船人、修船人等海事債權人不再佔有所造或者所修的船舶時消滅。

表 2-5　　　　　船舶留置權、船舶優先權和船舶抵押權三者之間的關係

	船舶留置權、船舶優先權和船舶抵押權比較
相同點	① 性質上都是以船舶為對象的擔保物權； ② 權利的實現應以債務人不履行債務為條件； ③ 權利人的受償地位，均優先於普通債權人。
不同點	① 性質不同； ② 擔保的債權不同； ③ 構成要件不同； ④ 行使方式不同； ⑤ 優先受償位次不同； ⑥ 標的不同。

三、船舶留置權的取得和消滅

（一）船舶留置權的取得

中國《海商法》和《擔保法》均沒有富裕船舶留置權的可讓與性，船舶留置權的取得只能是原始取得，同時需滿足一定的條件：

（1）造船人或修船人佔有一定的船舶；
（2）根據造船合同或修船合同而佔有船舶；
（3）佔有的船舶須為合同另一方交付的船舶；
（4）造船人或修船人的債權與所留置的船舶有牽連關係；
（5）造船費用或修船費用已屆清償期。

雖然船舶留置權屬於法定擔保物權，其只能依據法律的規定而發生，但是當事人之間可以約定不得留置船舶。如果修船合同中有不得留置被修船舶的約定，那麼該約定完全可以起到阻止船舶留置權產生的作用。

（二）船舶留置權的消滅

船舶留置權消滅的原因有很多，具體來說主要有：

（1）因物權消滅的原因而消滅，如船舶滅失或被徵收等；
（2）因所擔保的債權消滅而消滅，如債權已清償、抵消或免除等；
（3）因權利人接受另行提供的擔保而消滅；
（4）因喪失對船舶的佔有而消滅，侵權除外；
（5）因延展造船費用或修船費用的清償期而消滅。

本章小結

船舶的定義可以從一般意義上和法律意義上兩方面進行理解，海商法中規定的船舶並非泛指一切船舶，而是具有特定含義的船舶，具有整體性、擬人性和不動產性的法律特徵。

船舶物權是指以海商法意義上的船舶為客體的一種物權，海商法確立的船舶物權僅限於船舶所有權、船舶抵押權、船舶優先權和船舶留置權四種。

船舶所有權與船舶抵押權的公示方法是登記，並採用「登記對抗主義」的模式；

船舶優先權是一種法定物權，基於公共政策的目的而給予某些特殊的海事債權以優先保護，不需要公示；船舶留置權則必須以佔有為要件，其權利主體為造船人和修船人。

船舶抵押權、船舶優先權和船舶留置權屬於船舶擔保物權，三者的優先受償性依次為：船舶優先權、船舶留置權和船舶抵押權。

基礎訓練

一、單項選擇題

1. 下列不屬於船舶擔保物權的是（　　）。
   A. 船舶優先權　B. 船舶抵押權　C. 船舶所有權　D. 船舶留置權
2. 船舶所有權通常會因（　　）等原因而消滅。
   A. 設定船舶抵押權　　　　B. 設定船舶優先權
   C. 法院拍賣　　　　　　　D. 船舶沉沒
3. 請指出下列哪一項事由不能引起船舶優先權的消滅？（　　）
   A. 因受其擔保的海事請求權已得到滿足而消滅
   B. 因船舶所以權的轉移而消滅
   C. 因法定時效期間屆滿而消滅
   D. 經司法程序的行使而消滅
4. 根據中國《海商法》的規定，船舶抵押權的取得、轉讓和消滅，應當向船舶登記機關登記；未經登記的，（　　）。
   A. 不得對抗第三人　　　　B. 不發生任何效力
   C. 可以對抗第三人　　　　D. 不發生任何效力也不得對抗第三人
5. 大連海事法院在審理「恒海號」賠償糾紛案件時發現，該輪設有甲公司的留置權，乙公司的抵押權，丙公司的優先權，請問此時甲乙丙的受償順序是（　　）。
   A. 甲乙丙　　B. 乙甲丙　　C. 丙甲乙　　D. 乙丙甲

二、多項選擇題

1. 船舶所有權的範圍包括（　　）。
   A. 船體　　B. 船舶設備　　C. 船舶屬具　　D. 船上的糧食
2. 船舶抵押權設定需要滿足的條件有（　　）。
   A. 抵押人具有處分權　　　B. 辦理抵押權登記
   C. 抵押合同需採用書面形式　D. 抵押權人具有處分權
3. 根據中國《海商法》規定，處理不同種類的船舶優先權應考慮的原則有（　　）。
   A. 保護船員利益原則
   B. 侵權產生的債權優於合同產生的債權原則
   C. 人身傷亡債權優於財產損害原則
   D. 為別的債權受償創造條件的債權優於其他債權
4. 船舶留置權的特點有（　　）。

A. 主體的特定性
B. 標的的特定性
C. 船舶留置權必須通過法院拍賣來實現
D. 佔有的先決性
5. 船舶優先權和船舶抵押權都是以船舶為標的的擔保物權，但是二者的不同點有（　　）。
A. 性質不同　　　　　　　　B. 登記與否的法律后果不同
C. 船舶滅失的法律后果不同　　D. 受償的優先性不同

三、判斷題
1. 船舶具有不動產性。　　　　　　　　　　　　　　　　　　　　（　　）
2. 船舶抵押權的設定只要當事人達成合意即可，可以沒有書面形式的文件。（　　）
3. 船舶物權受償的優先性不存在於同一類債權之間。　　　　　　　（　　）
4. 中國《海商法》規定的留置權只有船舶留置權。　　　　　　　　（　　）
5. 船舶優先權是海商法中特有的一項法律制度。　　　　　　　　　（　　）

四、簡答題
1. 簡述船舶的種類有哪些。
2. 簡述船舶物權的優先性包括哪些內容。
3. 簡述船舶留置權的取得。
4. 簡述船舶優先權的項目和受償順序。
5. 簡述船舶抵押權的設定、轉移和消滅。

五、技能應用
　　甲所有的某船在海上航行過程中遭遇危險，請求乙救助，約定按獲救價值15%給付救助報酬，后船舶與貨物均獲救，船舶獲救價值為200萬元，貨物獲救價值為100萬元（假定貨主對此無異議，已支付），后船舶在另一港口因船舶所有人之前拖欠船舶修理費50萬元，被船舶修理人起訴。船舶被法院扣押，后法院依法拍賣船舶。為此法院發公告，以下債權人進行了債權登記：①船員的5個月的工資，（其中海難救助之前的3個月工資共計6萬元，海難救助之后的2個月工資共計4萬元）；②碰撞碼頭造成的碼頭損壞計20萬元（發生在海難救助前）；③海難救助報酬30萬元。然后，船舶拍賣的款項扣除法院的拍賣費用及訴訟費，剩下150萬元。問此案的債權人就150萬元的款項如何受償？受償順序如何？請說明理由。

模擬法庭

一、案例分析
【背景資料】
　　2013年3月1日，A公司將其所屬的一艘船舶光船租賃給B公司進行經營，租賃期間為一年（即從2013年3月1日至2014年3月1日）。2014年8月1日該船在去往青島途中因值班員瞭望疏忽在青島海域與他船發生碰撞，按照過失比例，應當向對方

承擔220萬元人民幣的賠償責任。碰撞發生后，該船在國內一家修船廠修理並花費修理費300萬元人民幣，由於B公司無力支付該修理費，船舶被修船廠留置，后來又申請法院拍賣，拍賣款項為900萬元人民幣，經查，該船舶在租賃給B公司之前，已由A公司抵押給銀行貸款，貸款額為1000萬元人民幣。同時B公司在經營過程中，還拖欠了工資80萬元人民幣。

【思考與討論】

請根據案例背景資料，回答下列問題：
(1) 該船上存在哪些船舶物權和哪些船舶擔保物權？
(2) 對於拍賣船舶價款，各債權人應按怎樣的順序進行分配？

二、實訓操作

【實訓內容】

王某先后於2005年4月23日和2006年1月23日以其所屬的長風1號和長風2號兩漁船作為抵押，向廣州一財務公司借款160萬元和230萬元人民幣，船舶抵押登記於廣州海事處漁船船舶登記機關，抵押權人為財務公司。其后，被告王某未能按期清償財務公司貸款，經財務公司申請，廣州海事法院做出判決，判令王某償付財務公司貸款390萬元及其利息，王某對此無異議。但王某未執行判決並外出躲債，2011年10月20日財務公司將抵押權轉讓給明達公司，並將上述債權轉移分別書面通知王某在廣州的住所和廣州海事處。廣州海事處簽收了財務公司出具的抵押權轉讓通知。2012年10月3日，經過明達公司申請，海口海事法院依法將王某所屬長風1、2號漁船扣押於三亞港。其后，明達公司提出訴訟，要求王某償還欠款。但王某辯稱，本案債權轉讓事實不清，證據不足，原債權人未通知也未徵得其同意。因此該轉讓協議無效，請求法院駁回原告訴訟請求。

問：
(1) 假設兩漁船未在廣州海事處辦理抵押權登記，此時該如何處理？
(2) 假設兩漁船均先后設了多個未經登記的抵押權，那如何排列這些抵押權間的清償順序？

提示：中國《海商法》和《擔保法》中都有關於抵押權的規定，二者作為特別法都優先於普通法適用，但是《海商法》中規定的船舶抵押權與《擔保法》中規定的一般抵押權在一些具體規定上不完全相同，結合案例，查找二者關於抵押權方面的不同規定，並對案例中提出的問題提出解決方法。

【實訓目標】

加深學生對船舶抵押權的認識和理解；學會分析問題、解決問題，增強團隊合作意識。

【實訓組織】

根據學生選擇將學生分為海商法隊和擔保法隊兩組（如果某隊人數較多，可以適當協調一下），每組選定2名負責人組織本組成員進行實訓，兩組分別代表海商法一方和擔保法一方進行辯論。（注意：教師應提出活動前的要求和注意事項，同時隨隊指導）

【實訓成果】

1. 考核和評價採用個人評價和整隊評價相結合的方式；
2. 評分採用學生和老師共同評價的方式。

評價考核標準	分值
法庭辯論的具體內容	40
辯論結果是否對己方有利	20
對相關法律規定理解是否準確	20
學生是否積極參與以及團隊合作意識如何	20
合計	100

第三章
船員

【本章概要】

　　船舶是海上航行最為重要的交通工具，價值巨大。船舶的安全與高效營運必須通過船長和船員來完成。營運的安全狀況和經濟效益的高低與船員的職業素質密切相關。同時船員的工作也比較艱苦，風險較大。因此許多國家都通過立法加強對船員的管理和保護船員的利益，國際海事組織和國際勞工組織也指定了相應的公約。中國《海商法》第三十一條至第四十條共十條是有關船員的規定。涉及船員的定義、任用、職責等規定。

【學習目標】

1. 瞭解：船員概念、船長的概念；
1. 熟知：船員的資格與配備；
3. 理解：船長的職責；
4. 掌握：船員勞動合同相關法律問題的應用技巧。

【技能目標】

　　能夠靈活運用基本知識，具有分析和解決船員相關法律糾紛的能力。

【先導案例】

　　船員馬某在乘船過程中突發心臟病，經搶救無效死亡，船長決定為馬某舉行海葬。與馬某在同一船上工作的同鄉提醒船長：馬某出身少數民族，不能實行海葬，應將其遺體送回家鄉，由其家人按照民族習慣進行安葬。船上當時雖然具備可以安放馬某遺體的條件，但是船長擔心保留死者遺體會對船上的衛生條件構成不利，遂決定對馬某舉行海葬。請問：對船長的行為應該如何認定？

【知識精講】

第一節　船員概述

一、船員的概念

船員（crew）又稱海員（seaman），各國海商法的規定不盡相同[1]。船員有廣義和狹義之分[2]，廣義的船員是指包括船長在內的船上一切任職的人員，如德國和日本。狹義的船員不包括船長，是指在船上服務並服從船長命令的服務任用，如英美國家。

中國《海商法》第三十一條規定：「船員是指包括船長在內的船上一切任職的人員。」該定義將船員限定為船上工作的人員，包括駕駛部的船長、大副、二副、三副、水手和舵工等；輪機部的輪機長、大管輪、二管輪、三管輪、電機員等；電信部的報務主任、報務員；事務部的管事、大廚、服務員、船醫以及服務於船舶的人員等。對於該定義需要注意以下幾點：

第一，中國《海商法》對船員採用廣義的理解：定義中的「船員」採用了比較寬泛的概念，包括了船長及其他一般人員。

第二，「在船上」是指必須在船上工作，一方面那些雖然為船舶服務但是不在船上工作的人員，不是船員，例如船舶修理人員、船舶代理人員、驗船師等。另一方面那些雖然在船上但是不工作的人員也不是船員，例如旅客。

第三，有些國家雖然採用狹義理解，但是範圍要更寬一些，例如美國，在岸上從事勞務搬運的工人也被視為船員。

第四，「任職人員」包含三方面的內容：第一，經過法定程序取得船員證書；第二，受船舶所有人雇傭或聘用；第三，必須在特定的船舶上持續與船舶航行相關的職務。因為具有船員證書只是任職的資格，受人雇傭或聘用才成稱為任職。

二、船員的資格與配備

(一) 船員資格

1. 船員資格的取得

船員包括船長、高級船員和普通船員。高級船員包括駕駛員、輪機長、輪機員、電機員和報務員；一般船員包括水手、機匠和船上其他一般工作人員。船員職務按照服務部門分為船長、甲板部、輪機部、無線電操作人員（見表3-1）。為了船舶航行安全的需要，除對船舶的技術條件進行嚴格的管理和控製外，還要對船員的資格進行嚴格的限定和管理，主要方式是對船員的資格取得普遍實行船員考試發證制度。船員必須經過考試或培訓，取得相應的職務證書，方可上船從事其相應的職務。

中國《海商法》第三十二條規定：「船長、駕駛員、輪機長、輪機員、電機員、報務員，必須由持有相應適任證書的人擔任」。同時《中華人民共和國海上交通安全法》

---

[1] 船員與海員的概念在各國立法中不盡相同，有的認為二者具有相同的含義，如中國。有的國家則認為二者具有不同的內涵，如日本。

[2] 普通法系國家多採用狹義的船員定義，將船長和船員分立開來。大陸法系國家多採用廣義的船員定義。

表 3-1　　　　　　　　　　船員職務根據服務部門的分類

分類	組成人員
船長	船長
甲板部船員	大副、二副、三副、高級值班水手、值班水手
輪機部船員	輪機長、大管輪、二管輪、三管輪、電子電氣員、高級值班機工、值班機工、電子機工
無線電操作人員	一級無線電電子員、二級無線電電子員、通用操作員、限用操作員

第七條也做出了相應規定：「船長、輪機長、駕駛員、輪機員、無線電報務員、話務員以及水上飛機，潛水器的相應人員，必須持有合格的職務證書。其他船員必須經過相應的專業技術訓練。」

中國的船員考試發證制度主要適用於船長和高級船員，一般船員只需要進行上崗培訓即可。目前中國規定船員資格的法律主要有：1983年通過的《中華人民共和國海上交通安全法》、1987年頒布的《中華人民共和國海船船員考試發證規則》、2011年修訂的《中華人民共和國海船船員適任考試和發證規則》（簡稱「11規則」）等，各級海事管理機構按照國家海事管理機構確定的職責範圍具體負責海船船員適任考試和發證工作。

在船員國籍上，原則上只有中國公民才具備在中國籍船舶上擔任船員的資格，確需雇傭外國籍船員的，應當報國務院交通主管部門批准。同時中國籍船舶上應持適任證書的船員必須持有相應的中華人民共和國船員適任證書。

2. 船員證書

根據「11規則」的規定，船員航行的航區分為無限航區和沿海航區，船員所需證書分為適任證書和培訓合格證書兩種。船長和高級船員的任職證書為適任證書，需要5年更新或締約國簽證，高級值班水手、值班水、高級值班機工、值班機工、電子機工的任職證書為培訓合格證書，不需要5年更新或締約國簽證。參加輔助航行和輪機值班的值班水手、高級值班水手、值班機工、高級值班機工和電子技工的任職證書是適任證書。普通船員的值班證書為適任證書，長期有效。

（二）船員配備

船員的配備是指為了保證船舶的航行安全，根據船舶的類型、大小、技術標準和建造上的要求等為船舶配備一定數量的合格船員。船員配備包括兩方面的內容：第一，配備船員應達到總的穿越與定額，船員配備的標準定額由交通部統一規定①；第二，配備船員必須保證持有職務證書的船員的定額，即船員最低安全配員。各船舶持證員的具體數額，由港務監督根據船舶類型、大小、技術標準和航行區域等情況確定。

目前關於船員配備尚無國際統一標準，各國要根據本國的情況，從維護航行安全

---

① 中國交通部1990年《關於給國際航行船舶核發最低安全配員證書的通知》規定，中國從事國際航行船舶的最低安全配員為船長、大副、二副、三副、輪機長、大管輪、二管輪、三管輪各1人。發電機總功率在750千瓦以上的船舶，應增配電機員1人，300總噸以及300總噸~1000總噸的船舶（不包括客輪和拖帶船）應配服務員或話務員1人。在200總噸~500總噸的船舶（包括客船），應配備7名水手。主機功率在150千瓦~750千瓦的船舶配備3名水手，在750千瓦~3000千瓦的船舶配備4名水手，3000千瓦以上的船舶配備7名水手。最低安全配員不包括事務部所需配備的船員。

的角度，確定船舶定員。《中華人民共和國船舶最低安全配員規則》對船舶配備船員的最低要求做出了規定，適用於中國國籍的機動船舶。該規則在附錄中詳細規定了海船、輪機部和客運部最低安全配員、海船無線電人員最低安全配員和內河船舶甲板部、輪機部和客運部最低安全配員。

三、船員任用

同其他陸地工作相比，船員勞動具有特殊性，因此海商法具有特別的規定。海商法意義上的船員需具備取得船員資格、受船舶所有人雇傭或聘用和服務於船上三個要件。凡是不具有船員資格的人，便不能享受海商法中規定的船員權利，也不承擔相應的義務和職責。

船員與船舶所有人、船舶經營人、光船承租人為建立勞動關係而達成的書面協議稱為船員勞動合同。在船員勞動合同中，船員享有具體的權利和義務（見表3-2）。

表 3-2　　　　　　　　　　　　　船員的權利和義務

權利	義務
工資報酬請求權	提供勞動
遣返費用請求權	聽從命令、服從指揮
保險賠償請求權	遵守法律和勞動紀律
病殘醫療費、補助金請求權	忠於職守、互助合作
喪葬費和撫恤金請求權	保證航行安全
參與救助報酬分配權	維護海洋環境
安全保障權	—

此外，海員不得消極怠職或妨礙其他船員執行職務；若海員脅迫船長、挑起騷亂、反叛等，將視其行為予以刑事處罰。

在船員的任用上，主要有雇傭制和聘任制兩種形式。採用雇傭制的國家，需由船舶所有人或其代理人與船員簽訂船員雇傭合同。這種合同的一方當事人為船舶所有人或其代理人船長，另一方當事人為特定的船員，只有在合同雙方均簽字后，合同才能生效。

中國船員的任用主要採用聘任制，即對普通船員採取直接聘任，對幹部船員則由船舶所有人依其需要委任具有相應適任證書的人員。隨著改革開放的進行，中國也有部分船員採用了雇傭制的做法。實務中，船員勞務仲介往往通過與船員及船方分別訂立船員雇傭合同和船員供應合同的方法，佔有船員勞動力，並將其推薦給船方，從中賺取兩份合同約定的船員勞動力的價格差。這種方式嚴重擾亂了船員和船方的勞動法律關係，因此應當借鑑國外的先進經驗，制定或修改立法，重新界定船員仲介的地位，從而更加有效地維護船員的利益。

四、船員的紀律和懲戒

為了維護船內秩序、保證船舶安全，許多國家的船員法都規定了船員必須遵守的各項紀律。船員在船上共同勞動和工作必須遵守的行為規則成為船舶內部紀律。當船

員違反船員法中的各項紀律時給予一定的經濟或行政制裁。中國目前尚無船員法，有關船員的紀律及懲戒事項多規定在船舶公司的遠洋船員管理規定中。

第二節　船長

一、船長的定義

船長（master, captain）是指揮一條船的人，不同於船舶的其他雇傭人員或工作人員，其職務具有特殊性，因此法律地位也不同於一般船員。中國《海商法》沒有規定船長的概念。通常認為船長是經過考試合格後取得適任證書，經船舶所有人雇傭或聘任，在船舶航行期間，指揮全船一切事物的人。

二、船長的職權

作為船上的領導者，其獨立擔負著船舶運輸的重任，對船舶本身、船上貨物、人員的安全都負擔著全權責任。他的業務水平和思想素質影響著對國家主權和人身財產的保護程度，影響著海損事故發生的防止力度，也影響著諸如運輸成本高低等重大問題。基於船長與其他船員地位和作用的不同以及其極富特色的身分，一些相關國際公約和主要海運國家的海商立法或專門法律法規都對船長特別是遠洋船長的法律地位予以單獨的界定，以便從法律的高度促進和保障船長在航海活動中更好地履行其職能。根據中國《海商法》的規定，船長的職權包括：

（一）指揮職能

《海商法》第三十五條第一款規定：「船長負責船舶的管理和駕駛。」該條規定明確了船長對船舶的指揮權。

船長的指揮權包括行政和技術兩方面：就行政方面而言，船長是全船的最高領導人，對船上的行政事務行使最高權力，船長在法律賦予其職權範圍內發布的命令，船上的船員、旅客和其他在船人員都必須執行；同時從技術方面看，為保證海上航行安全，船長應認真履行自己的技術指導職責，在必要的時候採取必要措施，保護船舶和在船的人員、貨物以及其他財產，防止遭受任何侵害或損害。

需要說明的是船長與引航員的分工問題，《海商法》第三十九條規定：「船長管理船舶和駕駛船舶的責任，不因引航員引航船舶而解除。」即使在某些強制引航[①]的國家也是如此。雖然船舶進入引航區時，需要引航員引領，船長應服從引航員的決定，但引航員不享有獨立的指揮權。在引航過程中，不接觸被引船船長駕駛和管理船舶的責任。

（二）司法職能

《海商法》第三十六條規定：「為保障在船人員和船舶的安全，船長有權對進行違法、犯罪活動的人採取禁閉或者其他必要措施，並防止其隱匿、毀滅、偽造證據。」

[①] 引航包括強制引航和非強制引航兩種：非強制引航是船長在認為必要時，自願招請引航員引領的引航；而強制引航則是依法律規定對於進入強制引航區的船舶，不論其船長是否提出引航的申請，均予以強制引領的引航。

這一規定是船長準司法職能的具體體現。

法律授權船長在保障船上人員和船舶安全的前提下，對正在船上進行違法犯罪的人，採取必要的措施，如禁閉等，以防止其繼續犯罪或消滅證據。賦予船長司法權是客觀需要，一方面司法權本應由司法機關行使，但是由於無法在每艘船上配備公安人員，所以船長需要承擔懲治犯罪、維護船上治安的責任；另一方面船長畢竟不是公安人員，如果不賦予船長相應的權利，採取和公安機關一樣的措施可能會觸犯法律，出於種種考慮法律賦予了船長司法權，從而使其司法行為有法可依。

（三）公證職能

《海商法》第三十七條規定：船長應當將船上發生的出生或死亡事件記入航海日記，並在兩名證人的參加下製作證明書。死亡證明書應當附有死者遺物清單。死者有遺囑的，船長應當予以證明。死亡證明書和遺物由船長負責保管，並送交家屬或有關方面。這一規定是有關船長公證職能的具體體現。

公證從法律上將只能由公證機構進行，但由於船舶在海上航行期間也會發生具有一定法律後果的事件，例如船員死亡，其會影響到婚姻關係和繼承關係等。船上沒有公正機構，事後去公證機構公正，由於事過境遷，會影響到公證的可靠性。因此賦予船長公證權具有客觀現實性。

（四）緊急處分職能

《海商法》第三十八條規定：船舶發生海上事故，危及在船人員和財產安全的，船長應該組織船員和其他在船人員盡力施救。在船舶的沉沒、毀滅不可避免的情況下，船長可以作出決定，但是，除緊急情況外，應當報經船舶所有人同意。這一規定是有關船長緊急處分職能的具體體現。

緊急處分職能是指當船舶發生海上事故等，危及船舶、船上人員及其所載貨物安全的緊急情況時，船長有權採取非常應對措施的權利。船長的緊急處分職能包括兩個方面。第一，對船舶的處分：緊急情況下，船舶的沉沒、毀滅不可避免時，船長可以不經船舶所有人的同意做出拋棄船舶的決定，但是在條件允許時還應徵得船舶所有人的同意。棄船時，船長必須採取一切措施，首先組織旅客安全離船，然後安排船員離船，船長最後離船。第二，對船上物品的處分權：在離船前，船長應當指揮船員盡力搶救航海日記、機艙日記、油類記錄簿、無線電臺日記、本航次使用過的海圖和文件，以及貴重物品、郵件和現金。另外當船上所載物品屬於危險品時，船長有權決定將該物品予以處置，消除其危害性而不予賠償。

（五）代理職能

船舶在航行途中及沒有船舶所有人的港口，船長作為船方和貨方的代理，處理船舶及貨物在航行途中發生的有關事宜。在船舶所有人方面，船長得在船舶航行中作為船舶所有人的代理人管理航行事務、簽發提單、訂立船舶拖帶合同等。在航行中，為了航海的需要，船長得出售船上多余的船舶用品。當船舶遭遇海難時，船長可以代表船貨雙方與救助人簽訂救助合同等。

《海商法》第四十條規定：「船長在航行中死亡或者因故不能執行職務時，應當由駕駛員中最高職務的人代理船長職務，在下一個港口開航前，船舶所有人應當指派新船長接任。」

從上述船長的各種職能中可以看到，船長處於十分重要的法律地位，其在船舶航

行和管理中有著不可取代的地位。如在航行中死亡或者因故不能執行職務時，應當由駕駛員中職務最高的人暫且代理船長職務，並在下個港口開航前，必須由船舶所有人指派新船長接任。

本章小結

　　船員的定義按照是否包括船長在內分為廣義和狹義兩種。廣義的船員是指包括船長在內的船上一切任職人員。船長是指經過考試合格后取得適任證書，經船舶所有人雇傭或聘任，在船舶航行期間，指揮全船一切事物的人。由於船長具有特殊的法律地位，因此《海商法》中規定了船長享有指揮、司法、公證、緊急處分、代理五項職能。狹義的船員是指受船舶所有人雇傭或聘用，並且同時受船長指揮的船上任職人員。

　　船員需具備三個條件：取得考試資格、受船舶所有人聘用或雇傭以及服務於船上。船員必須經過考試或培訓，取得相應的職務證書，方可上船從事其相應的職務。

　　船員的任用有雇傭制和聘任制兩種形式，中國船員的任用主要採取聘任制。船員享有具體的權利義務，同時為了維護船內秩序、保證船舶安全，船員在船上工作，必須遵守各項紀律。

基礎訓練

一、單項選擇題

1. 根據中國《海商法》的相關規定，當船長在航行途中因故不能執行職務時，代行其職責的是（　　）。
   A. 駕駛員中職務最高的人　　B. 電機員
   C. 輪機長　　D. 大管輪

2. 從事國際航行的中國籍船員，必須持有中華人民共和國（　　）頒發的海員證和有關證書。
   A. 海洋局　　B. 公安部　　C. 海關總署　　D. 港務監督機構

3. 中國《海商法》對船長的責任與職權加以了明確的規定，下面表述不正確的是（　　）。
   A. 船長做出棄船決定后，應當首先組織旅客安全離船，然后安排船員離船，自己應當最后一個離船
   B. 船長管理船舶和駕駛船舶的責任，因引航員引領船舶而解除
   C. 船長有權對船上進行違法犯罪活動的人採取限制或者剝奪其人身自由的強制措施
   D. 緊急情況下，船舶的沉沒、毀滅不可避免時，船長可以不經船舶所有人的同意做出拋棄船舶的決定

4. 為保障在船人員和船舶的安全，船長對在船上進行違法犯罪活動的人採取的下列措施不恰當的是（　　）。
   A. 將犯罪人關押到底艙，並派人看管

B. 沒收其犯罪工作，代為保管
C. 將犯罪人捆綁起來
D. 不能採取限制人身自由的措施，只能等靠岸后由公安機關處置
5. 船長應當將船上發生的出生或死亡事件記入航海日記，並在（　　）名證人的參加下製作證明書。
　　A. 1　　　　　　B. 2　　　　　　C. 3　　　　　　D. 4

二、多項選擇題

1. 根據中國《海商法》的規定，必須由持有相應適任證書的人擔任的有（　　）。
　　A. 船長　　　　B. 輪機長　　　C. 輪機員　　　D. 水手
2. 下列關於船員配備的敘述正確的有（　　）。
　　A. 為保證船舶的安全航行，必須為船舶配備一定數額的合格船員
　　B. 配備的船員應達到總的船員定額
　　C. 配備船員必須保證持有職務證書的船員的定額
　　D. 目前關於船員的配備尚無國際統一標準
3. 船員需要具備的條件有（　　）。
　　A. 取得考試資格　　　　　　B. 受船舶所有人雇傭或聘用
　　C. 服務於船上　　　　　　　D. 簽訂船員勞動合同
4. 中國《海商法》賦予的船長的職能有（　　）。
　　A. 指揮職能　　　　　　　　B. 司法職能
　　C. 公證職能　　　　　　　　D. 代理職能

三、判斷題

1. 中國《海商法》中規定的船員定義是廣義的。　　　　　　　　　　（　　）
2. 在中國，長期以來對船員實行的是雇傭制。　　　　　　　　　　　（　　）
3. 各國通常根據船舶的類型、大小、技術標準和建造上的要求來確定船員的配備。
　　　　　　　　　　　　　　　　　　　　　　　　　　　　　　　（　　）
4. 船長是船上最高的行政長官，具有司法職能。　　　　　　　　　　（　　）
5. 中國的船員考試發證制度適用於船長和高級船員和一般船員。　　　（　　）

四、簡答題

1. 簡述船員配備的含義。
2. 簡述船長的職能包括哪些內容。
3. 簡述中國《海商法》對船員下的定義需要注意哪些要點。
4. 簡述船員的權利和義務。
5. 如何理解船長的指揮職能？

五、技能應用

國外某遊輪在航行期間，某乘客向船長控告某船員強暴了她的女兒，要求船長對該船員採取強制措施，否則他就將告之全體乘客船員中有色狼。船長為了航行的安全和船舶秩序的穩定，決定囚禁該船員，直至船舶靠岸。后該船員向法庭起訴該船長。請問：①船長是否有權禁閉確實在船犯罪的船上人員；②本案中，船長的做法是否正

確，為什麼？

模擬法庭

一、案例分析

【背景資料】

原告：服務公司

被告：船舶公司

2014年6月2日，原被告之間簽訂了船員聘用協議，全套船員班子一年的費用為13萬美元。被告僅支付了11萬美元，欠付2萬美元。訴請支付。被告反訴，原告方的船長在日本福山裝載廢鋼時由於港方不能平倉，船長拒絕裝貨，被告方多次指示船長裝船，也均被船長拒絕。船方只好放棄該票貨物。由此造成船方的船期損失和港使費的重大損失，為此原告方應賠償被告的經濟損失2萬美元；另外，在船到下一國家時，船員違規聚餐花費了800美元。由此，反訴請原告方支付2.08萬美元。

法院查明：（1）被告方已支付了11.5萬美元。（2）船長拒載的情況為船舶到港後，發現貨物並非是船方所提供的每件3噸的廢鋼，而是大者3~5噸、小者幾百公斤；從種類上看，也不是原稱的廢鋼坯，而是有板鋼、圓鋼、方鋼等，規格不齊、長短不一，而港方計劃用電磁吊裝貨物。船長考慮將有如下不妥：①卸貨港卸貨困難甚至無法卸貨；②貨物不能裝至船舶邊緣，縫隙過大，可能造成貨移；③部分銳利貨物可能對船體造成威脅。故此，雖經船方多次指示，仍拒絕裝載。（3）船員聚餐是事實。在船抵港口時，由船舶代理安排參觀了當地景點並用餐。

【思考與討論】

請根據案例背景資料，回答下列問題：

1. 船長拒載是否合理，法律依據是什麼？
2. 船員用餐是否合理，理由是什麼？
3. 本案的最終判決是什麼？理由何在？

二、實訓操作

【實訓內容】

1912年4月14日，號稱「永不沉沒」的英國豪華客輪「泰坦尼克號」在駛往北美洲的處女航行中不幸遇難。如今「泰坦尼克號」沉沒已經一個多世紀了，一百年后的今天，人們用3D電影來悼念那場世紀災難。電影中給我們留下深刻印象的除了男女主角外，還有當時的船長愛德華‧約翰‧史密斯。

愛德華‧約翰‧史密斯出生於斯塔福德郡的特倫特河畔斯托克。1912年4月10日，被任命為最大的輪船皇家郵輪「泰坦尼克號」首航指揮官。該船由南安普頓出發，最終目的地是美國紐約。

4月11日，在皇后城接載完最后一批乘客后，「泰坦尼克號」起錨遠航，史密斯船長命令船舶高速向大西洋深處駛去，駛入了一片布滿冰山威脅的區域。航運公司的首席執行官喬布斯‧布魯斯‧伊斯梅為了創造「泰坦尼克號」神話，在收到數個冰山警

告的情況下，仍命令史密斯船長加快船舶的航行速度。

4月14日11時40分，「泰坦尼克號」在北大西洋撞上冰山。船長史密斯指揮繼續駕船航行，於是「泰坦尼克號」在大西洋上繼續慢慢航行了10分鐘。兩小時40分后「泰坦尼克號」沉沒，估計約有1500人死亡。

在「泰坦尼克號」沉沒時，船長史密斯全力指揮營救，為了救婦女和兒童，將生的希望留給別人，他自己卻拒絕登上救生船，最終與「泰坦尼克號」及此船的設計師托馬斯·安德魯斯一起沉入3800米深的大西洋海底。

【實訓目標】

請從海商法的角度剖析「泰坦尼克號」沉沒事件中船長的行為。加深學生對船長職權的認識和理解。

【實訓組織】

將學生分成若干組，每組7人，每組設組長1名負責組織本組成員進行實訓，由組長將收集的資料書面寫成報告，並總結。（注意：教師應提出活動前的準備和注意事項，同時隨隊指導）

【實訓成果】

1. 考核和評價採用報告資料展示和學生討論相結合的方式；
2. 評分採用學生和老師共同評價的方式。

評價考核標準	分值
對船長職權的理解是否透澈	20
對船長的行為分析是否有理有據	20
資料是否圖文並茂，報告是否完整有新意	20
結果展示是否準確	20
學生儀態端正、思維清晰、語言流暢	20
合計	100

第四章
海上運輸合同

【本章概要】
　　海上商事活動包括海上運輸、海上貿易和海上保險等。但是，無論是海上貿易還是海上保險，都是在海上運輸逐漸發達的基礎上才產生和發展起來的。所以，海上運輸是最基本的，也是最重要的一種海上商事活動，在海商法所調整的各種法律關係中，以海上運輸所產生的法律關係為其主要調整對象。按照船舶經營方式的不同，可以分為件雜貨運輸合同和航次租船合同，按照運輸過程和方式的變化，可分為直達運輸合同和聯運合同。目前調整海上貨物運輸合同的公約主要有《海牙規則》、《維斯比規則》和《漢堡規則》。中國《海商法》第四十一至一百零六條有關海上貨物運輸的規定基本是在參照上述公約有關規定的基礎上，並結合中國的實際情況制定的，這是《海商法》的核心內容。

【學習目標】
　　1. 瞭解：海上貨物運輸合同的概念、種類和特點；提單的國際公約的內容；海上旅客運輸的國際公約；
　　2. 熟知：明確認識提單流轉中存在的法律問題；
　　3. 理解：海上貨物運輸合同當事人的各自責任；提單的概念、性質和種類；
　　4. 掌握：握海上貨物運輸合同的訂立與解除；多式聯運經營人責任制度；海上旅客運輸合同中當事人的權利和義務。

【技能目標】
　　1. 能夠靈活運用海上貨物運輸合同基本知識進行實際操作；
　　2. 能夠區分海上貨物運輸當事人的不同責任；
　　3. 能夠運用提單法律知識解決提單法律糾紛。

【先導案例】
　　大連天欣船務有限公司所屬的「華星」輪於某年10月1日承載甲貨主的玉米從大連港出發，目的港為美國紐約。在大連港開航前和開航當時，承運人已經履行了謹慎處理使船舶適航的義務；在中途港廣州港，該輪又接載了第二家貨主乙的貨物，在已裝載完畢，但船舶尚未開航前，由於船員修理主機，不慎引起火災，致使甲和乙貨主的貨物全損。假設該案適用中國法律，請問：
　　（1）承運人是否需對甲貨主的損失承擔賠償責任，為什麼？

（2）承運人是否需對乙貨主的損失承擔賠償責任，為什麼？爭議焦點：不適航與免責的關係。

【知識精講】

第一節　海上貨物運輸合同概述

一、海上貨物運輸合同的概念和基本特徵

（一）海上貨物運輸合同的概念

水路貨物運輸，主要是利用船舶進行貨物運輸的一種運輸方式。水路貨物運輸包括江河貨物運輸和海上貨物運輸。《海商法》第四十一條規定：「海上貨物運輸合同（Contract of Carriage by Sea）是指承運人收取運費，負責將托運人托運的貨物經海路由一港運至另一港的合同。」對於海上貨物運輸合同我們從以下幾個方面來理解：

第一，海上貨物運輸合同的主體是承運人和托運人。承運人常稱為船方，通常是船舶所有人，但也可能是船舶經營人或船舶承租人。船舶經營人和船舶承租人作為承運人時又稱為二船東。托運人或承租人是合同的另一方當事人，常稱為貨方。

第二，海上貨物運輸合同的履行方式是海上運輸，海上運輸是使用船舶通過海上航道運送貨物和旅客的一種運輸方式。這種運輸方式區別於航空運輸、陸上運輸等其他貨物運輸方式。

第三，海上貨物運輸的合同期間是由一港運至另一港，即港口到港口的海路運輸。

第四，海上貨物運輸合同的標的是貨物，包括活動物和由托運人提供的裝運器具。

（二）海上貨物運輸合同的基本特徵

1. 海上貨物運輸合同是雙務有償合同

海上貨物運輸合同中的當事人船方與貨方具有同等的法律地位，享有權利同時需要履行一定的義務作為對價。雙方當事人簽訂海上貨物運輸合同後，作為船方享有收取運費的權利，負有將貨物安全運送到目的港的義務；作為貨方享有請求承運人簽發提單以及請求交付貨物的權利，同時負有交納運費的義務[①]。

2. 海上貨物運輸合同是涉他合同

涉他合同是指為第三人設定權利或義務的合同，與其相對應的是為訂約人自己訂立的束己合同。海上貨物運輸往往與國際貿易相關，在國際貿易中，由買方還是賣方訂艙或租船要根據買賣合同中的貿易術語而定。例如在 CIF 貿易術語下，由賣方租船或訂艙，但是在目的港收貨人卻是買方。這種情況為第三人訂立的合同很明顯屬於涉他合同，由此可見海上貨物運輸合同具有明顯的涉他性質。

3. 海上貨物運輸合同一般是諾成合同

諾成合同是指僅以當事人意思表示一致為合同成立要件的合同，與諾成合同相對的是實踐合同。實踐合同是指除當事人意思表示一致以外，尚需交付標的物才能成立的合同。海上貨運運輸合同一般為諾成合同，即一旦承運人與托運人就貨物運輸事宜

[①] 在預付運費的情況下，由托運人支付運費；在到付運費的情況下由收貨人支付運費。

達成一致，合同即告成立，雙方自此即應享有合同權利並承擔義務。特殊情況下，如具有預約性質的班輪運輸協議，也符合實踐合同的特點。

4. 海上貨物運輸合同的合同自由原則受限制

合同自由原則在海上貨物運輸合同中的適用受到了很大的限制。合同自由原則是合同法中的重要原則，即允許合同當事人就雙方的權利、義務在合同中自由地做出約定。雖然海上貨物運輸合同也適用該原則，但是該原則在適用中受到一定的限制。例如在航次租船中，法律對出租人不得進行不合理繞航以及謹慎處理使船舶適航等有強制性的規定，不允許在合同中以任何條款降低或減輕此種義務和責任。在國際貨物多式聯運合同中，合同自由原則受到的限制更大，《海商法》中關於多式聯運合同的特別規定基本上都屬於強制性規定。

二、海上貨物運輸合同的種類

(一) 沿海貨物運輸合同和國際海上貨物運輸合同

沿海貨物運輸是指一國之內兩個港口之間的貨物運輸，以及在江河、湖泊等內陸水域中從事的營業性水上貨物運輸。大多數國家都不準外國籍船舶從事該國的沿海運輸。如中國《海商法》第四條規定：「中華人民共和國港口之間的海上運輸和拖航，由懸掛中華人民共和國國旗的船舶經營。」

國際海上貨物運輸是指不同國家港口之間的貨物運輸。在現階段，中國大陸至香港、澳門、臺灣地區的海上貨物運輸，雖然屬於國內海上貨物運輸，但比照國際海上貨物運輸處理。區別沿海貨物運輸和國際海上貨物運輸具有重要的法律意義（見表4-1）。

表4-1　　　　區別國內水路貨物運輸與國際海上貨物運輸的法律意義

名稱	沿海貨物運輸	國際海上貨物運輸
使用的單證	中國的國內沿海貨物運輸目前實行運單制，運單隨船而行，不可轉讓，不能作為跟單信用證的單證	國際海上貨物運輸一般使用提單，可以轉讓和作為跟單信用證的重要單證
承運人的責任制度	承運人的完全過失責任制	承運人實行不完全過失責任制
適用的法律	沿海貨物運輸合同由《合同法》以及交通部發布的《國內水路貨物運輸規則》調整	國際海上貨物運輸受中國《海商法》約束，有特別說明者除外

(二) 班輪運輸合同與航次租船合同

承運人接收眾多中小托運人的委託，將屬於不同托運人的貨物裝載在同一船舶上，由一港運至另一港的運輸為件雜貨運輸，現在件雜貨運輸普遍採用班輪運輸的形式。班輪運輸是指承運人在一固定的航線上，按照固定的掛靠港口順序和固定的船期進行的一種貨物運輸方式。

航次租船合同是指船舶出租人向承租人提供船舶或者船舶的部分艙位，裝運約定的貨物，從一港口運至另一港，由承租人支付約定運費的合同①。

---

① 參見中國《海商法》第九十二條。

(三) 海上貨物運輸總合同與多式聯運合同

海上貨物運輸總合同又稱包運合同，是指承運人和托運人約定，由承運人負責將一定數量的貨物在一定期間內分批採用海路由一港運至另一港的合同，這種合同適合於有較大數量的大宗散貨的運輸，如礦石、糧食等。

多式聯運合同是指多式聯運經營人以兩種以上的不同運輸方式，其中一種是海上運輸方式，負責將貨物從接收地運至目的地交付收貨人，並收取全程運費的合同[①]（見圖4-1）。

(四) 集裝箱運輸合同與散貨運輸合同

集裝箱運輸合同是指裝載在集裝箱這種新型的包裝運輸工具中的貨物的運輸合同。散貨運輸合同是指貨物在裝運以前沒有進行包裝，而是直接裝載在船上的通艙或貨艙隔成的小艙中的運輸合同。

此外，海上貨物運輸合同按照不同的分類標準還可以進行不同的分類。

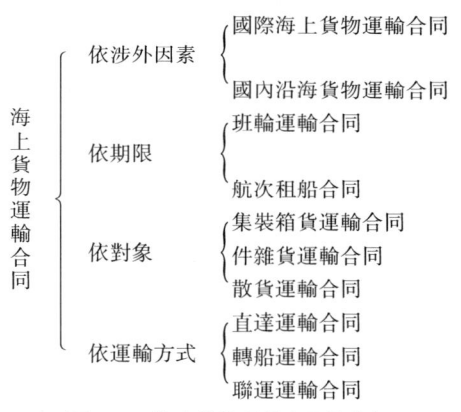

海上貨物運輸合同
- 依涉外因素
  - 國際海上貨物運輸合同
  - 國內沿海貨物運輸合同
- 依期限
  - 班輪運輸合同
  - 航次租船合同
- 依對象
  - 集裝箱貨運輸合同
  - 件雜貨運輸合同
  - 散貨運輸合同
- 依運輸方式
  - 直達運輸合同
  - 轉船運輸合同
  - 聯運運輸合同

圖4-1　海上貨物運輸合同的分類

三、海上貨物運輸合同的當事人及基本權利義務

(一) 承運人

1. 承運人的定義

按照中國《海商法》第四十二條的規定，承運人是指本人或者委託他人以本人名義與托運人訂立海上貨物運輸合同的人。實踐中主要包括以下幾種：

(1) 契約承運人

契約承運人（Contracting Carrier）是指與托運人立有運輸合同，並簽發運輸單證，對運輸負有責任的人。實踐中有些承運人並不擁有或掌握運輸工具，只能通過與擁有運輸工具的承運人訂立運輸合同，由他人實際完成運輸，這種承運人在實際業務中稱為契約承運人。

(2) 實際承運人

實際承運人（Actual Carrier）或履約承運人（Performing Carrier）是指受契約承運

[①] 參見中國《海商法》第一百零二條。

人委託從事貨物運輸或部分運輸的人，包括接受轉委託從事此項運輸的其他的人。實際承運人對自己實際履行的運輸負責。如果實際貨運業務是由承運人自己直接完成的，那麼承運人自己也是實際承運人。

2. 承運人的基本權利

（1）收取運費和其他費用

按海上貨物運輸合同的約定收取運費是承運人最基本的權利，如果托運人因其提供的貨物少於約定的數量，使船舶艙位發生剩餘，從而讓承運人因此受到運費損失，承運人可以收取一定的虧艙費，另外在航次租船的情況下，承租人如果未能在合同規定的裝卸時間內完成貨物裝卸，承運人有權向承租人收取滯期費。

（2）貨物留置權

按照法律規定或者合同約定，承運人在未收到運費和其他費用時，對應付上述費用的人的貨物享有留置權。但是在行使留置權時需要注意，所留置的貨物應在承運人的控制之下，留置貨物價值相當於債權數額。達到一定期限①仍無人支付費用，或提供適當擔保的，承運人可以向有管轄權的法院申請裁定拍賣。

（3）免責

中國《海商法》實行承運人的不完全過失責任制，在第五十一條規定了12項承運人免予承擔賠償責任的原因，其中包括過失免責2項②和無過失免責10項③。

（4）賠償責任限制

承運人的賠償責任限制又稱承運人單位責任限制（Package Limitation of Liability），是指承運人對其不能免責的原因造成的貨物滅失、損壞或遲延交付，有權依據法律規定或合同約定，將其賠償責任限制在一定的範圍內。

3. 承運人的基本義務

（1）適航的義務

《海商法》第四十七條規定：「承運人在船舶開航前和開航當時，應當謹慎處理，使船舶處於適航狀態。」具體來說承運人的適航義務包括三方面內容：船舶適合於航行，船員配備、船舶裝備及船舶供應適當，船舶的貨艙適合於安全收受、運送和保管所載貨物。船上具有經船舶檢驗機構或人員簽發的船舶適航證書，通常是船舶適航的初步證據。

（2）管貨的義務

《海商法》第四十八條有關管理貨物義務的規定為：「承運人應當妥善地、謹慎地裝載、搬移、積載、運輸、保管、照料和卸載所運貨物。」一方面主觀上要求承運人應「妥善」與「謹慎」；另一方面客觀上承運人管理貨物的義務貫穿整個運輸過程，即從貨物裝船到卸船的整個過程。

---

① 中國《海商法》第八十八條規定的是自船舶抵達卸貨港的次日起60日內。

② 2項無過失免責：船長、船員、引航員或者承運人的其他受雇人在駕駛船舶或管理船舶中的過失；火災，但是因承運人本人的過失所造成的除外。

③ 10項過失免責：天災，海上災難，戰爭行為，罷工、停工，海上救助或企圖救助人命或者財產，托運人、貨主或其代理人的行為，貨物的自然特性或者固有缺陷，貨物包裝不良或者標誌欠缺、不清，經謹慎處理仍未發現的船舶潛在缺陷，非由於承運人或者承運人的受雇人、代理人的過失造成的其他原因。

（3）不得進行不合理繞航

《海商法》第四十九條規定：「承運人應當按照約定的或習慣的或地理上的航線將貨物運往卸貨港。」承運人在航行過程中應首先依據雙方約定的航線航行，沒有約定航線的按照習慣航線航行，沒有習慣航線的採用地理上最近的安全航線。如果為了在海上救助或企圖救助人命或者財產或者有其他合理需要，船舶可以駛離航線，承運人不承擔責任。

（4）簽發提單和交貨的義務

貨物由承運人接收或裝船后，承運人應當簽發提單，否則構成違約；貨物到達卸貨港后承運人應當在卸貨港向提單指定的收貨人憑提單交付貨物。

（5）損害賠償的義務

由於承運人或其代理人、雇傭人的不可免責的過失造成貨物的滅失或損壞，承運人應當承擔賠償責任。

（二）托運人

1. 托運人的定義

托運人是指在海上貨物運輸合同中，將貨物托付給承運人按照合同約定的時間運送到指定地點，並向承運人支付相應報酬的一方當事人。實踐中托運人包括：

（1）本人或者委託他人以本人名義或者委託他人為本人與承運人訂立海上貨物運輸合同的人，又稱為訂約托運人，如貨主。

（2）本人或者委託他人以本人名義或者委託他人為本人將貨物交給與海上貨物運輸合同有關的承運人，又稱為交貨托運人，如發貨人。

2. 托運人的基本權利

（1）取得艙位權。托運人有權按合同約定取得貨物裝船的艙位。

（2）取得提單權。貨物裝船后，承運人應托運人的要求應簽發提單。

（3）提貨權。收貨人憑正本提單可以在目的港向承運人主張貨物的交付。

（4）索賠權。對承運人造成的損失有權獲得賠償，但承運人享有某些過失免責和責任限制。

3. 托運人的基本義務

（1）提供約定貨物。托運人應當按照簽訂的海上貨物運輸合同提供約定的貨物，應保證提供或申報的貨物品名、標誌、件數、重量或體積等事項的正確性，按規定進行包裝，作好標誌。由於包裝不良或者上述資料不正確，對承運人造成損失的，托運人應當負賠償責任。但是，承運人享有的這一受償權利，不影響其根據貨物的運輸合同對托運人以外的人所承擔的責任。

（2）托運人或收貨人有按合同規定及時交付運費及其他費用的義務。中國《海商法》第六十九條規定：「托運人應當按照約定向承運人支付運費。托運人與承運人可以約定運費由收貨人支付；但是，此項約定應在運輸單證中載明。」若提單不載明「運費到付」或運費由收貨人支付，托運人應支付運費。若托運人或收貨人到期不支付運費，則大多數國家海商法均規定承運人有權留置該貨物。

（3）托運人或收貨人有及時收受貨物的義務。托運人或收貨人應在目的港作好提貨準備，及時到船邊或倉庫提貨。提貨時，若發現貨物短少或損壞，應及時處理，如

記錄、檢查、檢驗等，以便向承運人索賠。

（三）收貨人

收貨人是指有權提取貨物的人，通常是提單持有人。提單上指定的收貨人本來不是海上貨物運輸合同的當事人，但中國《海商法》第七十八條規定：「承運人同收貨人、提單持有人之間的權利、義務關係，依據提單的規定確定。」這一規定說明當提單流轉到提單持有人手中時，提單成了約束承運人與提單持有人的合同。

海上貨物運輸合同中托運人和承運人為基本當事人，收貨人為第三人。無論當事人的名稱如何，均可以把他們歸入船方當事人如承運人或貨方當事人如托運人和收貨人。

四、海上貨物運輸合同的訂立與解除

（一）海上貨物運輸合同的訂立

海上貨物運輸合同的訂立是指合同當事人對合同標的、合同內容的意思表示一致。與其他合同一樣，其訂立過程一般要經過要約和承諾兩個階段。但是具體方式與一般合同的訂立有所不同。

在班輪運輸的情況下，合同的訂立採取的是訂艙托運的方式。一般是由班輪公司發布航線、船期，貨主或代理人訂艙，填寫訂艙單或者是填寫電子數據，這種做法成為要約，承運人通過書面或口頭的方式接受，此謂之承諾。在集裝箱運輸合同中，如果承運人同意承運，就在場站收據的裝貨單上簽字蓋章。在航次租船合同中，既可以由出租人和承租人通過談判直接訂立，也可以通過船舶經紀人簽訂。實踐中，船舶出租人和承租人通常通過船舶經紀人訂立合同，並且租船合同通常都以一些標準合同為範本，對其加以修改、補充之后訂立。

海上貨物運輸合同依法成立的，成立時生效。但是需要注意的是如果海上貨物運輸合同和作為合同憑證的提單或者其他運輸單證中的條款，違反了海商法關於海上貨物運輸合同的相關規定的，則該條款無效。但是不影響該合同和提單或者其他運輸單證中其他條款的效力①。

（二）海上貨物運輸合同的解除

海上貨物運輸合同的解除，是指在海上貨物運輸合同有效成立之后，因一方或雙方當事人的意思表示，使合同關係歸於消滅的行為。海上貨物運輸合同的解除分不同的情況，並且具有不同的法律后果。

1. 合同的任意解除

任意解除是指海上貨運合同當事人一方，基於某種原因在合同仍可履行的情況下，主動提出解除合同。合同任意解除是一種違約行為，應承擔違約責任。主要有船舶開航前的任意解除和船舶開航后的任意解除兩種情形。船舶開航前，托運人要求解除合同的，應向承運人支付約定運費的一半及裝貨、卸貨和與此有關的費用。合同另有約定的除外。船舶開航后解除合同的情況在實踐中發生得比較少，因為一半情況下需要支付全部運費及其相關費用。

---

① 參見中國《海商法》第四十四條。

2. 合同因當事人一方違約而解除

如果合同一方當事人不履行合同規定的義務，另一方當事人可以解除合同。分為依照合同約定而解除和依照法律規定而解除兩種情形。約定解除是指當事人在合同中約定了行使合同解除條件的，當約定的條件成就之時，有權解除合同的人可以通過行使解約權的形式解除[1]。法定解除是指但是人基於法律直接規定的是否而解除合同的行為，如合同一方當事人「根本違約」。

3. 合同因非雙方當事人所應負責的原因而解除

（1）船舶開航前的解除

在開航前出現不可抗力因素，雙方均可解除合同，並互相不負賠償責任。運費已支付的，承運人應將運費退還給托運人；貨物已裝船的，托運人應負擔裝卸費用；已簽發提單的，托運人應將提單退回給承運人[2]。

（2）船舶開航后的解除

在開航后，由於不可抗力或其他不能歸責於承運人和托運人的原因使船舶不能在約定卸貨港卸貨的，除合同另有約定外，船長可在鄰近的安全港口卸貨，視為合同已履行。船長決定將貨物卸載的，應當及時通知托運人或者收貨人，並考慮托運人或者收貨人的利益[3]。

合同因非雙方當事人所應負責的原因而解除的，無論是在船舶開航前還是船舶開航后，首先提出解除合同的一方應當為防止損失的進一步擴大而採取積極措施。

第二節　提單

一、提單的概念

提單（Bill of Lading，B/L）作為海上貨物運輸合同的一種貨運單證，中國《海商法》第七十一條規定：提單是指用以證明海上運輸合同的訂立和貨物已經由承運人接收或者裝船，以及承運人保證據以交付貨物的單據。提單中載明的向記名人交付貨物，或者按照指示人的指示交付貨物，或者向提單持有人交付貨物的條款，構成承運人據以交付貨物的保證。上述提單的定義是由1978年的《漢堡規則》首先規定的。《海牙規則》、《維斯比規則》都沒有給提單下定義。

使用提單能夠使抽象的權利表現在具體的單據上，使其易於被識別與轉讓，從而簡化了交易。同時提單的使用促成了財產權的迅速轉移以及資源的合理利用，從而有效地減少了國際貿易中的商業風險。

二、提單的法律特徵

根據提單的定義，可以看出，提單具有下列法律特徵：

---

[1] 參見《合同法》第九十三條。
[2] 參見《海商法》第九十條。
[3] 參見《海商法》第九十一條。

(一) 提單是海上貨物運輸合同的證明

第一，海上貨物運輸合同的證明是指用以表明承運人和托運人之間存在貨物運輸合同關係的文件。這種證明關係是就承運人與托運人之間的關係而言的，提單是承運人簽發的，是一種單方法律行為。所以提單不是合同本身，而是合同的證明。

第二，當提單被轉讓後，提單就成了承運人與收貨人或提單持有人之間的運輸合同。因為根據《海商法》第七十八條第一款規定：「承運人與收貨人、提單持有人之間的權利、義務關係，依據提單規定確定。」所以收貨人或提單持有人與承運人之間除提單之外，別無其他契約關係。

第三，在實踐中，承托雙方往往只是就合同的主要事項達成口頭或書面協議，而提單背面有大量的權利義務條款，所以說提單的簽發證明了海上貨物運輸合同的最終成立，而且證明了海上貨物運輸合同的內容。在提交不了海上貨物運輸合同時就成了合同內容的最后證據。

因此，提單在托運人手中，是貨物運輸合同的證明，提單在托運人以外的受讓提單的第三人手中，是運輸合同條款和試題內容的證明，直接調整提單持有人和承運人之間的關係。如果有其他證據證明運輸合同和提單記載不符，依據運輸合同決定。

【法律課堂 4-1】

The Ardennes（1951）[①] 一案中，承運人與托運人口頭約定將柑橘直接運到倫敦，但實際上承運人先到別的港口。事后托運人知曉後起訴承運人，承運人以提單上的繞航條款抗辯。法院判決認為：在托運人手中，提單不是合同而是合同證明，提單條款不能推翻承運人的口頭承諾。因為提單是合同訂立後才簽發的，而且是由承運人單方簽發的，因此托運人根本沒有反駁的機會。

(二) 提單是承運人接收貨物或貨物已裝船的收據

這是指提單具有貨物收據的作用。提單是在承運人收到所交運的貨物后向托運人簽發的，無論是貨物裝船後簽發的已裝船提單還是未裝船簽發的收貨待運提單，都是承運人接管貨物的收據。貨物的標誌、貨物的包裝、數量或重量及貨物的表面狀況等需要在提單上進行記載。

提單的這種貨物收據作用，對托運人和收貨人或其他善意提單持有人是不同的。對托運人來說，是承運人已按其上所記載情況收到貨物的初步證據。當提單轉移或轉讓至善意的第三者收貨人或提單的受讓人時，提單將成為承運人按其上所記載情況收到貨物的絕對證據。

【法律課堂 4-2】

中國 A 公司委託中國某航運公司 B 將 1 萬袋咖啡豆從中國上海港運往巴西某港口。船長簽發了清潔提單，載明每袋咖啡豆重 60 千克，其表面狀況良好。貨到目的港卸貨后，收貨人巴西 C 公司發現其中 600 袋有重量不足或鬆袋現象，經過磅約短少 25%。於是，C 公司提起訴訟，認為承運人 B 公司所交貨物數量與提單的記載不符，要求 B

[①] The Ardennes [1951], Lloy's Rep.

公司賠償貨物短少的損失。B 公司出具有力證據證明貨物數量的短少在貨物裝運時業已存在，並抗辯稱，因其在裝船時未對所裝貨物一一進行核對，所以簽發了清潔提單。貨物數量的短少不是因承運人 B 公司的過失所造成，所以 B 公司不應對此承擔賠償責任。經查，貨物數量的短少的確不是因承運人的原因所造成，而屬托運人 A 公司的責任。法院審理認為，B 公司簽發的清潔提單是其已經按提單所載狀況收到貨物且貨物表面狀況良好的初步證據，B 公司雖能提供證據證明貨物數量的短少在裝船時已存在，而不是因其過失所造成，但該證據和理由不能對抗善意受讓提單的包括收貨人在內的第三人。據此，法院判決 B 公司對貨物數量的短少向收貨人 C 公司承擔賠償責任。

(三) 提單是貨物的物權憑證

遠途海上貨物運輸的時間長，提單持有人為了資金的需要，往往會在貨物的運輸途中將提單項下的貨物出賣，這時提單原持有人不可能向受讓人交付運輸途中的貨物。提單的流通性決定了提單具有物權憑證的特性，這是國際貿易與海運相結合的一種特有現象。雖然無法滿足民商法中所有權轉移的一切條件，但仍應滿足一定的條件。第一，提單轉讓人須對貨物具有所有權；第二，貨物尚在運輸途中；第三，提單的轉讓人必須具有轉移貨物所有權的真實意圖。

提單代表提單上記載的貨物，證明提單持有人對貨物的佔有。貨方憑提單提貨，船方按提單的規定交付①。轉讓或處分提單等於轉讓或處分提單載明的貨物。只要不是記名提單，提單都可以轉讓流通，如用於結匯、買賣、抵押、融資等。

【法律課堂 4-3】

2013 年 3 月，A 公司向 B 國際物流有限公司托運貨物，從中國上海到韓國釜山，2013 年 3 月 29 日，B 國際物流有限公司簽發了貨物已裝船正本提單。提單記載的托運人為 A 公司，承運人為 B 國際物流有限公司，收貨人憑 DAGEU BANK, LTD. 指示，通知人為「S 公司」；承運船舶及航次為 KMTC PORT KELANG 604N，裝貨港為中國上海，卸貨港為韓國釜山；貨物為全滌布，裝載於編號為 KMTU7236491/2334061 的 20 尺集裝箱內，數量為 346 卷，毛重為 3450 千克，由托運人裝箱和計數；CY-CY，運費到付。2013 年 4 月 3 日在目的港進行進口申報並已受理，貨物經進口申報受理後又被搬出倉庫，並且未指定管理對象。A 公司得知後遂向 B 國際物流有限公司索賠損失，B 公司拒絕賠付。2014 年 3 月 13 日 A 公司提起訴訟，請求判令被告賠償貨款損失 10,969.02 美元，返還運費損失人民幣 2670 元，並承擔本案訴訟費用。上海海事法院審理認為：本案原、被告之間的海上貨物運輸合同關係依法成立。原告作為托運人和正本提單的持有人，有權行使對提單項下貨物的控制權。被告為出運原告的貨物簽發了提單，有義務按照合同約定將貨物安全出運，並在目的港憑 DAGEU BANK, LTD. 的指示完好地交付貨物。被告既未證明貨物仍然處於其控制之下，亦未證明貨物到港後的合理去向或下落，違反了運輸合同的約定，應對由該違約行為對原告所造成的貨款損失承擔賠償責任。②

---

① 《海商法》第七十一條規定，如果是記名提單，承運人只能將貨物交給提單上的記名人；如果是指示提單，承運人只能按提單上的記名人的指示交貨；如果是空白提單，承運人可以向任何持有該提單的人交貨。

② 本案中涉案當事人名稱均為化名。

三、提單的簽發與收回

提單簽發是指製作提單並交付於人的一種行為。《海商法》第七十二條的規定，「貨物由承運人接收或者裝船后，應托運人的要求，承運人應當簽發提單。提單可以由承運人授權的人簽發。提單由載貨船舶的船長簽發的，視為代表承運人簽發。」

提單要經過簽發才具有法律效力，簽發提單是承運人的義務，應當及時進行。承運人本人和承運人授權的人都可以簽發提單。承運人授權的人包括船長和承運人的其他代理人。船長的提單簽發權是船長代理職能中的一項，不需要承運人的個別授權；但是承運人的其他代理人簽發提單要經過承運人的明確授權，否則就不能簽發提單。

提單簽發，一般簽發正本一式三份，每一份都具有同等的法律效力。提單簽發必須如實記載簽發時間、地點以及貨物狀況等，並簽發給正確的對象，否則會產生相應的法律問題。

通常承運人都會在提單中印明：「憑其中一份完成提貨手續后，其余各份失效。」因此在目的港，收貨人憑一份正本提單提貨后，其余正本提單作廢。如果收貨人或提單持有人請求在某一中途港請求支付貨物，承運人有權要求其提供全套正本提單，否則難以免除在目的港向正本提單持有人交貨的義務。

四、提單的分類

由於提單涉及貿易、運輸、支付和保險等不同的環節，因此提單從不同的角度可以進行不同的分類，並且具有不同的法律意義。

（一）按提單簽發時貨物是否已裝船劃分

提單按照簽發時貨物是否已裝船分為已裝船提單和收貨待運提單。已裝船提單（Shipped B/L 或 On board B/L）是指表明貨物已由承運人裝船的提單；收貨待運提單（Received for Shipment B/L）是指承運人已接管貨物但未裝船而簽發的提單。在實務中，如果承運人在收貨待運提單上加註船名和貨物的實際裝船日期，該提單即構成已裝船提單。區分兩者的法律意義在於按照國際信用證的規定，銀行在辦理支付業務時一般只接收已裝船提單。

（二）按提單上所記收貨人名稱的情況劃分

按照提單上關於收貨人名稱的記載情況分為記名提單、空白提單和指示提單。記名提單（Straight B/L）是指提單正面收貨人一欄內記明特定收貨人的提單。空白提單（Blank B/L 或 Open B/L）又稱不記名提單或來人提單（Bearer B/L），是指收貨人一欄內未指明以任何特定的人或機構作為收貨人，僅註明「交給持有人（To Bearer）」字樣的提單。指示提單（Order B/L）是指在收貨人一欄內載明憑指示或憑某人指示的提單。

記名提單不能轉讓或流通，承運人也只有將貨物交給該記名收貨人。因而在國際貿易中通常不適用記名提單，一般僅限於個人物品、展覽品和貴重物品等運輸。空白提單流通性較強，承運人可向任何提單持有人交貨。但是此種提單一旦丟失，貨主的權益將難以得到保障，安全性較小，在貿易實踐中較少使用。指示提單的流轉比較靈活，通常由指示人在提單背面作背書而轉讓提單和提單項下的貨物。在當今的國際貿易中得到了普遍的應用。

（三）按提單對貨物表現狀況是否有不良批註劃分

按提單對貨物表現狀況是否有不良批註，分為清潔提單和不清潔提單。清潔提單（Clean B/L）是指承運人未在其上批註或者批註表面狀況良好的提單。不清潔提單（Foul B/L 或 Unclean B/L）是指承運人在其上批註貨物表面狀況不良的提單。按照國際慣例，簽發清潔提單的標準是船長目力所及的貨物表面狀況是否良好。

區分二者的意義在於確定貨物在運輸過程中因外觀破損所產生的貨物滅失或損害是由承運人負責還是由托運人負責以及能夠結匯。跟單信用證要求的提單必須是清潔提單，如果接收的貨物有瑕疵，如「包裝破損」、「滲漏」、「銹蝕」等而簽發不清潔提單，托運人則無法憑以結匯。所以實踐中，托運人為了換取清潔提單往往採用向承運人出具保函的方式，保證承擔由於簽發清潔提單給承運人造成的損失。

（四）按提單所適用的運輸方式劃分

按照提單所適用的運輸方式分為直達提單、轉船提單和多式聯運提單。直達提單（Direct B/L）是指為中途無須換船直接運抵卸貨港的貨物所簽發的提單。轉船提單（Tansfer B/L）是指貨物需要在途中更換裝港港口和接運船舶的提單。多式聯運提單（Combined Transport B/L）是指多式聯運經營人以兩種或兩種以上的運輸方式，將貨物從一地運至另一地而簽發的提單，其中必須包括海上運輸方式。

在國際貿易中有的買方處於擔心貨物轉船影響交貨期限和運輸質量的考慮，可能會提出只接受直達提單的要求。多式聯運提單是適應集裝箱貨物運輸而產生的一種提單，所以很多內容與傳統的提單不同（有關多式聯運提單的內容后文詳述）。

（五）按提單的簽發日期劃分

按照提單的簽發日期分為實簽提單、倒簽提單和預借提單。實簽提單是指按照貨物實際裝船的日期簽發的提單。倒簽提單（Anti-dated B/L）是指在貨物實際裝船日期超過信用證規定的裝船日期時，承運人根據托運人的請求按照早於實際裝船的日期而簽發的提單。預借提單（Postponed B/L）是指貨物實際裝船日期早於信用證規定的日期的情況下，承運人根據托運人的請求簽發與信用證規定的裝船日期相吻合的提單。

航運實踐中，由於國際貿易的需要，承運人有時不得不考慮通過接受保函而簽發倒簽提單的做法。如倒簽的時間與實際裝船的時間間隔較短或者所簽的日期在船舶抵港后並已開始裝船的某一天。預借提單在實踐中也是經常出現，有時確實由於特殊原因使貨物無法按時裝船，待實際轉船后，銀行就會拒絕結匯，給托運人帶來經濟損失。承運人為了不影響與托運人的關係，憑托運人出具的保函而簽發預借提單。

無論是倒簽提單和是預借提單，都具有一定的違法性，承運人和托運人對第三者具有一定的詐欺性，承運人要承擔一定的風險，在預借提單的情況下承運人所承擔的風險更大。

【案例應用4-1】

中國甲公司向菲律賓乙公司出口蘋果，貨物裝上船后，承運人丙公司簽發了一式三份正本提單，提單載明：托運人為甲公司，收貨人為乙公司，承運人是丙公司。貨物運到目的地后，承運人在未收回其簽發的全套正本提單的情況下，接受了乙公司簽發的保函，放貨給乙公司。因單證不符，甲公司未收到貨款，於是向法院起訴丙公司無單放貨。最終法院判決承運人丙公司承擔全部責任。根據中國《海商法》的規定，

在記名提單的情況下，承運人只能向記名提單持有人交貨，並且需要憑全套正本提單交貨。

【案例應用 4-2】

在「金馬輪提單糾紛案」中，承運人在接收托運人托運的貨物時發現裝運的木薯片表面有霉跡，因此承運人要簽發不清潔提單，但是托運人認為貨物品質已符合買賣合同約定而拒絕接受不清潔提單，雙方爭執不下，導致船期損失，最終訴至法院。廣州海事法院審理認為：不能根據買賣合同中對貨物品質的約定決定是否簽發清潔提單。簽發清潔提單的唯一標準是船長目力所及的貨物外表狀況。

【法律課堂 4-4】

2013 年 5 月 16 日，豐益公司與雅仕公司簽訂了購買硫黃 10,000 噸（正負 10%）的買賣合同，付款方式為不可撤銷可轉讓信用證，貨物最晚裝船日期為 2013 年 6 月 15 日。買方豐益公司以雅仕公司為受益人向交通銀行天津市分行申請開立了第 LCL0200360264 號信用證，金額為 848,400 美元。航運公司以「Iran Sarbaz v. 63654」輪承運該批貨物，並簽發了編號為 IRSLBLK 3654OFA4085 號提單，記載事項為：托運人為雅仕公司，收貨人憑指示，貨物數量 10,100 噸，裝運地為伊朗 Bandar Abbas，目的地為中國天津，提單簽發日期為 2013 年 6 月 15 日。貨物自 2013 年 6 月 12 日開始裝船，6 月 20 日，各艙完貨，輪上大副簽發了大副收據。2013 年 7 月 14 日，貨物運抵天津港。同日，開證行交通銀行天津市分行通知豐益公司付款贖單並將全套提單交付豐益公司。7 月 15 日，豐益公司持提單在航運公司的代理人處換取了提貨單。同日，豐益公司以雅仕公司交貨遲延、貨物市場價格下跌為由要求雅仕公司每噸貨物降價 4 美元，雅仕公司同意並已補償豐益公司 40,400 美元。2013 年 7 月 30 日，豐益公司以附隨信用證的提單被倒簽，雅仕公司和航運公司共同詐欺為由在天津海事法院提起訴訟，天津海事法院審理認為承運人在簽發提單時對善意的第三人（收貨人）應負有保證貨物已裝上船並符合提單記載的義務，航運公司在只有 10,100 噸貨物的情況下簽發兩套 10,100 噸貨物提單的行為構成倒簽提單。航運公司倒簽提單的詐欺行為客觀上掩蓋了貨物裝船的真實情況，致使豐益公司在不明真相的情況下接受包括提單在內信用證項下單據並提取了貨物，喪失了對貨物賣方拒付信用證項下貨款的權利，因此航運公司應向豐益公司承擔相應賠償責任。

（六）電子提單

電子提單（Electronic Bill of Lading），是指通過電子數據交換系統（Electronic Data Interchange，EDI）傳遞的按一定的規則組合而成的有關海上貨物運輸合同的數據。電子提單是在日益發達的電子計算機和通訊技術的基礎上產生的，它有利於解決提單在傳統的郵寄方式下經常出現的晚於貨運船舶抵達目的港的問題，也能滿足集裝箱貨物運輸方式對航運單證及其流轉途徑提出的新要求，而且電子提單通過密碼傳輸電子數據，能有效地防止在海運單證方面的詐欺。電子提單的出現將推動國際貿易從「有紙貿易」向「無紙貿易」轉變，並必將對國際航運的發展產生深遠的影響。

但是，電子提單的出現也對各國的海商法提出挑戰，使法律規制顯得相對滯后，電子提單在海運實務中的法律性質、法律適用等問題亟待解決。有鑒於此，國際海事

委員會於1990年6月在巴黎召開的第34屆大會上，通過了《國際海事委員會電子提單規則》（CMI Rules for Electronic Bill of Lading），以解決實踐中出現的問題。

除上述諸種提單外，根據提單背面是否有條款還可以將提單分為全式提單和簡式提單。全式提單（Long Form Bill of Lading），是指在提單背面詳細列有承運人、托運人及收貨人之間的權利義務等詳細條款的提單。全式提單在海運實務中被廣泛使用。簡式提單（Short Form Bill of Lading），是指在提單背面未列有關於當事人權利義務的詳細條款。這種提單的正面一般列有「簡式」的字樣，以示區別。海運實務中較少使用簡式提單。

五、提單的內容

提單分正反兩面，提單正面是提單記載的事項及一些聲明性的條款，提單的背面為關於雙方當事人權利和義務的實質性條款。

（一）提單正面應記載的事項

提單的正面應記載哪些事項，中國海商法第七十三條作了規定。依該條規定，提單的正面內容包括下列各項，（見表4-2）：

（1）貨物狀況的記載。關於貨物的品名、標誌、包數或者件數、重量或者體積，以及運輸危險貨物時對危險性質的說明。

（2）船名（Name of Vessel）。提單上應當註明裝載貨物的船舶名稱，承運人必須提供約定的船舶，同時船舶也是保全措施的對象。

（3）提單當事人。提單當事人包括承運人（Carrier）、托運人（Shipper）和收貨人（Consignee）。關於三者的權利義務以及法律地位已在前面述及，此處不再贅述。

（4）通知人（Notify Party）。通知人或通知方是指向收貨人發出貨物到港通知的人，他的風險和責任僅限於是否履行通知義務。

（5）裝貨港（Port of Loading）、卸貨港（Port of Discharge）和轉運港（Port of Transhipment）。裝貨港和卸貨港是確定海上運輸服務的必要項目，轉運港是海上聯運提單的必要項目。裝卸港涉及合同履行地問題，對確定運輸合同爭議的管轄權和法律適用有意義。

（6）運費及其他費用（Freight and Charges）。運費要記明支付方式和地點，運費由托運人支付。

（7）關於貨物外表狀況的說明（Cargo's Apparent Order and Condition）。承運人在接收貨物時應當認真對待，一般提單上都會印明「上列外表狀況良好的貨物……」等字眼，如果貨物外表狀況有缺陷，應當在提單中註明，對上述聲明加以否認。

（8）提單的簽發日期、地點和份數。除了上述應記載事項外，多式聯運提單應增列接收貨物地點和交付貨物地點。另外《海商法》第七十三條同時還規定，提單缺少前款規定的一項或者幾項的，不影響提單的性質。

（二）提單背面的主要條款

在提單背面列有許多條款，其中主要的有：

（1）管轄權條款（Jurisdiction Clause）：如訴訟或仲裁條款，該條款用來約定因履行合同而發生的爭議由哪國法院管轄或處理。

（2）主要條款（Paramount Clause）：首要條款也稱法律適用條款，指明提單受某

表 4-2　　　　　　　　海運提單

Shipper			B/L NO. COSCO 中國遠洋運輸公司 CHINA OCEAN SHIPPING COMPANY		
Consignee			Cable：　　　　　　　　　　Telex： COSCO BEIJING　　　22264 CRCPK CN GUANGZHOU　44330 COSCA CN		
Notify Party			Combined Transport BILL OF LADING RECEIVED in apparent good order and condition except as otherwise noted the total number of containers or other packages or units enumerated below for transportation from the place of receipt to the place of delivery subject to the terms and conditions hereof. One of the Bill of Lading must be surrendered duly endorsed in the exchange for the goods or delivery order. On presentation of this document duly endorsed to the Carrier by or on behalf of the Holder of the Bill of Lading, the rights and liabilities arising in accordance with the terms, and conditions hereof shall, without prejudice to any rule of common law or statute rendering them binding on the Merchant, become binding in all respects between the Carrier and the Holder of the Bill of Lading as though the contract evidenced hereby had been made between them. IN WITNESS whereof the number of original Bill of Lading stated under have been signed, all of this tenor and date, one of which being accomplished, the other (s) to be void.		
Pre-carriage	Place of Receipt					
Ocean Vessel Voy. No.	Place of Delivery					
Port of Discharge	Place of Delivery					

Container No.	Seal No. Marks& Nos.	No. of containers or p'kgs	Kind of Packages： Description of Goods	Gross Weight	Measurement

TOTAL NUMBER OF CONTAINERS OR PACKAGES (IN WORDS)						
FREIGHT& CHARGES		Revenue Tons	Rate	Per	Prepaid	Collect
Ex. Rate	Prepaid at	Payable at		Place and date of Issue	
	Total Prepaid	No. of Originals B (s) /L		Signed for the Carrier	
LADEN ON BOARD THE VESSEL Date By..						

一國際公約或某一國內法約束的條款。

（3）承運人責任條款（Carrier's Responsibility）：承運人的責任條款是指在提單中所作的關於承運人的基本義務以及違背合同義務所應承擔的法律后果的規定。訂立該條款時要注意不能與《海牙規則》或國內立法中關於「減輕承運人責任的條款無效」這一規定相抵觸。

（4）承運人責任期間條款（Period of Responsibility）：該條款是指法律或國際公約中關於承運人責任的規定所適用的期間，根據中國《海商法》的規定，承運人的責任期間在集裝箱貨的情況下為收貨到交貨，在非集裝箱貨的情況下為裝船到卸船。承、托雙方可以協議延長該期間。

（5）留置權條款（Lien Clause）：留置權條款是依據《海商法》的規定而在提單中規定的，承運人可因托運人、收貨人未付運費、虧艙費、滯期費和其他應付款項等，對貨物及有關單證行使留置權。

（6）裝貨、卸貨和交貨條款（Loading Discharging and Delivery Clause）：該條款一般規定托運人或收貨人盡速「裝卸收」，否則要對引起的滯期費等一切損失負賠償責任。另外對無人提貨、拒絕提貨或不及時提貨等情況提出了處理措施。

（7）共同海損條款（General Average Clause）：該條款主要規定發生共同海損時的理算規則適用問題。多數提單規定共同海損按《約克—安特衛普規則》理算，中國遠洋運輸（集團）總公司（簡稱中遠集團）提單規定按《北京理算規則》理算。

（8）「喜馬拉雅條款」（Himalaya Clause）。該條款因「喜馬拉雅」輪一案而得名，是規定承運人的代理人和雇傭人員同樣能夠享受承運人在提單中有權享受的免責、責任限制等權利的條款。中國《海商法》已明確規定承運人的免責和責任限制同樣適用於承運人的代理人和雇傭人員，因此提單中有無該條款差別不大。

以上是提單中的主要條款，此外，提單中還有關於戰爭、檢疫、冰凍、罷工、擁擠、轉運等內容的條款。

知識小百科 4-1

保函的法律效力

中國《海商法》中沒有關於保函的法律規定，司法實踐中以保函換清潔提單時是參照《漢堡規則》的規定處理的。主要分為三種情況：	
善意保函有效	如果承運人接受保函而簽發清潔提單是因為他與托運人之間的一種「善意糾紛」，則保函在他們之間有效
惡意保函無效	如果是承托雙方都明知貨物外表不良會影響內在質量，而承運人仍簽發清潔提單這樣一種「惡意詐欺」行為，則保函在承運人與托運人之間也無效
不具有對抗性	在任何情況下，保函對善意第三方不發生效力
為倒簽提單和預借提單而出具的保函均為無效保函，承運人與托運人負連帶責任，並且承運人將喪失海事賠償責任限制	

第三節　海上貨物運輸國際公約

一、《海牙規則》
(一)《海牙規則》的制定
從 1921 年起，由國際法協會、國際海事委員會等組織牽頭，開始醞釀起草海上貨物運輸的公約，1924 年 8 月 25 日在布魯塞爾召開的有 26 國代表出席的外交會議上，通過了《關於統一提單若干法律規定的國際公約》(International Convention for the Unification of Certain Rules of Law Relating to Bill of Lading)，簡稱《海牙規則》 (Hague Rules)。《海牙規則》於 1931 年 6 月 2 日生效，現有參加國 80 多個。中國沒有加入該公約，但其中有關承運人責任與免責的規定，基本上被中國《海商法》所採納。

(二)《海牙規則》的主要內容
《海牙規則》是目前對國際航運業影響最大的一個公約。該公約共有 16 條規定，其主要的內容如下。

1. 承運人最低限度的義務
《海牙規則》規定了承運人的兩項最低限度的義務：第一項義務是承運人應提供適航船舶；第二項義務是妥善和謹慎地管理貨物。這兩項義務是強制性的，在提單中解除或降低承運人的這兩項義務的條款均屬無效。

承運人適航的義務應按照公約第三條的規定「承運人在開航前與開航時必須謹慎處理」。開航前和開航時指的不是兩個點，而是一個時間，指從船舶裝貨時起到船舶開航時為止的一個時間。承運人在這一期間內如因未謹慎處理使船舶適航而致使貨物受損，就必須承擔賠償責任。

2. 承運人的責任期間
《海牙規則》第一條第五項「貨物運輸」規定：「貨物運輸，包括自貨物裝上船舶開始至卸離船舶為止的一段時間。」承運人的貨物運輸責任期間為從貨物裝上船起至卸完船為止的期間。至於裝卸貨從哪一點開始到哪一點為止，條文也未明確規定。在實踐中，在使用船舶吊杆裝卸貨時則為「鉤到鉤」期間；當使用岸上吊貨索具時，則為「舷到舷」期間，即以貨物越過船舷為界。

3. 承運人免責
《海牙規則》第四條第二款規定承運人的免責共 17 項，分兩類：一類是過失免責，另一類是無過失免責。

過失免責條款，即海牙規則第四條第二款第一項規定：「由於船長、船員、引航員或承運人的雇傭人在航行或管理船舶中的行為、疏忽或過失所引起的貨物滅失或損壞，承運人可以免除賠償責任。」

無過失免責主要有以下幾種：
(1) 不可抗力或承運人無法控制的事項有：海上危險、天災、戰爭、公敵行為、暴動和騷亂、政府扣押船舶、檢疫限制、罷工或停工等。
(2) 托運人或貨方的行為或過失有：托運人或貨主的行為、貨物包裝不良、貨物標誌不清或不當、貨物的特性及固有缺陷等。

（3）特殊免責條款有三項：一是火災，即使是承運人的雇傭人的過失，承運人也不負責，只有在承運人本人的實際過失或知情參與時才不能免責；二是救助或企圖救助海上人命或財產，這是國際航運習慣對船舶的特殊要求；三是謹慎處理仍不能發現的船舶潛在缺陷。

（4）總的無過失免責：非由於承運人的實際過失或私謀，或是承運人的代理人或受雇人的過失或疏忽所引起的任何其他原因，但要求享有此項免責的人應當負舉證責任。

這 17 項免責與中國《海商法》第五十一條規定的 12 項免責，並無實質意義上的不同。

4. 承運人賠償責任限制

《海牙規則》第四條第五款規定，承運人對貨物的滅失或損失的賠償責任，在任何情況下每件或每單位不得超過 100 英鎊，但托運人於裝貨前已申明該貨物的性質和價值，並在提單上註明者不在此限。隨著英鎊的貶值，1950 年由民間團體將其調整為 200 英鎊。到 20 世紀 70 年代又提高到 400 英鎊，這種情況直到 1971 年《維斯比規則》生效時才廢止。

5. 運輸合同條款無效

《海牙規則》第二條第四款規定：「運輸合同中的任何條款或協議，凡是解除或減輕承運人按《海牙規則》所應承擔的責任或義務的，一律無效。」同時《海牙規則》第三條第八款規定：「運輸合同中的任何條款、約定或協議，凡是解除承運人或船舶對由於疏忽、過失或未履行本條規定的責任與義務而引起貨物的或與貨物有關的滅失或損害的賠償責任，或以本規則規定以外的方式減輕這種責任的，均應作廢並無效。」

該條款的目的是防止承運人利用自己的談判地位，隨意免除或減輕自己的責任。承運人根據《海牙規則》承擔的是最低限度的責任與義務。

6. 托運人的義務和責任

《海牙規則》第三條第五款的規定：「托運人應對其所提供的不正確資料所造成的損失負賠償責任。」該規則要求托運人保證其提供的貨物情況的正確性，同時不得擅自裝運危險品。

7. 索賠通知和訴訟失效

《海牙規則》第三條第六款規定：①滅失或損壞明顯。收貨人在卸貨港發現貨物滅失或損壞，應在收取貨物之前或當時以書面形式通知承運人。②滅失或損壞不明顯。應在 3 天內提交此種通知，否則視為承運人已按提單記載情況交付貨物的初步證據。③有否聯合檢查。在貨物交付時，雙方已就貨物的滅失或損壞進行聯合檢查或檢驗的，就無須提交書面通知。

關於訴訟時效，貨方對承運人或船舶提起貨物滅失或損害索賠的訴訟時效為 1 年，自貨物交付之日起算，在貨物滅失的情況下，自貨物應交付之日起算。

二、《維斯比規則》

（一）維斯比規則的制定

隨著廣大發展中國家經濟力量的不斷增長，《海牙規則》中明顯偏袒船方利益的條款越發引起人們的不滿。同時海上運輸方式隨著技術的進步不斷發生變革，要求修改

《海牙規則》的呼聲不斷高漲。1968年，在有53個國家的代表參加的於布魯塞爾舉辦的第12屆海洋法外交會議上，通過了《修訂統一提單若干法律規定的國際公約的議定書》（Protocol to Amend the International Convention for the Unification of Certain Rules of Law Relating to Bill of Lading）。經議定書修訂后的《海牙規則》被稱為《海牙—維斯比規則》（Hague—Visby Rules），簡稱《維斯比規則》（Visby Rules）。該議定書於1977年6月23日生效。在80多個《海牙規則》參加國中，有40多個國家參加。中國沒有加入該公約，但中國《海商法》採納了公約的某些規定。

（二）維斯比規則的主要內容

《維斯比規則》的內容主要是對《海牙規則》的補充和修改。該規則的主要內容如下。

1. 提高承運人的賠償責任限額

《維斯比規則》將每件或每單位的賠償限額提高到10,000金法郎，或按滅失或受損貨物毛重計算，每千克為30金法郎，兩者以高者為準。對於集裝箱貨物，以提單所載貨物件數作為計算賠償限額的件數；如果不在提單上註明件數，則每一集裝箱或貨盤視為一件或一個單位。該規定一方面提高了承運人賠償的責任限額，另一方面解決了裸裝貨的賠償限額問題。同時該公約對可能喪失賠償責任限額的情況也做出了規定：承運人故意或明知可能造成損失而輕率地作為或不作為造成損害時，則不得享有責任限制的權利。

2. 明確善意受讓提單人的法律地位

《海牙規則》的規定，提單記載的內容為該提單所載貨物的初步證據，承運人就有提出反證否定提單記載真實性的餘地。《維斯比規則》第一條對《海牙規則》第三條第四款的內容進行了補充，規定提單對托運人來說是初步證據，當提單從托運人手裡轉讓至善意的收貨人或其他第三者手裡時，提單便成為承運人收到提單上所載貨物的絕對證據。這一規定有利於保護提單的轉讓流通和提單受讓人的合法權益。

3. 明確了承運人的受雇人或代理人的法律地位

對承運人提起的貨損索賠訴訟，無論是以合同為依據，還是以侵權行為為依據，均可以適用責任限制的規定。承運人的雇傭人或代理人也可以享受責任限制的保護，如果訴訟是對承運人的雇傭人或代理人提起，則他們有權援引承運人的各項抗辯和責任限制的規定。這一規定為中國《海商法》所吸收。

4. 訴訟時效

《維斯比規則》對《海牙規則》第六條作了兩點修改：第一，訴訟時效也是1年，但經雙方當事人協議可以延長；第二，對第三者的追償訴訟，在一年的訴訟時效期滿后，仍有三個月的寬限期。

5. 公約的適用範圍

《維斯比規則》將其適用範圍擴大了，如果提單是在一個締約國簽發，或者貨物是從一個締約國港口起運，或者提單或為提單所證明的契約規定，則《維斯比規則》就可以得到適用。《海牙規則》在其原締約國之間依然有效，加入《維斯比規則》即具有加入《海牙規則》的效力。

三、《漢堡規則》

（一）漢堡規則的制定

《維斯比規則》對《海牙規則》做了一些有益的修改，但是沒有觸及《海牙規則》的核心——承運人的不完全過失責任制。因此發展中國家以及代表貨主利益的一些發達國家，如美國、加拿大、法國、澳大利亞等要求從根本上修改《海牙規則》。1978年，在德國漢堡舉行的有 78 個國家代表參加的聯合國海上貨物運輸會議上，通過了《1978 年聯合國海上貨物運輸公約》（United Nations Convention on the Carriage of Goods by Sea，1978），簡稱「漢堡規則」（Hamburg Rules），於 1993 年 11 月生效。

（二）漢堡規則的主要內容

《漢堡規則》是一個完整的國際海上貨物運輸公約。它對《維斯比規則》做了根本性的修改。

1. 改變了承運人的責任原則

《漢堡規則》第五條第一款簡明規定了承運人的責任，即承運人對由於貨物的滅失、損壞以及延遲交付所造成的損失負賠償責任，除非承運人能證明，他及他的受雇人和代理人為避免事故的發生和其后果已採取了一切所能要求合理的措施。

在承運人的責任基礎上，《漢堡規則》對承運人實行完全過失責任制。取消了承運人對船長、船員等在駕駛船舶或管理船舶上的過失免責，也取消了火災中的過失免責。

在舉證責任方面，《漢堡規則》實行推定過失責任制。除非承運人證明他本人、其受雇人或代理人為避免事故的發生及其后果已採取一切所能要求合理的措施，否則承運人應對由於貨物滅失、損壞以及延遲交付所造成的損失負賠償責任。[①]

2. 延長了承運人的責任期間

《漢堡規則》第四條規定，承運人對貨物的責任期間是貨物在裝貨港、運輸途中和卸貨港處於承運人掌握之下的全部期間。簡言之，承運人對貨物的責任期間為「港到港」的期間。在下述期間，貨物應視為在承運人的掌管之下：

自承運人按下述方式接管貨物時起：①從托運人或代表其辦事的人（代理人）或②從貨物必須送交待運的當局或其他第三方。依有些裝貨港的規章，承運人必須從港務局或海關接受貨物，此時，承運人的責任從在該機關接受貨物時開始。

直到其按下列方式交付貨物時止：①將貨物交付給收貨人或②如收貨人不提貨，則按合同或卸貨港法律或商業習慣將貨物置於收貨人支配之下或③將貨物交付給必須交付的當局或其他第三方。如依卸貨港的規章，必須將貨物交給港務局或海關等機關時，則承運人的責任至交給這些機關時為止。

3. 提高了承運人的賠償責任限額

《漢堡規則》提高了承運人的最高賠償限額，承運人對貨物滅失或損壞的賠償責任限額為每件或每一其他裝運單位 835SDR，或毛重每千克 2.5SDR，對非國際貨幣基金組織的成員國，且國內法律不允許適用特別提款權的國家，承運人的責任限額為貨物每件或每一其他裝運單位 12,500 法郎，或按貨物毛重計算每千克 37.5 法郎，二者以高者為準。這一數額比《維斯比規則》的規定提高了 25%。

---

① 參見《漢堡規則》第五條第一款。

4. 明確了承運人對遲延交付貨物的責任

《漢堡規則》首次對承運人延遲交付貨物的責任做出了明確而獨立的規定。《漢堡規則》第五條第二款規定：「如果貨物未在明確約定的時間內，或者在沒有此種約定時，未能按具體情況對一個勤勉的承運人所能合理要求的時間內，在海上運輸契約規定的卸貨港交付，便是延遲交貨。」如果延遲交付達到 60 天，收貨人可視為貨物已經滅失，向承運人提出索賠。承運人對延遲交付的賠償責任，以相當於延遲交付貨物應支付運費的 2.5 倍數額為限，但不得超過海上貨物運輸合同規定的應付運費總額。

5. 延長了索賠通知時間和訴訟時效

《漢堡規則》延長了貨物滅失或損壞或延遲交付的通知時間和訴訟時效。對於索賠通知時間，區別貨物滅損明顯、不明顯等情況做了不同的通知日期規定，索賠通知應在收貨後的第一個工作日內提交。在損害不明顯時，在收貨後 15 日內提交。延遲交付的索賠通知應在收到貨後連續 60 天內提交，比《海牙規則》《維斯比規則》的同類日期要長。對於訴訟時效，其將訴訟時效擴展為 2 年，同時還可以向索賠人提出延長。

6. 管轄權與仲裁

《海牙規則》《維斯比規則》均無管轄權的規定，提單上一般訂有由航運公司所在地國法院管轄的規定，這對托運人、收貨人顯然不利。《漢堡規則》第二十一條對管轄做了規定，依規定原告得在下列地點之一提出訴訟：

（1）被告主要營業所或無主要營業所時其通常居所；

（2）合同訂立地，而合同是通過被告在該地的營業所、分支或代理機構訂立的；

（3）裝貨港或卸貨港，海上運輸合同中規定的其他地點。

關於仲裁，《漢堡規則》第二十二條規定，爭議的雙方可以達成仲裁協議，由索賠人選擇在下列地點之一所在國提請仲裁：

（1）被訴人主要營業所所在地，或如無主要營業所，則為其經常居住地；

（2）合同訂立地，而合同是通過被告在該地的營業所、分支或代理機構訂立的；

（3）裝貨港或卸貨港。

第四節　國際貨物多式聯運合同

一、國際貨物多式聯運合同與多式聯運單證

（一）國際貨物多式聯運合同

中國《海商法》第一百零二條將多式聯運合同（Multi-modal Transport Contract）定義為：「多式聯運經營人以兩種以上的不同運輸方式，其中一種是海上運輸方式，負責將貨物從接收地運至目的地交付收貨人，並收取全程運費的合同。」海商法調整的貨物多式聯運法律關係其中必須有一種運輸方式為海上運輸關係。

國際貨物多式聯運一般具備使用兩種或兩種以上運輸工具、簽發多式聯運單證和由多式聯運經營人①對全程運輸負責的特徵。和傳統的運輸方式相比，具有一次托運、

---

① 多式聯運經營人（Multi-modal Transport Operator, MTO）包括兩類，一是指「本人或者委託他人以本人名義與托運人訂立多式聯運合同的人」；二是大多指多式聯運的組織者和全程運輸的負責人。

一次簽單、一次投保的優勢，因而具有強大的生命力。
（二）國際貨物多式聯運單證
國際貨物多式聯運單證，是指多式聯運經營人接管貨物后，由其或經其授權的人簽發給發貨人，表明其收到貨物並與之成立國際貨物多式聯運合同關係，保證向單證持有人交付貨物的運輸單據。

當國際貨物多式聯運的運輸方式之一是海運，尤其是第一種運輸是海運時，國際貨物多式聯運單證多表現為多式聯運提單。國際貨物多式聯運單證的效力因貨物交接方式的不同而有所不同，在拼箱貨交接的情況下，到達目的后，多式聯運經營人根據貨物的外表狀況對收貨人負責；在整箱貨交接的情況下，達到目的后，多式聯運經營人僅憑集裝箱的外表狀況交付貨物。無論是拼箱貨還是整箱貨，單證屬於多式聯運經營人按照單證記載收到貨物的初步證據，但是一旦被轉讓給善意的第三人后，便成為絕對證據。

二、國際貨物多式聯運經營人的責任期間

《海商法》第一百零三條規定：「多式聯運經營人對多式聯運貨物的責任期間，自接收貨物時起至交付貨物時止。」簡單來說，國際貨物多式聯運經營人的責任期間是從收貨到交貨。實踐中，根據當事人約定的交貨方式的不同，從收穫到交貨的期間長短將有所不同。具體來說包括集裝箱堆場、集裝箱貨運站、托運人或收貨人所在的工廠或倉庫三大類交接方式。將這三大類交接貨物地點進行排列組合，可以組成九種交接方式。

三、國際貨物多式聯運經營人的責任制度

（一）多式聯運經營人的責任形式

多式聯運經營人的責任形式是指多式聯運經營人就其所承運的貨物對貨主承擔責任的具體方式。在多式聯運中，由於有各類承運人的加入，而各種運輸方式都有各自不同的責任制度，因而會產生這樣兩個問題：第一，發生了貨物損害時由聯運人負責還是由區段承運人負責的問題；第二，損害賠償時是根據同一標準承擔損害賠償責任，還是根據不同的標準，即按損害發生的區段所適用的法律承擔責任。有鑒於此，經過長期的摸索與實踐，逐步形成了以下幾種責任形式：

（1）責任分擔制

責任分擔制是指聯運人和區段承運人僅對自己完成的運輸負責，各區段適用的責任原則按適用於該區段的法律予以確定。

（2）網狀責任制（Network Liability System）

網狀責任制是指聯運人對全程運輸負責，而各區段承運人僅對自己完成的運輸區段負責的責任制度。在這一制度下，無論多式聯運是由多少種不同的運輸方式組成的，當貨物遭受損失時，貨方只需向多式聯運經營人請求賠償，多式聯運經營人在依據各區段所應適用的法律作出賠償后，再向各區段承運人進行追償。

（3）統一責任制（Uniform Liability System）

統一責任制是指聯運經營人對全程運輸負責，而各區段承運人僅對自己完成的運輸區段負責的制度。這意味著，不論損害發生在哪一區段，聯運人或各區段承運人承

擔相同的賠償責任。這一制度較好地解決了網狀責任制下，各區段適用不同法律，無法判斷能否獲得賠償以及賠償多少的問題，從而在一定程度上解除了貨主的后顧之憂。

（二）中國《海商法》的有關規定

根據《海商法》的規定，《海商法》只適用於多式聯運中至少有一種運輸方式是海上運輸的多式聯運合同。聯運人對多式聯運貨物的責任期間，自接收貨物時起至交付貨物時止，即「接到交」責任期限。

對國際貨物聯運人基本實行網狀責任制，《海商法》第一百零五條規定：「當可以確定貨物的滅失或損壞發生於多式聯運的某一運輸區段的，多式聯運經營人的賠償責任和責任限額適用調整該區段運輸方式的有關法律規定。」第一百零六條規定：「當貨物的滅失或損壞發生的運輸區段不能確定的，多式聯運經營人應當依本章有關承運人賠償責任和責任限額的規定負賠償責任。」

從《海商法》的相關規定可以看出，聯運人要對全程運輸負責，同時聯運人也可以與各區段承運人約定相互責任，但是此約定不得影響聯運人對全程運輸所承擔的責任；貨物滅失或損壞發生於多式聯運的某一區段的，聯運人的賠償責任和責任限額適用調整該區段運輸方式的有關法律規定；貨物滅失或損壞發生的運輸區段不能確定的，聯運人的賠償責任和責任限制適用中國《海商法》中關於承運人賠償責任和責任限額的規定。

第五節　海上旅客運輸合同

海上運輸包括海上貨物運輸和海上旅客運輸。海上旅客運輸相對於海上貨物運輸而言發展較晚。二戰以後，隨著航空事業的發展，海上旅客運輸業務日趨減少，在國際旅客運輸中的重要性大大降低。

一、海上旅客運輸合同的概念

海上旅客運輸合同（Contract of Carriage of Passengers by Sea）是指承運人以適合運送旅客的船舶經海路將旅客及其行李從一港運至另一港，由旅客支付票款的合同。海上旅客運輸合同除具有於海上貨物運輸相同的特點外，還具有以下特點：

（1）旅客既是合同的主體，又是承運人履行運送義務的對象；

（2）旅客運輸合同以客票為訂立合同的證明，國際海運客票同航空機票一樣也是記名客票，不能任意轉讓，只供旅客本人使用，沿海客運使用不記名客票，在乘船前為有價證券，可以轉讓。

二、海上旅客運輸合同中當事人的權利和義務

（一）承運人的權利和義務

1. 承運人的基本義務和責任

綜合各國和中國《海商法》，承運人對旅客負有以下義務：

（1）提供適合客運的船舶並保持適航狀態。承運人必須提供適合旅客運輸的船舶，並使其在開航前、開航時及整個航行過程中都處於適航狀態。客船的適航，除具備貨

船的適航條件外，還須適合客運特殊要求，即有保證旅客人身安全和生活的一切必要措施和條件，如通風、採光、休息、醫療衛生和旅客飲食娛樂設施或條件。

（2）承運人對旅客及其自帶行李的運送責任期間為自旅客登船時起至旅客離船時止，客票票價含接送費用的，運送期間並包括承運人經水路將旅客從岸上接到船上和從船上送到岸上的時間；旅客自帶行李以外的其他行李，運送期間自旅客將行李交付承運人或者其受雇人、代理人時起至承運人及其雇傭人、代理人交還旅客時止。

（3）旅客的人身傷亡或者行李的滅失損壞是由於承運人或承運人的受雇人、代理人在受雇或委託範圍內的過失引起事故造成的，承運人應承擔賠償責任。

旅客人身傷亡和行李的滅失損壞是因船舶的沉沒、碰撞、擱淺、爆炸、火災引起的，或由於船舶缺陷引起的，除非承運人或承運人的受雇人、代理人提出反證，應視為其有過失。

旅客自帶行李以外的其他行李的滅失損壞不論由於何種事故引起的，除非承運人或其代理人、受雇人提出反證，應視為其有過失。

2. 承運人的權利

（1）運費請求權和留置權。按規定收取客票票款和行李托運費，並對未付行李費的行李有留置權。

（2）處置權。承運人有權對無票乘船或越級乘船旅客按規定加收票款。如遭拒絕，船長可以在適當的地點令其離船。

（3）免責權和責任限制權。因軍事行動、暴動或不可抗力，或者旅客本身的原因或過失，引起的旅客人身傷亡或者行李的滅失損壞，承運人不負賠償責任，但承運人須負舉證責任。對旅客的貨幣、金銀、珠寶、有價證券或其他貴重物品所發生的滅失、損壞，如果此類物品由旅客自行保管，承運人不負賠償責任。

海上旅客運輸承運人的賠償責任限額，依中國法律規定適用兩種標準：國際海上旅客運輸中的承運人適用《海商法》規定的限額；而國內海上旅客運輸中的承運人則按交通部《中華人民共和國港口間海上旅客運輸賠償責任限額規定》所規定的標準承擔賠償責任。具體而言，前者按《海商法》第一百一十七條的規定，承運人在每次海上旅客運輸中的賠償責任限額為：旅客人身傷亡的，每名旅客不超過 46,666 特別提款權；旅客自帶行李的滅失或損壞，每名旅客不超過 833 特別提款權；旅客車輛包括該車輛所載行李的滅失或損壞，每一車輛不超過 3333 特別提款權；旅客其他行李的滅失或損壞，每名旅客不超過 1200 特別提款權。此外，雙方當事人可以約定每一車輛損失的免賠額不超過 117 特別提款權，其他行李損失的免賠額不超過 13 特別提款權。而后者按《中華人民共和國港口間海上旅客運輸賠償責任限額規定》，承運人在每次海上旅客運輸中的賠償責任限額為：第一，旅客人身傷亡的，每名 4 萬元人民幣；第二，旅客自帶行李滅失或損壞的，每名旅客不超過 800 元人民幣；第三，旅客車輛包括該車輛所載行李的滅失或損壞，每一車輛不超過 3200 元人民幣；第四，旅客其他行李的滅失或損壞，每千克不超過 20 元人民幣；第五，承運人依上述規定的總賠償限額為 4 萬元人民幣乘以船舶證書規定的載客定額，但最高不超過 2100 萬元人民幣。

（二）旅客的權利和義務

旅客的主要權利是憑票乘船。如在登、離船期間和船上發生人身傷亡或行李毀損，有權按規定向承運人索賠，時效期間為 2 年。

旅客的主要義務是按合同規定付清票款、行李費，遵守客船秩序和服從船長管理，不得在行李和隨身攜帶的物品中夾帶危險品、違禁品等，否則應對由此引起的損失承擔法律責任。

三、有關海上旅客運輸的國際公約

目前生效的，對於調整國際海上旅客及其行李運輸起著核心作用的，是國際海事組織於 1974 年 12 月在雅典召開的國際會議上通過的《海上旅客及其行李運輸雅典公約》（International Convention for Carriage of Passengers and their Luggages by Sea）（簡稱《雅典公約》）。該公約於 1987 年 4 月 28 日生效。《雅典公約》生效後，國際海事組織於 1976 年通過了關於責任限額計算單位的議定書，該議定書已於 1989 年 4 月 30 日生效。中國《海商法》有關海上旅客運輸的規定吸收了《雅典公約》中的大部分實體法規範，諸如承運人的責任與免責，旅客貴重物品滅失或損壞，承運人的受雇人、代理人、實際承運人的法律地位等均與《雅典公約》相同。而且，中國已於 1994 年 3 月加入該公約。

《雅典公約》共 27 條，主要內容包括：

（1）承運人的賠償責任和責任限制。承運人對旅客的人身傷亡和行李損失，實行比較嚴格的完全過失責任制和推定過失責任制。其內容與本節海上旅客運輸合同中當事人的權利和義務中承運人的權利相同。

（2）承運人的免責。經承運人證明旅客人身傷亡或其行李的滅失、損壞是因旅客的過失或疏忽造成的，受訴法院可依據法院地法判定免除承運人的全部或部分責任。此外，承運人對於貨幣、可流通證券、黃金、銀器、珠寶、裝飾品、藝術品或其他貴重物品的滅失、損壞不負責任。但是，雙方同意將該貴重物品交由承運人保管的除外。

（3）訴訟時效。旅客傷亡或行李滅失、損壞的賠償之訴，其訴訟時效期間為二年，但可通過承運人書面聲明或在訴因發生後通過雙方書面協議予以延長。

（4）管轄權。《雅典公約》規定的責任限額在 1987 年 3 月 6 日發生的英國「自由企業先驅號」輪渡傾覆案後受到了挑戰，於是國際海事組織又通過了 1990 年議定書。1990 年議定書主要是提高承運人的責任限額，具體規定為：每名旅客每次運輸適用 175,000 特別提款權，對旅客自帶行李、其他行李和車輛分別適用 1800、2700 和 10,000 特別提款權。此外，對旅客自帶行李以外的其他行李和車輛的免賠額也分別提供為 135 和 3000 特別提款權。

本章小結

海上貨物運輸在國際運輸中佔有非常重要的地位，因此海商法對此做出了一系列具體的規定。這些規定在規範海上貨物運輸秩序、保證海上運輸有序展開、避免和解決糾紛與矛盾方面發揮了重要的作用。海上貨物運輸合同的當事人可以劃分為船方當事人和貨方當事人，具體涉及承運人、托運人和收貨人。

在海上貨物運輸中，提單是重要的運輸單證。從提單的定義可知，提單證明了海上貨物運輸合同和貨物已經由承運人接收或者裝船，最重要的是提單的物權憑證作用。

從不同的角度可以進行不同的分類，目前調整提單的國際公約主要有《海牙規則》《維斯比規則》和《漢堡規則》，這些規則在國際上的使用比較廣泛。

多式聯運經營人有兩種以上的不同運輸方式，其中一種是海上運輸方式，負責將貨物從接收地運至目的地交付收貨人，並收取全程運費。根據中國《海商法》的規定，國際貨物聯運人基本實行網狀責任制。

海上旅客運輸合同是承運人以適合運送旅客的船舶經海路將旅客及其行李從一港運至另一港，由旅客支付票款的合同。

基礎訓練

一、單項選擇題

1. （　　）具有物權憑證的性質。
   A. 提單　　　B. 海運單　　　C. 航次租船合同　　D. 多式聯運單證
2. 以下不是海上貨物運輸合同的特徵的是（　　）。
   A. 諾成性合同　　　　　　B. 受合同自由原則的限制
   C. 非要是合同　　　　　　D. 單務有償合同
3. 海上貨物運輸合同中除基本當事人外，（　　）為第三人。無論當事人的名稱如何，均可以把他們歸入船方當事人或貨方當事人。
   A. 承運人　　　B. 收貨人　　　C. 管貨人　　　D. 托運人
4. 在《海牙規則》中，承運人的責任期間是（　　）。
   A.「舷至舷」　B.「錨至錨」　C.「艙至艙」　D.「鉤到鉤」
5. 按照中國《海商法》的規定，國際貨物多式聯運經營人的責任制是（　　）。
   A. 單一責任制　B. 網狀責任制　C. 綜合責任險　D. 混合責任制

二、多項選擇題

1. 和傳統運輸方式相比，國際貨物多式聯運的特徵有（　　）。
   A. 一次托運　　B. 一次簽單　　C. 一次投保　　D. 一次承運
2. 海上貨物運輸合同的特徵有（　　）。
   A. 海上貨物運輸合同的主體是承運人和托運人
   B. 海上貨物運輸合同的履行方式是海上運輸
   C. 海上貨物運輸的合同期間是由一港運至另一港
   D. 海上貨物運輸合同的標的是貨物
3. 提單的法定性質是（　　）。
   A. 提單是海上貨物運輸合同的證明
   B. 提單是承運人接收貨物或貨物已裝船的收據
   C. 提單是貨物的物權憑證
   D. 任何提單都可以自由流轉
4. 航次租船合同的主要條款有（　　）。

A. 裝卸港條款　　B. 繞航條款　　C. 共同海損條款　D. 預備航次條款
5. 海上貨物運輸合同中承運人的基本義務有（　　　　）。
A. 適航的義務　　　　　　　　B. 管貨的義務
C. 不得繞航的義務　　　　　　D. 損害賠償的義務

三、判斷題

1. 航次租船合同必須採用書面形式訂立。　　　　　　　　　　　　（　　）
2. 中國沒有參加《海牙規則》，但是《海商法》中關於海上貨物運輸合同的相關規定是參照《海牙規則》制定的。　　　　　　　　　　　　　　　　　（　　）
3. 《漢堡規則》規定的承運人的責任較為嚴格，相對來說，對貨主較為有利。
　　　　　　　　　　　　　　　　　　　　　　　　　　　　　　（　　）
4. 不記名提單不可以自由流轉。　　　　　　　　　　　　　　　　（　　）
5. 航程受阻，貨物受損並有繼續變質危險，能出售而沒有出售也沒有通知貨主，此時承運人沒有履行管貨義務。　　　　　　　　　　　　　　　　　（　　）

四、簡答題

1. 簡述在承運人的責任期間上，中國《海商法》是如何規定的。
2. 如何訂立海上貨物運輸合同？
3. 簡述海上貨物運輸合同的當事人及基本權利義務。
4. 簡述電子提單的概念與作用。
5. 海上旅客運輸合同中當事人的權利和義務是什麼？

五、技能應用

大連某船裝貨后，準備起航，發現排污管冷凍，船員用火烤，不慎致船舶起火，滅火無效，於是鑿洞滅火，結果船舶沉沒，貨物全損。請問誰對貨損負責（船員、船長、承運人、無人負責）？請說明理由。

模擬法庭

一、案例分析

【背景資料】

2013年10月10日，中國A面粉有限公司在英國購買了6000噸玉米，價值160萬美元。交由B遠洋運輸公司經營的「長風」輪承運。該輪10月11日在英國倫敦港裝載中國A面粉有限公司的玉米，分別裝於第二、三艙。開船前，船長收到一份遠洋建議書，提及在「長風」輪預定的航線附近很可能會遇到惡劣氣候。11月11日至12月7日，該輪在預定航線上遇到了大風浪，風力8至11級。12月8日駛出風浪區，10日駛抵中國天津港。經有關船檢、商檢部門對「長風」輪的貨艙及貨物進行檢驗證實：該輪貨艙蓋嚴重鏽蝕並有裂縫，艙蓋板水密橡膠襯墊老化、損壞、脫開，變質通風筒下的貨物水濕、發霉、變熱、變質。因此，中國A面粉有限公司對B遠洋運輸公司向天津海事法院提起訴訟，要求被告賠償玉米價款損失、利息損失及其他損失共計300

餘萬美元。B遠洋運輸公司辯稱自己在開船前和開船時已恪盡職責，裝貨前對船艙蓋板進行了水密試驗，所布貨艙及艙蓋板上的橡膠襯墊處於水密柔軟狀態，只是由於「長風」輪在航程中，連續遇到大風暴，海水入艙造成貨損，所以拒絕承擔因海上災難而引起的一切損失。

【思考與討論】
請根據案例背景資料回答：
本案中B遠洋運輸公司有哪些義務？其是否應當承擔損害賠償責任？為什麼？

二、實訓操作

【實訓內容】
原告：中國某保險公司
被告：日本株式會社

2011年9月20日，中茶公司作為買方與荷蘭C公司簽訂500公噸可可豆銷售合同，付款條件為FOB阿比讓，信用證付款。裝運期為2011年11月，包裝為新麻袋。2011年11月19日，原告中國某保險公司出具涉案貨物運輸保險單，其中記載的被保險人為中茶公司，由象牙海岸（科特迪瓦）至中國上海，承保險別為一切險。同日，中茶公司支付了保險費。2011年11月20日，被告日本株式會社簽發編號為754062853的提單，提單記載：托運人為S公司，收貨人憑指示，通知人為中茶公司和興光公司，裝貨港為象牙海岸（科特迪瓦）阿比讓，卸貨港為中國上海，貨物狀況為7700包象牙海岸（科特迪瓦）可可豆，共500公噸。

2011年12月21日，涉案貨物進口報關，報關單記載的經營單位為中茶公司，收貨單位為興光公司，貨物用途為加工返銷。同年12月29日，原告中國某保險公司向被告日本株式會社發出索賠通知。2012年1月15日，中國進出口商品檢驗總公司（以下簡稱中國商檢）就涉案貨物出具了檢驗證書，證明中國商檢工作人員於2011年12月25日到達檢驗地點浙江省紹興市庫場，發現集裝箱鉛封號、箱號與提單一致，箱體無破損，但有滲水，箱內頂部有大量凝結水，干燥劑全部潮濕，襯墊貨物的紙板浸濕，箱門處麻袋腐蝕破損，上層貨物發霉程度較輕，底層貨物進水並發霉結塊，上述損失共計105,835美元，損失原因基本判定為集裝箱在海運途中遭海水浸泡所致。2012年3月8日，中茶公司出具賠款收據及權益轉讓書，證明其已收到涉案貨物保險賠款人民幣1,157,824.01元，並同意將已取得賠款部分保險標的的一切權益轉讓給原告。

2011年9月28日，中茶公司與興光公司簽訂委託加工協議，雙方約定中茶公司委託興光公司加工可可豆共500公噸，興光公司負責返還加工成品。涉案提單背面背書人依次為托運人S公司、銷售合同賣方C公司、中茶公司和興光公司，最后由興光公司持提單向被告提貨。

【實訓目標】
加深學生對提單的認識和理解；培養學生解決實際問題的能力。

【實訓組織】
由教師將學生分組，分別扮演不同的角色。學生組長負責此次活動的組織與協調。

【實訓成果】
1. 考核和評價採用個人評價和整隊評價相結合的方式；

2. 評分採用學生和老師共同評價的方式。

評價考核標準	分值
辯論理由是否可信、正確	40
辯論結果是否對己方有利	20
辯論技巧與語言表達能力	20
小組的團隊合作意識	10
角色扮演是否到位	10
合計	100

第五章
船舶租用合同

【本章概要】
　　在租船市場上，有許多船舶所有人並不是實際營運船舶取得收益，而是將船舶出租給船舶經營人經營。在船舶租用過程中，經常會發生各種糾紛，因此需明確船舶租用合同當事人的具體權利與義務，從而避免不必要的麻煩。船舶租用中的「租」和「用」分別代表了船舶租用合同的兩種具體形式：光船租賃和定期租賃。中國《海商法》第一百二十七條至第一百五十四條共計 28 條是有關海上船舶租用合同的規定。主要規範了定期租船合同和光船租賃合同兩種具體租賃形式。

【學習目標】
　　1. 瞭解：船舶租用合同的概念和類別；船舶租用合同的訂立；
　　2. 熟知：各類船舶租用合同的主要內容；
　　3. 理解：航次租船合同的特徵、內容以及當事人的權利義務；
　　4. 掌握：定期租船合同出租人的主要權利和義務；掌握光船租賃合同的主要特點。

【技能目標】
　　1. 能夠靈活運用船舶租用合同的基本知識進行實際操作；
　　2. 能夠運用所學知識解決實務中的船舶租用合同糾紛。

【先導案例】
　　太海會社與翔遠公司簽訂合作意向書，合作經營從中國空運和海運水產品到日本。6 月，太海會社以期租形式從海柏公司處租進「海柏 3 號」進行水產品運輸。根據買賣、租船合同，翔遠公司負責組織貨源，並於 7 月 5 日和 6 日將 2 噸活海鰻分別裝入「海柏 3 號」的船艙。次日，翔遠公司人員發現活海鰻已經全部死亡。經鑒定，由於船艙內存留油漆氣味並滲入艙內海水中，使艙內海水不適於活海鰻的生活條件。太海會社和翔遠公司以船舶不適載為由提起訴訟，要求海柏公司賠償損失。經查，在「海柏 3 號」交付太海會社之前，印尼驗船公證行曾對「海柏 3 號」進行裝載活魚試驗，結論為適載；在活鰻裝入船艙前，海柏公司曾建議太海會社給船艙供氧而未被採納。請問：本案如何處理？說明理由。

【知識精講】

第一節　船舶租用合同概述

一、船舶租用合同的概念和類型

對於船舶租用，中國《海商法》中沒有明確的定義，國外法律中也沒有船舶租用的概念。一般認為船舶租用合同（Charter Party）是指船舶出租人和承租人之間就出租人向承租人提供約定的船舶，由承租人在租期內按約定使用船舶，並由承租人支付租金的一種協議。

中國《海商法》規定的船舶租用合同包括定期租船合同（Time Charter Party）和光船租賃合同（Bareboat Charter Party）兩種形式。二者是按照營運方式的不同劃分的，區別很大。

船舶租用合同的標的物是船舶的使用權和收益權，在光船租賃下還包括船舶的佔有權，但是無論哪種形式的租賃合同，船舶所有權的歸屬是不發生改變的。因而，實務中，船舶所有人、船舶營運人和船舶承租人都可以成為船舶出租人。

二、船舶租用合同的訂立

《海商法》第一百二十八條規定：「船舶租用合同，包括定期租船合同和光船租賃合同，均應以書面形式訂立。」因此，船舶租賃合同屬於要式合同，必須採用書面的形式訂立。船舶租用合同通常是雙方當事人在選定的合同格式基礎上，對格式中所列條款按雙方意圖進行修改、刪減和補充后達成的一份有效的書面協議。

在實務中，雙方當事人尚未正式簽署租船合同前，往往已就合同的主要條款達成協議並製作「租船合同確認書」，如果其中無任何先決條件，則根據租船業務慣例，租合同成立。如「租船合同確認書」訂有先決條件，合同是否成立，不無疑問。

船舶租用合同是一待履行合同，簽訂合同的時間往往並不是交船的時間，因此，合同一旦成立，即使尚未交船，該合同也對雙方當事人具有約束力。

三、船舶租用合同的法律適用

目前，國際上沒有關於船舶租用合同的國際公約，英美國家的法律對此種合同不作規定，雙方當事人按「合同自由」原則商訂合同。大陸法系國家的法律一般對此種合同並不作規定，或不作強制性規定。因此從船舶租用合同的法律現狀來看，各國對於船舶租用合同的訂立和內容大都實行契約自由原則，允許當事人自由議定。

中國《海商法》專門規定了船舶租用合同一章，其中第一百二十七條規定：「本章關於出租人和承租人之間權利、義務的規定，僅在船舶租用合同沒有約定或者沒有不同約定時適用。」由此可見，在中國，有關船舶租用合同的規定均為任意性條款，僅在當事人簽訂的船舶租用合同中沒有約定或沒有不同約定時才適用。

第二節　航次租船合同

一、航次租船合同的概念和特徵

(一) 航次租船合同的概念和分類

航次租船合同又稱為程租（Voyage Charter Party，Voyage C/P，Voyage C/P），是以航次或航程為限的海上貨物運輸合同。根據《海商法》第九十二條的規定：航次租船合同是指船舶出租人向承租人提供船舶的全部或部分艙位，裝運約定的貨物，從一港經海路運往另一港，而由承租人支付約定運費的貨物的合同。

航次租船合同的當事人稱為出租人和承租人，從表面上看似乎屬於財產租賃合同，但是從合同的具體內容來看，航次租船合同屬於貨物運輸合同。因為航次租船合同期間，船舶並沒有轉移實際佔有，出租人仍負責船舶的航行和營運管理。中國《海商法》將航次租船合同放在「海上貨物運輸合同」一章中加以規定也是出於此種考慮。

航次租船合同按照約定的不同，對於航次可以有不同的解釋，具體來說包括：單航次租船合同（Single Trip C/P），往返航次租船合同（Return Trip C/P）；連續單航次租船合同（Consecutive Single Trip C/P），連續往返航次租船合同（Consecutive Return Trip C/P）等。

(二) 航次租船合同的特徵

航次租船合同屬於海上貨物運輸合同，具有以下特徵：

(1) 出租人負責船舶的營運並負擔費用

從內容上看，航次租船合同屬於海上貨物運輸合同，這就意味著出租人應自行負責船舶的營運和營運費用。船舶營運費用主要包括圍繞船舶而產生的船舶保險費、船員工資、燃油費等固定費用和圍繞貨物而產生的裝卸費、港口費等變動費用。在航次租船的情況下，無論是固定費用還是變動費用，原則上都由出租人支付。

(2) 約定貨物和航線

在航次租船合同下，出租人只承運約定的貨物，有關船期和航線的安排均由雙方當事人約定，這和班輪運輸下按照船期表掛靠固定港口並安排貨載不同，因此，航次租船合同又稱為私營承運人或專門承運人。除此之外，航次租船合同和班輪運輸還有許多不同之處（見表5-1）。

表5-1　　　　　航次租船合同與班輪運輸合同比較

名稱	航次租船合同（私承運人）	班輪運輸合同（公承運人）
船期與航線	雙方當事人約定	定船期、定航線
船舶及艙位使用	承租人對船舶或艙位有獨占使用權	承運人可自行安排至滿倉
運費	有個固定費率	協商價格
貨物裝卸	班輪公司負責	有裝卸時間的規定
法律關係的調整	法律	合同

(3) 承租人可以租用船舶的部分或全部艙位

航次租船合同下，承租人可以根據自己的實際需要租用出租人的部分或全部艙位，出租人按照合同約定提供部分或全部艙位給承租人使用，承租人按照約定使用艙位並班裝載貨物的數量支付運費。

(4) 出租人管貨的義務以合同為準

出租人除了要對船舶負責外，還應對貨物負責，但是在各國法律中，對航次租船合同下出租人照料貨物的義務，通常按照契約自由原則由當事人自行約定，中國對此約定也是如此。

(5) 按照約定計算滯期費/速遣費

航次租船合同下，出租人能夠進行下一個航次的前提是承租人已完成該合同航次，因此出租人最大的希望就是承租人能在較短的時間內完成。為此，需要在合同中做出一定的約定，如果承租人未能在規定的裝卸期限內完成裝卸作業，產生船舶延誤，出租人可以按約定費率向承租人收取滯期費；反之，承租人在規定的裝卸期限內提前完成了裝卸作業，出租人也會按照約定的費用支付給承租人速遣費。

二、航次租船合同的格式和主要條款

(一) 航次租船合同的格式

航次租船合同大多通過船舶經紀人在國際租船市場訂立，為了簡化租船合同的談判過程，促進租船業務的發展，由專業化的協會或工會制訂了一些航次租船合同範本，稱為航次租船合同格式。目前，國際上較常用的航次租船合同格式有如下幾種：

(1)《統一雜貨租船合同》(Uniform General Charter)。該租約格式代號為「金康」(GENCON)，由波羅的海國際航運公會於 1922 年公布，並經過 1976 年及 1994 年兩次修訂。它可以適用於各種航線和各種貨物的航次租船，因此使用較多，尤其是亞洲地區。從內容上看，此格式傾向於維護出租人的利益，中國航次租船人多用這一格式。

(2)《巴爾的摩 C 式》(Baltime Berth Charter Party Steamer, Form C)。簡稱 C 式租船合同，租約格式代號為「NORGRAIN」。由北美穀物出口協會制訂並為 BIMCO 認可，廣泛適用於從北美地區整船穀物運輸。

(3)《澳大利亞穀物租船合同》(Australian Grain Charter Party)。該租約格式代號為「AUSTRAL」，專門用於澳大利亞至英國、北愛爾蘭及歐洲大陸沿岸各港之間的小麥和面粉運輸，是波羅的海國際航運公會推薦使用的航次租船合同格式之一。

(4)《油船航次租船合同》(Tanker Voyage Charter Party)。該租約格式代號為「ASBATANKVOY」，由美國船舶經紀人和代理人協會於 1977 年制訂，專門適用於油船航次租船。

(5)《煤炭航次租船合同》(Coal Voyage Charter)。該租約格式代號為「POLCOAL-VOY」，由波羅的海國際航運公會於 1971 年制訂，適用於煤炭運輸。

以上是國際上各國常用的航次租船合同格式，需要注意的是，租船合同格式只是為當事人提供一種參考的合同文本，當事人對其中的條款不同意，可以協商修改。

(二) 航次租船合同的主要條款

《海商法》第九十三條是關於航次租船合同基本條款的規定，雖然這些條款屬於任意性規範，當事人可以通過在合同中約定的方式排除適用，但是從實務的角度看這些

條款是不可缺少的。航次租船合同的主要內容有：出租人和承租人的名稱、船名、船舶國籍、載貨重量、容積、貨物名稱、裝貨港和卸貨港、受載期限、裝卸期限、運費、滯期費和速遣費、合同的解除、留置權條款、承租人的責任終止條款、互有責任碰撞條款、新杰森條款、共同海損條款、提單條款、罷工條款、戰爭條款、冰凍條款、仲裁條款、佣金條款。目前使用較多的是金康合同，其主要條款如下：

1. 出租人和承租人

出租人（Shipowner）一般是船舶所有人，或者是船舶的光船租賃人或定期租船承租人，合同中必須寫明出租人的全稱。承租人一般為貨主，但也有不是貨主的情況，有時可能是貨運代理人，貨運代理人從貨主處攬取貨物，再以自己的名義與出租人簽訂航次租船合同。

2. 船舶概況條款

船舶概況主要包括船舶說明（Description of Vessel）和船舶說明（Vessel's Position）兩方面。船舶說明是出租人對船舶的情況在合同中所作的陳述。該陳述使船舶特定化，它是承租人決定是否租用該船的重要依據，因此，它是航次租船合同的重要內容。通常說明船名、國籍、船級、船舶噸位、航次和船舶動態等有關情況。在船名這一項上，雖然中國《海商法》規定如果承租人同意出租人可以更換船舶，但是出租人提供的船舶或者更換的船舶不符合同約定的，承租人有權拒絕接受或者解除合同。

船舶動態是指雙方當事人訂約時船舶所處的位置，事關船舶能否在合同約定的受載日期內抵達指定的裝貨港。這一狀態無論對於出租人還是承租人都非常重要，因而必須在合同中加以約定。

3. 預備航次（Preliminary Voyage）

預備航次是指船舶在上一個卸貨港時達成一項租船合同，則船舶駛往下一個租船合同的裝貨港的空放航次。預備航次雖然是履行新合同的準備階段，但是預備航次一旦開始，就意味著開始履行新租約。對於預備航次，合同中通常有兩項重要規定：

（1）受載期（Laydays）。規定船舶預期到達裝貨港，並做好裝貨準備的日期。

（2）解約日（Canceling Date）。出租人未在合同約定的受載日期內到達裝貨港做好裝貨準備，承租人可以解除合同的日期。

4. 貨物（Cargo）

航次租船合同中有關貨物的約定主要包括貨物種類和數量兩項內容。

對於貨物的種類，合同中應規定貨物的貨類、貨名、包裝等內容。可以約定貨物的具體名稱或者同時約定幾種貨物的名稱，由承租人選擇。如承租人提供的貨物與合同不符，出租人有權拒裝貨物。

對於貨物的數量，一種是約定貨物的確切數量；另一種是約定一個大概的數量，由出租人選擇。在航次租船合同實務中，對於貨物的數量通常只規定一個約量。

5. 裝卸港口

（1）裝卸港口的約定

裝卸港口的規定方法有兩類：一種是明確訂明裝卸港的數目和名稱；二是籠統地規定一個裝卸區。在第一種情況下，承租人必須事先確定裝卸港，否則，如果事後要求改港，船東可以索賠損失或拒絕改港。如船方在租船合同中允許租船人使用一個以上的裝卸港，應注意訂明按地理上的順序指定，否則會因船方在不同的港口之間來回

航行而引起損失。

（2）安全港口

承租人必須保證其指定的裝貨港和卸貨港及指定泊位是安全的，否則因港口不安全而給出租人造成損失的，承租人應當承擔賠償責任。所謂安全港口，是在特定時間內針對特定的船舶而言的，如果沒有發生異常事件，該船可以安全到達、使用和駛離，而不會遭遇運用良好的船舶駕駛和船藝仍不能避免危險的港口[①]。除了自然條件下的安全外，還要保證政治上的安全，如不會發生扣船危險等。

6. 裝卸時間（Laytime）

裝卸期間是合同當事人雙方約定的貨物裝船或卸船而無須在運費之外支付附加費的期間。租船合同約定裝卸時間的方法主要有：一是在合同中規定裝卸時間的具體日數，需要注意的是採用不同的術語，「日」的含義也是大不相同的[②]；二是規定裝卸率，通過總裝貨量求得裝卸時間，例如交運的貨物共 40,000 公噸，裝率為每天 2000 公噸，則裝貨時間為 20 天；三是作出原則性的規定，常見的有「按習慣盡快裝卸」或者「以船所能接收或交付的速度裝貨或交貨」。這種方式實踐中難以操作，易產生糾紛，應盡量避免使用。

裝卸期間的起算應自接受準備就緒通知書若干小時后起至裝/卸完畢止，但排除合同中訂明不計算裝卸時間的事件所用的時間。例如，「金康」合同規定，如準備就緒通知在中午之前遞交，裝卸期間從下午一時起算，如通知書在下午辦公時間遞交，裝卸期間從下一個工作日上午六時起算。準備就緒通知（Notice of Readiness，NOR）是船方通知租船人船舶已準備就緒，可以開始裝貨或卸貨的通知。該通知書的遞交須滿足兩個條件：抵達和準備就緒。

因此承租人超過時間則應按天向出租人支付滯期費，若提前完成裝卸，則可按節省的時間向出租人索取速遣費。在實務中，速遣費通常為滯期費的一半。

7. 裝卸費用（Loading / Discharging Costs）

裝卸費用是指將貨物從岸邊或駁船裝入船舶和將貨物從船艙卸至岸邊或駁船的費用。航次租船合同中，承租雙方對貨物裝卸費用的分擔，有一些約定俗成方法供雙方挑選。主要有：

（1）船舶出租人承擔裝卸費用（Gross Terms）。
（2）船舶出租人不承擔裝貨費用（Free In，簡稱 FI）。
（3）船舶出租人不承擔卸貨費用（Free Out，簡稱 FO）。
（4）船舶出租人不承擔裝卸費用（Free In and Out，簡稱 FIO）。
（5）船舶出租人不承擔裝卸和積載費用（Free In and Out and Stow，簡稱 FIOS）。
（6）船舶出租人不承擔裝卸和平艙費用（Free In and Out and Trim，簡稱 FIOT）。

8. 出租人的責任條款

航次租船合同不受《海牙規則》的管轄，因此，航次租船合同中有關貨物損害責

[①] JOHN F WILSON. Carriage of Goods by Sea [M]. 4ed. London：Longman, 2001：27.

[②] 其一，日。指從前一日午夜零點至后一日午夜零點的概念。其二，工作日。指扣除星期日和法定節假日以后，港口可以進行工作的日數。其三，天氣許可工作日。指在扣除了因天氣不良而影響裝卸作業的時間和星期天、節假日等因素以后，港口能夠進行裝卸作業的時間。其四，24 小時天氣許可工作日。指除去星期天、法定節假日或不良天氣而影響裝卸作業的時間以后，以累計 24 小時作為一日來表示的裝卸時間。其五，連續 24 小時天氣許可工作日。指扣除星期日、節假日、天氣不良而影響裝卸作業的因素以後，以平均 24 小時為一日的計算方法。

任的條款，法律上無強制的規定。可以自行約定，也可以規定「首要條款」適用《海牙規則》《維斯比規則》或相應的國內法。

9. 關於簽發提單的約定

租船合同簽發的提單在承租人手中時，出租人與承租人的關係仍受航次租船合同的約束，提單條款與航次租船合同衝突應歸於無效；但被轉移到收貨人或善意受讓提單的第三人手中時，它是約束出租人與收貨人或提單受讓人的合同，但是提單中載明適用航次租船合同條款的，適用該航次租船合同的條款。

10. 繞航條款（Deviation Clause）

繞航條款是指租船合同當事人就航程中船舶可以偏離合同航線的具體情況所作的一種約定。金康合同中有關於繞航的免責條款，又稱「自由繞航條款」，其第三條規定：船舶有權為任何目的以任何順序掛靠任何港口。該條款的措詞看似廣泛，而以往的案例還是有一定限制的，如只允許沿著航線的港口掛靠，而不能嚴重偏離，次序也不應過於顛倒。另外，繞航也不是為了「任何事情」，應只限於為修理、加油、裝卸其他貨物等原因而繞航，即這些事情須與航次有關。

11. 罷工、戰爭、冰凍（Strike, War, Ice）。

一般規定如果裝貨港發生這些事故而使合同不能履行，雙方當事人均可以免除進一步履行合同的義務而不負任何責任；如果卸貨港出現這些事故，船舶可以在一定條件下選擇附近港口卸貨而視為已履行合同義務。

12. 船舶轉租

根據中國《海商法》第九十九條規定，承租人有權將租用的船舶轉租；轉租后，原合同約定的權利和義務不受影響。船舶在轉租情況下可能受到至少兩份合同的約束，出租人與原承租人之間的原合同，以及原承租人與轉租承租人之間的轉租合同。但出租人與轉租承租人之間並無合同關係，出租人仍與原承租人發生合同關係。

13. 繞航條款

「金康」條款規定，船長有權為任何目的以任何順序掛靠任何港口，有無引航員在船均可航行，在任何情況下拖帶或救助他船，亦可為拯救人命或財產而繞航（Deviation）。但在司法實踐中，各國法院通常對此作限制性解釋，認為船舶只能掛靠合同規定的或通常習慣上掛靠的港口，一般只能按地理順序掛靠。但船舶根據此條款所作的繞航，不得與合同的目的相抵觸。

14. 貨物的損害賠償

航次租船合同不受《海牙規則》的約束，因此，有關貨物損害賠償的責任，由合同雙方當事人自行協商。按「金康」條款規定，船舶所有人應負貨物滅失、殘損或延誤交貨的責任，但僅限於該滅失、殘損或延誤是由於積載不當或疏忽所造成的，或由於船舶所有人或其經理人本身未恪盡職責使船舶在各方面具有適航性並能保持適當的船員、設備和供應所造成者為限。否則，即使貨物的滅失、損害或延遲交付是由於船長、船員在管理貨物中的過失所致，出租人仍可免責。

15. 解約條款

「金康」條款規定，如果船舶未能在規定日期的當日或之前做好裝貨準備（不論靠泊與否），承租人有權解除合同。如經要求，這一選擇至少在船舶預計抵達裝貨港之前48小時內作出。如船舶因海損事故或其他原因而延誤，應盡快通知承租人。除已約定

解約日外，如果船舶延誤超過規定的預計裝貨日期 10 天，承租人有權解除合同。

16. 責任終止條款

航次租船合同往往訂有承租人責任終止條款。該條款規定，貨物一經裝船並預付了運費、空艙費和裝貨港船舶滯期費以後，承租人責任便終止。責任終止條款僅能免除承租人因違背合同而產生的責任，但不能免除其應履行而未履行的義務。

此外，航次租船合同還通常訂有留置權條款、罷工條款、戰爭風險、普通冰凍條款、雙方互有過失碰撞條款、新杰森條款、共同海損條款、仲裁條款等。

三、航次租船合同的法律適用

對於航次租船合同，目前國際上沒有專門的國際公約。各國國內法對航次租船合同通常不作規定或不作強制性規定。一般由當事人依「意思自治」原則處理。

中國《海商法》將航次租船合同作為海上貨物運輸合同的一種。中國《海商法》把它列入第四章「海上貨物運輸合同」，並專門作了一節「航次租船合同的特別規定」。

《海商法》對航次租船合同的適用和對提單的適用程度不同。《海商法》為提單項下的承運人規定了最低限度的義務、責任和最大限度的權利，但對航次租船合同下承運人的規定也要寬鬆許多，例如沒有規定管貨的義務。《海商法》第四章中其他有關涉及出租人和承租人權利義務的規定均為非強制性條款，僅在合同無約定時適用。

第三節　定期租船合同

一、定期租船合同的概念和特徵

定期租船合同（Time Charter Party），又稱期租合同。根據中國《海商法》第一百二十九條規定：「定期租船合同是指船舶出租人向承租人提供約定的由出租人配備船員的船舶，由承租人在約定的期限內按約定用途使用，並支付租金的合同。」根據《海商法》關於定期租船合同的定義分析可知，定期租船合同的基本特徵有：

第一，由出租人配備船長和船員。在定期租船合同下，出租人不僅要向承租人提供約定的船舶，而且要為船舶配備船長和船員。負責船舶航行和船舶內部管理事務，並負擔船舶的日常固定開支。

第二，定期租船的承租人享有船舶的使用權和收益權。在定期租船合同中，船舶出租人保留對船舶的佔有權和處分權，但承租人對船舶有使用權和收益權。在船舶營運過程中，船長、船員應該服從承運人的調度和指揮。例如確定船舶的掛靠港和安排貨載等。

第三，承租人負擔船舶營運費用。定期租船合同中，出租人通過自己的船員來控製和佔有船舶，故圍繞船舶營運而產生的費用應由出租人自行承擔，但是使用船舶運輸貨物的過程中發生的燃油費、引航費、貨物裝卸費等變動費用需由承租人承擔。

第四，承租人按照船舶使用的時間支付租金。定期租船合同下船舶出租人獲得的報酬是租金，而不是運費。定期租船合同的期限不等，但無論期限多長，都應該按照承租人使用的時間計算。通常是按月支付租金或以 30 日為一個週期計算。

二、定期租船合同的主要格式

(一) 國際定期租船合同格式

目前，國際定期租船合同格式較多，常用的定期租船合同格式主要有：

1. 波爾的姆格式（BALTIME）

《統一定期租船合同》（Uniform Time Charter）租約代號為「BALTIME」（波爾的姆），全名為 Baltic and International Maritime Conference Uniform Time Charter，是由波羅的國際航運公會（BIMCO）於1909年制定的，后經過多次修改。由於該合同格式是由代表船東利益的航運公會所指定，因而其內容比較偏袒船舶出租人的利益，該租約當今很少用。

2. 紐約土產格式（NYPE）

美國的《定期租船合同》，租約代號「土產格式」。由紐約土產交易所於1913年制訂，后經過多次修訂。1993年修訂后，租約代號為「NYPE93」。土產格式經過美國政府的批准而使用，因而又稱為「政府格式」。此格式在船舶出租人和承租人雙方權益的維護上，顯得比較公正。

(二) 中國定期租船合同格式

中國的《定期租船合同》（簡稱「中租1980」），租約代號「SINOTIME 1980」，由中國租船公司制訂。此格式較多地維護了承租人的利益。

三、定期租船合同的主要內容

中國《海商法》第一百三十條規定：「定期租船合同的主要內容，包括出租人和承租人的名稱、船名、船籍、船級、噸位、容積、船速、燃料消耗、航區、用途、租船期間、交船和還船的時間和地點及條件、租金支付以及其他有關事項。」蘇聯海商法典、德國海商法和法國海商法也作了類似規定。下面按照中國《海商法》的規定進行說明。

(一) 船舶的說明

船舶的說明包括船名、船籍、船級、噸位、容積的說明。

(二) 船速與燃油消耗

船速是指船舶相對於水的速度，在航海實踐中中，還包括風、流因素的影響。船舶速度對於承租人來說非常重要，將影響承租人能否充分發揮船舶的效用。一般在合同中會分別約定船舶滿載、空載和輕載航行時的船速。如果實際船速低於合同中約定的船速，造成承租人時間損失的，承租人可以進行船速索賠。

燃油消耗是指所租船舶在單位時間內（通常是每小時）內消耗燃油的數量。由於定期租船合同中，承租人負責船舶的營運費，所以作為營運費用中的燃油費用直接影響了承租人的經濟收益。如果實際燃油消耗量大於合同規定的數值，可以提出燃油索賠。

對於合同中約定的船速和燃油消耗一般要求在交船時達到，而不是在整個租期內都必須達到，中國也採用這種做法。租期內船速下降或燃油消耗量增加，不視為出租人違約，除非合同有相反規定。

（三）租期

租期是租船人使用船舶的期限。可以用日、月或年來表示。一般以一個日曆月表示，也有的以 30 天為一個月。關於租期問題有不同的約定方式，例如：約定具體的月數，約定大概的月數，約定基本的月數，約定一個允許增減的天數由承租人選擇。租期一般從交船港交船開始計算，由於租期屆滿很難與租船人安排的最后航次的結束相吻合，常常會出現「超期」還船的現象。如果最后航次是最后不合法航次，船方可以拒絕執行。

（四）交船與解約

交船指出租人將處於適航狀態的船舶交給租船人使用的行為。交船包括交船時間、交船地點和交船時船舶的狀態幾項內容。一般在合同中約定承租人制定的港口或某一具體地點為交船地點，出租人交付的船舶應當謹慎處理使船舶適航，適於約定的用途。如果出租人未能按照約定將船舶交給承租人使用，承租人有權解除合同，並有權索賠因此遭受的損失。承租人選擇解除合同的日期成為解約日，海運實踐中，通常將交船日期的最后一天理解為解約日。

（五）航行區域與安全港口

《海商法》第一百三十四條第一款規定：「承租人應當保證船舶在約定航區內的安全港口或者地點之間從事約定的海上運輸。」定期租船合同中一般都列明承租人可以指示船舶前往的區域，有的還特別訂明承租人不能指示船舶前往的區域，如戰區、冰凍去等。如果承租人指示船舶前往合同不允許去的地方，船長有權拒絕該指示。或者在合同中約定，如果承租人指示船舶前往上述地區超出船舶保險單規定的保險人承包範圍的，由承租人對上述額外風險投保並支付保費。安全港口的時間是指承租人下達指令時，如果承租人違反規定，出租人有權解除合同，並有權要求賠償因此遭受的損失。

（六）租金支付和撤船

租金支付是指承租人和出租人之間就租金支付的時間、地點、方式、使用比重等問題所作出的約定。如 NYPE93 規定：租金支付以美元貨幣每半個月預付一次。關於租金支付，通常以半個月或一個月支付，或者預付。預付是指，承租人按照合同約定，預先支付對船舶的使用費。支付資金是承租人絕對的義務，要全額支付，不得擅自扣減，只有法律規定或者合同內訂明的費用，才能在租金內相應扣減。

當承租人未能按照約定支付租金，出租人享有撤船的權利。出租人行使撤船權無須事先通知承租人，合同另有約定的除外，因為出租人撤船的行為是針對承租人未能全額、準時支付租金的事實做出的，而不管具體的原因。並且為了確保出租人的租金和其他請求權能夠實現，合同中一般會規定出租人對所運的承租人的貨物享有留置權。出租人撤船后，由於船舶不能立即出租或市場租金率低於合同約定的租金率時，出租人有權要求承租人賠償損失。

（七）停租條款

停租條款是指承租人和出租人在租船合同中約定，在租期內，發生合同中約定的影響承租人對船舶使用的原因或事項時，承租人可以暫時中止支付租金，待影響船舶的原因消除后再恢復支付租金的特定條件。可以停付租金的事項由雙方協商決定，合同中約定的停租事項通常包括：

（1）船員配備不足；

（2）船體、船機和設備的故障或損壞；
（3）因碰撞、擱淺等海損事故而引起的延滯；
（4）船員或物料不足、等待補充船長或船員或物料的期間；
（5）船舶入塢檢查或修理；
（6）其他原因。

對於停租，中國《海商法》第一百三十三條也作了規定①。需要注意的是，根據《海商法》第一百三十三條的規定，當船舶的不適航或不能正常營運是由承租人造成的時，承租人不能停租，但是租船實務中，按照慣例，無論不適航是否由承租人造成，承租人均可停租，但並不妨礙出租人向承租人索賠。

（八）轉租條款

轉租是指承租人在定期租船合同租期內將租進的船舶再租給他人使用的行為。對於轉租行為，各國法律一般都承認承租人的轉租權。對此，中國《海商法》第一百三十七條對轉租進行了規定：「承租人可以將租用的船舶轉租，但是應當將轉租情況通知出租人，租用的船舶轉租后，原租船合同約定的權利和義務不受影響。」實際上在租船實務中，承租人將定期租進的船舶再以定期租船和形式租給他人使用是一種普遍的使用方式②。根據規定，需要履行通知出租人轉租事實的義務。

（九）運送合法貨物條款

合法貨物是一個廣義的概念，除了是法律禁止裝運的貨物外，還包括合同約定除外的貨物以及法律、合同均無規定，但是實際運輸會危害船舶、貨物和船上人員安全的貨物。關於運送合法貨物，中國《海商法》第一百三十五條規定：「承租人應將船舶用於運輸約定的合法貨物，如承租人將船舶用於運輸活動物或危險貨物的，應事先徵得出租人的同意，否則承租人應對違反上述規定而使出租人遭受的損失負責。」

（十）還船條款

還船是指定期租船合同租期屆滿之后，承租人按照合同約定的時間、地點和條件，將船舶歸還給承租人的行為。還船時間和還船地點通常在合同中約定，並以此作為出租人和承租人交接船舶的依據。還船條件是指承租人在還船時船舶應滿足的基本狀態，通常來說應該和出租人交船時處於同樣良好的狀態，並且船上燃油剩餘量應符合約定的標準。為了便於做好租期屆滿時船舶的交接工作，承租人在租期履行屆滿前，需要向出租人發出還船通知。

（十一）留置權條款

留置權條款是指定期租船合同中就租期之內因承租人不支付租金給出租人，出租人可以留置船上貨物或轉租運費的一種約定。關於留置貨物需要注意，按照《海商法》第一百四十一條的規定，出租人只能留置屬於承租人的貨物，對於船上裝運的他人的貨物，出租人不享有留置權。關於留置轉租運費，需要借助法院才能夠實現。因為出租人向次承租人發出通知，將租金支付到出租人和承租人共同制定的銀行帳戶時，次

---

① 《海商法》第一百三十三條規定：「船舶在租期內不符合約定的適航狀態或其他狀態，出租人應當採取可能採取的合理措施，使之盡快恢復。船舶不符合約定的適航狀態或者其他狀態而不能正常營運連續滿二十四小時的，對因此而損失的營運時間，承租人不付租金，但是上述狀態是由承租人造成的除外。」

② 對定期租船的使用除了以定期租船的形式轉租給他人使用之外，還可以通過航次租船的形式為他人運輸貨物，這種情況屬於承租人對所租船舶的正常使用，因而無須向出租人發出通知。

承租人不會輕易接受。這時出租人需要向法院申請強制令，由法院裁定將運費交予出租人。

（十二）仲裁條款

定期租船合同均訂有仲裁條款，以避免日后發生糾紛難以處理。

（十三）特殊條款

1. 互有過失船舶碰撞條款

定期租船合同一般都訂有該條款。美國法院曾判決該條款無效。但定期租船合同仲裁條款規定的仲裁地點有可能不受美國判例影響的其他地方，因此，船東互保協會通常要求船東在定期租船合同中訂入該條款。

2. 新杰森條款

新杰森條款是針對美國有關共同海損分攤所實施的不同法律而制定的。無論是租船合同還是提單通常有該條款。如果租船合同中無此規定，則當船東根據美國法律不能向提單持有人索取共同海損分攤費用時，船東就可以根據「雇傭和賠償條款」要求承租人給予賠償；如果沒有此規定，船東互保協會有可能不對船東承擔由此產生的擴大部分損失。

3. 救助報酬條款

根據1989年《國際救助公約》的規定，船長必須盡力救助海上人命，這是一項法定的義務。船舶對遇難船舶進行救助，出租人不構成違約，承租人也不能停付租金。因救助所佔有的時間，承租人仍要支付租金。為了明確承租人可分享救助報酬的權利，合同一般都作出了規定。

4. 共同海損條款

在定期租船合同下，船舶的燃油費用是由承租人提供並支付，而且船舶是由承租人安排營運，因此，當發生共同海損時參加共同海損分攤的不僅有船東、貨主，還有可能提供燃油或承擔有風險的到付運費的承租人，而承租人收取的到付運費的一部分有可能要支付給出租人作為租金，承租人拒此又要求出租人收取的租金也要參加共同海損分攤。為了明確發生共同海損時適用的共同海損理算規則，明確出租人應收取的租金是否參加共同海損分攤，均應在該條款中作出明確規定。

除了上述條款以外，雙方當事人在談判中還可以另行附加其他的條款。

第四節　光船租賃合同

一、光船租賃合同的定義和特徵

光船租賃合同（Bareboat Charter Party）又稱「過戶租賃合同」（Demise Charter Party），中國《海商法》第一百四十四條規定：「光船租賃是指船舶出租人向承租人提供不配備船員的船舶，在約定的期間內由承租人佔有、使用和營運，並向出租人支付租金的合同。」根據這一定義可以看出，光船租賃具有如下法律特徵：

首先，在光船租賃形式下，船舶所有權和經營權分離，責任分離。光船租賃形式下，出租人向承租人交付一條未配備船員的船舶，此時在租期內船舶由承租人佔有、使用、經營，對於出租人來說，僅保留了對船舶的處分權。同時承租人負責配備合格

的船員，因此需要負擔一切營運費用、責任和風險。

其次，租賃物必須是特定的船舶。所謂特定的船舶是指出租人和承租人在簽訂光船租賃合同時所約定的船舶，該船舶是出租人交船的對象和承租人還船的對象。雖然在定期租船合同和航次租船合同下，出租人滿足一定的條件可以交付替代船舶，但是光船租賃合同下，不得以替代船舶來履行義務，除非當事人明確約定。

再次，可能構成分期付款購買船舶的協議。《海商法》第一百五十四條規定：「訂有租購條款的光船租賃合同，承租人按照合同約定向出租人付清租購費時，船舶所有權即歸於承租人。」光船租賃實務中，很多光船租賃合同都訂有「租購條款」（Lease Purchase Clause），即承租人按合同約定向出租人付清租購費時，即取得船舶所有權。這實際上是一種分期付款購買船舶的協議。

最后，光船租賃既有債權債務關係，又體現了一定的物權特徵。光船租賃下，出租人應將符合約定用途的船舶交給承租人使用，承租人則需要支付租金給出租人。這體現出互負義務、等價有償的特徵。除此以外，也具有某些物權的特徵，表現為合同成立后排斥出租人或第三人的侵犯。中國《海商法》第一百五十一條規定：「未經承租人事先書面同意，出租人不得在光船租賃期間對船舶設定抵押權。出租人違反前款規定，致使承租人遭受損失的，應當負賠償責任。」由此可以看出，出租人無權任意設立抵押權。

二、光船租賃的格式合同

中國《海商法》對光租賃合同進行了專門規定，有關光船租賃的規定均屬非強制性條款，只在當事人之間的租賃合同沒有約定或者沒有不同約定的情況下才適用。光船租賃實務中，光船租賃合同通常是在事先擬訂的格式基礎上達成的。人們為了節省談判時間，加速成交的進程，制訂了一些標準的光船租賃合同格式。

目前，國際上比較常用的光租合同格式是 1974 年由波羅的國際航運公會制訂的《標準光船租賃合同》（Standard Bareboat Charter），租約代號「貝爾康」（BARECON）。該格式具有 A、B 兩種格式，A 格式適用於一般光船租賃，B 格式用於通過抵押融資的新建船舶的租賃。這些格式已經被英國航運委員會和日本航運交易所的文件委員會所採納。中國《海商法》有關光船租賃的規定基本上與國際上常用的標準格式合同相一致。

三、光船租賃合同的主要內容

現就與定期租船合同不同的內容，結合中國《海商法》第一百四十五條有關光船租賃合同主要內容的規定，對光船租賃合同 A 格式的內容進行一下介紹和評述。

（一）關於船舶概況的說明

和定期租船合同類似，光船租賃合同中，需要註明雙方當事人的姓名或名稱、船名、船籍、船級、噸位、容積、船級、船舶證書的有效期等基本內容。出租人需要保證上述各項內容的正確性，否則需要對因此而產生的損失承擔賠償責任。

（二）交船

在光船租賃合同中，船東的基本義務就是在約定的時間和地點將適航船舶交給承租人。如果出租人不能依約交付船舶，承租人享有合同的解除權，如果承租人因此而

受損，還可以請求損害賠償。出租人在交船時要做到三個方面：第一，謹慎處理，使船舶適航。適航指船舶的技術狀況適於通常的海上航行，船舶應符合船旗國有關航行安全的規定。第二，交付的船舶符合合同約定的用途。第三，船舶的各種文件證書齊備。

（三）船舶的使用與保養

光船租賃期間，承租人有權按照自己的需要，在合同約定的範圍內，對船舶加以使用。承租人負責雇傭船員，承擔燃料、物料及供應品的費用、修理費用以及與船舶營運有關的稅款。但是未經船東同意，承租人不得改變船舶的結構或對機器、裝置或備件進行變動。

同時，在租期內，船舶處於租船人的佔有和完全控製下，租船人應對船舶、船機、鍋爐、裝置和備件進行良好的維修、保養，使之在各個方面均處於良好的狀態，並應保持船級和其他必需的證書的有效性。在船舶受損時，承租人應在合理時間進行修理，否則，船東有權撤船，並向租船人提出索賠。

（四）租金支付與撤船

光船租賃期間，承租人應該按照合同約定的時間、地點和方式，準時、全額地向出租人支付租金。租金一般按夏季載重噸位和租期計算，按雙方約定的每日曆月的包干金額支付。如果承租人未按照約定的時間支付租金連續超過7天的，按照《海商法》第一百五十二條的規定，「無論承租人是否有過失，出租人都有權撤回船舶並解除合同以及要求賠償損失」。

（五）船舶保險

在光船租賃合同中，雙方可以就船舶保險問題作出約定。《海商法》第一百四十八條規定：「承租人應按照合同約定的船舶價值，以出租人同意的方式進行投保，並負責保險費。」在船舶全損或推定全損時，船舶所有人享有船舶保險賠償金。當然這並不影響雙方當事人按照合同約定的比例進行分配。如果承租人不按照約定投保，出租人有權行使撤船合同索賠的權利。

（六）還船

光船租賃期間屆滿，承租人應按照合同約定的時間、地點和條件，將所租船舶歸還給出租人。和交船時一樣，根本要求是應以與交船時同樣的良好狀態還船，正常損耗除外。為了確定還船狀態，船東和租船人會各指定驗船師對船舶的狀況進行檢驗。對於出租人來說，在較長的租期屆滿后，要為船舶的迴歸作準備，如為船舶入塢、檢查等做出安排。

（七）船舶轉租

承租人在光船租船期間轉讓合同的權利和義務，或者以光船租船方式轉租船舶，須事先徵得出租人的書面同意。相反，如果承租人擅自轉讓或轉租船舶，出租人有權根據合同收回船舶並有權向承租人提出索賠。中國《海商法》對此作出限制，主要是擔心轉租承租人和承租人經營能力差，對船舶的保養、維修不負責，這樣做的目的是為了保護船舶出租人的利益。

（八）船舶抵押

光船租船合同通常規定，未經承租人事先書面同意，出租人不得在光船租賃期間對船舶設定抵押權。其原因是，光船租船合同是財產租賃合同，在租賃期間，所有權

與經營權是分開的，光船承租人被視為二船東，出租人如擅自設立抵押權，將會直接影響到承租人的經營權。特別是光船租賃合同上可能訂有船舶租購條款，抵押權對船舶所有權的限制不利於船舶所有權的轉讓。出租人如違反合同規定導致承租人遭受損失的，出租人應當負責賠償。

（九）光船租購

光船租購是光船租船的一種特殊形式。光船租購條款實際上是一種分期付款購買船舶的協議。這是一種普遍的船舶光船租賃融資的方式。光船租購合同的主要目的是船舶買賣，光船租船只是一種途徑。這種合同具有光船租船合同和船舶買賣合同的雙重性質，出租人是船舶出賣人，承租人是船舶的買受人。

（十）其他有關條款

除上述條款外，光船租船合同還訂有留置權、救助報酬、共同海損、提單、船舶徵用、戰爭、法律與仲裁等條款。

知識小百科 5-1　　　租船業務中應注意的問題

（1）租船合同條款應與貿易合同條款銜接；
（2）租船運輸的租金受租船市場的供求平衡狀態影響較大，要及時瞭解市場行情；
（3）租船時要重視船舶規範，挑選船齡小、技術狀態好的船舶；
（4）租船時應考慮船舶所有人的資信和經營狀況；
（5）應瞭解裝卸港口的地理位置、自然條件、航道即泊位條件；
（6）通過租船經紀人洽談租船合同；
（7）瞭解和熟悉租船市場行情及其動態；
（8）嚴格遵守外交和航運政策的有關規定，並密切關注各種法規的變化。

【法律課堂 5-1】

2010 年 10 月，A 公司為運輸一批貨物，與 B 公司簽訂航次租船合同，約定租用 C 輪。D 公司為 C 輪的光船承租人。B 公司在履行航次租船合同過程中，根據接收的貨物情況，向 A 公司簽發了正本提單。提單上記載 A 公司為托運人，B 公司為承運人。2011 年 1 月 22 日，C 輪大副發表共同海損聲明。因貨物在運輸過程中發生貨損，作為貨物保險人的 E 公司在支付 A 公司貨物保險理賠款后，於 2013 年 1 月 22 日代位求償向某海事法院提起訴訟，要求 B 公司、D 公司連帶賠償貨物損失約 100 萬美元。

該案的核心爭議焦點之一在於 D 公司作為光船承租人是否需要承擔連帶責任。

一審某海事法院判決認為，該案為航次租船合同糾紛，案涉貨損發生在承運人責任期間內，承運人應當承擔賠償責任。因此，B 公司作為航次租船合同的出租人，應當承擔賠償責任；D 公司作為實際承運人，應當與 B 公司承擔連帶賠償責任。

二審某高級人民法院判決認為，該案為航次租船合同糾紛，該案中不存在承運人可以免責的事由，因此 B 公司、D 公司對案涉貨損承擔連帶賠償責任。

最高人民法院再審判決認為，該案為航次租船合同糾紛。D 公司系 C 輪的光船承租人，實際承運案涉貨物，但並非案涉航次租船合同的當事方，不應作為航次租船合同出租人承擔責任。儘管《海商法》將航次租船合同作為特別的海上貨物運輸合同在其第四章中予以規定，但並非第四章的所有規定均適用於航次租船合同的當事人，所

應適用的僅為海上貨物運輸合同當事人即承運人與托運人之間的權利義務規定,並不包括實際承運人的規定。在提單證明的海上貨物運輸法律關係中,法律規定承運人的責任擴大適用於非合同當事方的實際承運人,但實際承運人是接受承運人的委託,而不是接受航次租船合同出租人的委託,實際承運人及其法定責任限定在提單的法律關係中。因此,E公司主張D公司為航次租船合同法律關係中的實際承運人沒有法律依據。最高人民法院駁回了E公司對D公司的訴訟請求。

本章小結

　　船舶租用合同中,船舶出租人享有的船舶所有權處於不完全狀態,佔有、使用、收益的權能按船舶租用合同種類的不同而發生不同程度的轉移,但是船舶出租人仍然享有船舶處分的權能。

　　中國《海商法》規定的船舶租用合同分為定期租船合同和光船租賃合同兩種,具有不同的特徵。租船實務中,船舶租用合同是在標準租船合同格式的基礎上加以修改制訂的,《海商法》中關於船舶租用合同的規定,僅在合同沒有約定或沒有不同約定時才適用。

　　航次租船合同是指船舶出租人向承租人提供船舶的全部或部分艙位,裝運約定的貨物,從一港經海路運往另一港,而由承租人支付約定運費的貨物的合同。航次租船合同必須採用書面形式訂立,實踐中,租船經紀人往往是在標準租船合同格式的基礎上加以修改制訂的。

基礎訓練

一、單項選擇題

1.(　　)指船舶出租人向承租人提供約定的船舶,由承租人在約定期限內按照約定的用途使用,並支付租金的合同。
　　A. 船舶租用合同　　B. 定期租船合同　　C. 光船租賃合同　　D. 航次租船合同

2. 無論哪種形式的租賃合同,船舶(　　)的歸屬是不發生改變的。
　　A. 佔有權　　B. 使用權　　C. 收益權　　D. 處分權

3.《海商法》第一百二十八條規定:「船舶租用合同,包括定期租船合同和光船租賃合同,均應以(　　)形式訂立。」
　　A. 口頭　　B. 書面　　C. 口頭或書面　　D. 任意形式

4. 目前,國際定期租船合同格式較多,下列常用的定期租船合同租約代號不包括(　　)。
　　A.「BALTIME」　　B.「NYPE93」　　C.「中租1980」　　D.「BARECON」

5. 在光船租賃合同中,船東的基本義務就是在約定的地點和時間將適航船舶交給承租人。下列(　　)不是出租人在交船時必須要做到的。
　　A. 謹慎處理,使船舶適航　　　　B. 船上燃油、物料充足
　　C. 交付的船舶符合合同約定的用途　　D. 船舶的各種文件證書齊備

二、多項選擇題

1. 船舶租用實務中，可以成為船舶出租人的有（　　　　）。
   A. 船舶所有人　　B. 船舶經營人　　C. 船舶承租人　　D. 船長
2. 根據中國《海商法》關於光船租賃合同的定義，可以看出光船租賃的法律特徵有（　　　　）。
   A. 船舶所有權和經營權分離，責任分離
   B. 租賃物必須是特定的船舶
   C. 可能構成分期付款購買船舶的協議
   D. 既有債權債務關係，又體現一定的物權特徵
3. 定期租船合同中停付租金的事項由雙方協商決定，合同中約定的停租事項通常包括（　　　　）。
   A. 船員配備不足
   B. 船體、船機和設備的故障或損壞
   C. 因碰撞、擱淺等海損事故而引起的延滯
   D. 船舶入塢檢查或修理
4. 光船租賃合同中，承租人的（　　　　）行為，出租人可以向承租人索賠損失，甚至可以撤船。
   A. 未按約定支付租金　　　　B. 未經出租人同意設定船舶抵押
   C. 未按約定為船舶投保　　　D. 未修理受損船舶
5. 光船租賃期間，承租人應該按照合同（　　　　），向出租人支付租金。
   A. 約定的時間　　　　　　　B. 約定的地點
   C. 約定的計算方式　　　　　D. 約定的租金率

三、判斷題

1. 按照中國《海商法》的規定，船舶租用合同包括航次租船合同。（　　）
2. 船舶租用合同，無論是定期租船還是光船租賃，都必須採用書面形式訂立。（　　）
3. 光船租賃合同中通常訂有「租購條款」。（　　）
4. 定期租船合同中，租期之內因承租人不支付租金給出租人，出租人可以留置船上貨物或轉租運費。（　　）
5. 《標準光船租賃合同》B 格式適用於通過抵押融資的新建船舶的租賃。（　　）

四、簡答題

1. 簡述租船人在什麼情況下可以停租。
2. 簡述光船租賃合同的特點。
3. 簡述航次租船合同的特徵。
4. 簡述航次租船合同的主要條款。
5. 簡述定期租船合同的主要內容。

五、技能應用

某定期租船合同規定「因本合同以及本合同下簽發的提單而產生的任何爭議和糾紛提交中國北京海事仲裁委員會依據中國法律進行仲裁」。當貨物裝船后，應托運人

（即承租人）要求，船長簽發了一份租船合同提單，其背面載有「並入條款」，該並入條款規定「合同中的一切條款、條件並入本提單。」當船舶抵達卸貨港交付貨物時，發現大量貨物水損。經過初步調查，因為船舶在途中遭遇惡劣天氣，為了穩定性，船員打入大量壓載水。由於船員的疏忽沒有關緊閥門，使壓載水過多溢出流入貨艙，造成貨損10萬美元。由於貨艙內的污水溝堵塞致使流入貨艙的污水無法迅速排除，船員又沒有及時清查，使積水侵蝕貨物，又造成進一步貨損5萬美元。收貨人向卸貨地海事法院提起訴訟。而出租人則提出管轄異議，認為應該提交仲裁解決。問：① 對於上述貨損，應該由誰承擔賠償責任？理由是什麼？② 此案是否應該提交仲裁解決，為什麼？

模擬法庭

一、案例分析

【背景資料】

原告：浙江×××海運有限公司

被告：錦州×××船舶燃料××責任公司

2012年2月17日，原、被告通過傳真方式簽訂《租船租賃合同》，約定原告將其經營的「宇順28」輪出租給被告使用，從交船之日起算，租期為12個月，雙方同意於2012年2月22日正負1天在遼寧錦州港交船。到期后船舶在最后一個卸貨港卸完貨后進行還船。原告應承擔船用物料、潤滑油、船長及船員工資、船舶財產保險、貨油燃油污染保險等。被告應承擔租船期內所發生的船舶主副機燃油、淡水費、船舶通訊費、海事部門規定的強制引航費、拖輪費、圍油欄費、貨物代理費、簽證費、海事部門臨時安檢費、裝卸貨物費、港口協調費等費用，上述費用由原告代為支付，最終由被告統一與租金支付給原告。交還船時，雙方代表確定船上留存燃油數量並簽字確認；除海事部門不許可開航外，被告對船舶擁有絕對的調度、指揮、使用權。船舶租費為86萬元/月，每月先付租金再使用船舶，否則被告構成違約，原告有權終止合同。雙方在租期內不得以任何理由提前終止合同，否則按合同到期日與提前還船之間實際租金的80%付給原告。2012年2月27日，雙方對「宇順28」輪進行了交接，雙方確認該船尚有輕油10.04噸、重油40.78噸。

2012年9月4日，雙方簽訂補充協議，約定「宇順28」輪因年檢修船需要，修理期間由「宇順27」輪代為履行運輸任務，相關費用按照上述《定期租船合同》執行。2012年9月26日，原告對「宇順27」輪辦理了交接手續，確認該輪尚有輕油7.381噸、重油31.856噸。2012年10月13日，「宇順28」輪修理完畢投入營運，雙方再次對「宇順27」輪辦理交接，確認「宇順27」輪尚有輕油14.979噸、重油69.307噸。2012年11月20日，原告代被告在舟山馬峙錨地為「宇順28」輪添加輕油5噸、燃料油30噸。2013年1月14日、2月18日，原告在大連代被告為「宇順28」輪供應燃料油29.5噸，單價為8350元/噸，油款共計246,325元。被告已支付10個月租金，此后，原告代被告墊付船舶代理費、引航費等各項費用共計86,662元。2013年2月26日，因租船合同到期且被告方人員已離船，原告對「宇順28」輪進行測量，確認尚有輕油8.91噸、重油25.22噸。后原告以被告拖欠租金及相關費用為由，提起訴訟。

（資料來源：http://www.nbhsfy.cn/index.jsp）

【思考與討論】

結合上述基本事實回答：

（1）雙方當事人簽訂的船舶租賃合同是否有效？屬於船舶租用合同中的哪一種？

（2）被告是否應當支付剩餘兩個月的租金？原告可否要求被告承擔因此造成的損失？

（3）原告在船舶期租期間為被告墊付的船舶代理費、引航費、燃油費等各項費用后，是否有權要求被告支付？

（4）對於交接船時船舶的存油量的處理，中國《海商法》中是如何規定的？被告是否應另行支付原告燃油差額款？

二、實訓操作

【實訓內容】

租船實踐訓練

【實訓目標】

加深學生對船舶租用合同主要條款的認識和理解；能夠根據實際情況靈活運用所學知識，洽談與租船合同的具體條款，提高解決實際問題的能力。

【實訓組織】

學生以小組為單位，在比較定期租船和光船租賃兩種租船類型的基礎上，結合標準租船格式，編寫租船分析報告。租船報告中應包括：選擇的具體船舶租用形式及原因，具體操作程序，租船過程中可能遇到的問題及解決方式，可能產生的法律糾紛及后果。

【實訓成果】

評價考核標準	分值
租船分析報告的完整性	15
租船分析報告內容的翔實性	45
解決方式的可操作性	20
法律糾紛及后果分析的深刻性	20
合計	100

第六章
海上拖航合同

【本章概要】

　　海上拖航作為一種海上作業，是隨著機動船舶的廣泛使用而產生的。近年，大型載貨駁船、石油鑽井平臺和其他大型石油生產設備越來越多地投入到海上運輸和海上石油開發的生產過程中。中國《海商法》根據調整國際海運市場的客觀需要，專門規定了海上拖船合同，成為調整海上拖航活動的基本依據。

【學習目標】

1. 瞭解：海上拖航的概念、海上拖航的種類；
2. 熟知：海上拖航合同的解除和免責條款；
3. 理解：承拖方和被拖方的權利、義務；海上拖航合同的法律性質；
4. 掌握：海上拖航合同的主要條款；海上拖航中的損害賠償責任。

【技能目標】

1. 能夠充分理解和運用海上拖航合同的解除和免責條款來解決實際的海事案件；
2. 能夠初步掌握海上拖航中損害賠償的責任方法。

【先導案例】

　　某年 2 月 20 日，揭東縣東僑企業經濟發展總公司（以下簡稱「揭東公司」）以 73 萬元人民幣向肇慶市米倉巷 12 號陸頌堯購買停泊在廣州大橋北岸的「凱旋門」海鮮舫（以下簡稱「海鮮舫」）。成交前，揭東公司就海鮮舫能否安全拖往揭東向廣州市跨海設備公司諮詢。跨海公司確認，對船舶結構、穩性等問題採取相應措施，便可拖至揭東。2 月 18 日，海鮮舫被拖進新中國造船廠進行改裝和調整結構。22 日，中國船級社簽發《船體技術狀況檢驗報告》，確認該船技術狀況正常。3 月 13 日簽發《適拖證書》。3 月 10 日，揭東公司和被告簽訂港船 93-048《拖航協議書》，協議書第四條約定：在拖航過程中，海鮮舫如發生事故，廣州港船務公司不承擔賠償責任。3 月 15 日 13:30 時，「穗港拖 601」在黃埔港吊拖海鮮舫起航，前往揭東。14:00 時左右拖至蓮花山水道 41 號附近，發現海鮮舫向左嚴重傾斜，下沉明顯，立即拖到水道西側淺灘擱淺。14:30 時，海鮮舫向左沉沒在淺灘上。交通部廣州海上安全監督局在《「凱旋門」海鮮舫沉沒事故調查報告》事故原因分析中認為「該船因船體潛在缺陷破漏進水而沉沒」。請問本案應如何處理？請說明理由。

【知識精講】

第一節　海上拖航概述

一、海上拖航的概念

海上拖航（Towage by Sea）又稱海上拖帶或船舶拖帶，是指拖輪利用自己的動力和設備將無自航能力的船舶和其他可漂浮的物體經海路從一地拖至另一地或完成某項服務以實現被拖船舶或物體空間移位的海上作業。

二、海上拖航的種類

（一）依拖輪與被拖物的方位分類

依拖輪與被拖物的方位可分為拖拉、頂推和拖帶。拖拉又即一列式拖帶，指拖輪在前被拖物在后，用拖纜聯結拖輪和一個或數個被拖物的拖航方式。頂推是指被拖物在前，拖輪在后的方式。拖帶又稱傍拖，只被拖物位於拖輪的一側或兩側，拖輪用系纜橫向聯結被拖物、攜帶被拖物航行的方式。

（二）依作業區域分類

依拖航作業的區域可以分為港區內拖航、河海拖航、沿海拖航、國際拖航。港區內拖航是在一港口區域內，拖輪協助他船進出港口、靠離碼頭、移泊或提供其他拖航服務。河海拖航是指起拖地、目的地分別位於內河或海上的拖航。沿海拖航指起拖地和目的地均位於一國海域的拖航。以上三種拖航是傳統的拖航業務。國際拖航是指起拖地、目的地分別位於不同國家或地區的海上拖航，中國習慣上稱之為遠洋拖航。

從某些國家法律實踐看，港口內拖航一般不由海商法調整，而由單行特別法或港內專門的規章規則調整，海商法調整河海、沿海和國際拖航作業。在各國法律要求上，港區內、河海、沿海拖航只能由本國拖輪從事，鼓勵本國拖輪從事國際拖航業務，並對國際拖航的本國拖輪拖帶外國被拖物的拖航作業實行較寬松的責任制度，而對本國拖輪拖帶本國被拖物和海上拖航實行較嚴格的責任制度。

（三）依拖輪的數量分類

依在同一拖航作業中拖輪的數量可分為單一拖航、共同拖航和連接拖航。單一拖航是指由一艘拖輪拖帶一個或幾個被拖物的拖航。共同拖航又稱平行拖航，指兩艘或多艘拖輪並行地拖帶一個或幾個被拖物的拖航。連接拖航又稱相繼拖航，是指兩艘或多艘拖輪前后連續銜接，拖帶一個或幾個或一連串被拖物的拖航。

（四）依拖航費的計付方式分類

依拖航費的計付方式不同可分為日租型拖航和承包型拖航。日租型拖航指承拖方在拖輪租賃、服務期間按每日租金率或服務費率向被拖方收取拖航費的拖航。承包性拖航是指承拖方按照拖航合同中約定的固定金額向被拖方收取拖航費的拖航。

（五）依拖航的法律性質分類

依拖航的法律性質可以分為運送性拖航、承攬性拖航和雇傭性拖航。運送性拖航是指具有運送旅客和貨物的拖航。承攬性拖航是指承拖方以提供動力協助被拖物完成航行任務為目的的拖航。雇傭性拖航是指承拖方不以完成航行任務為目的而是以提供

勞務為目的的海上拖航。

三、調整海上拖航的法律綜述

海上拖航的歷史不長，其早期主要用於港內和內河，最近幾十年才發展為沿海和國際海上拖航業務，並成為海商法所調整的一項新興海上作業，因而海上拖航法律制度比較落後。

從國內立法看，多數國家的海商法和商法典關於拖航的立法很不完善，甚至根本未涉及，只有極少數國家的海商法有少量的規定。從國際法制看，目前沒有任何調整海上拖航關係的法律規則，不僅沒有普遍性的或區域性的國際條約，甚至雙邊條約也幾乎無處可尋。

調整海上拖航的法律制度不甚發達，但調整海上拖航的標準合同卻相當發達。這歸因於各國政府、航運民間組織和從事海上拖航事業的專業型拖航公司以及兼營型的航運公司對海上拖航標準合同的制訂十分重視。

第二節　海上拖航合同

一、海上拖航合同的概念與法律性質

（一）海上拖航合同的概念

海上拖航作業是通過訂立履行海上拖航合同實現的。海上拖航合同（Contract of Sea Towage）是指承拖方用拖輪將被拖物經海路從一地拖至另一地，由被拖方支付拖航費的合同。海上拖航合同具有以下法律特徵：

1. 合同當事人為承拖方和被拖方

海上拖航合同作為一種獨立的合同法律關係，是由承拖方和被拖方建立起來的，雙方相互對對方行使權利，承擔義務。承拖方是指用自己所有或租用的拖輪的動力或設備設施為他人提供海上拖航服務並收取拖航費的人。承拖方可以是專業性的海上拖航公司，也可以是兼營或主營打撈救助業務的企業或一般航運公司。就承拖方的合同資格而言，無論是專營還是兼營拖航業務，其必須具備有特定的拖航能力和特定設施設備的拖輪，拖輪必須裝備適拖設備、鎖具、系纜柱等。被拖方是指需要承拖方提供拖航服務並支付拖航費的被拖物體的所有者或其他關係人。

2. 海上拖航合同的拖航對象是被拖物

海上拖航合同的雙方當事人的權利和義務所共同指向的拖航對象是被拖物。被拖物通常是無法用貨船載運的物體包括駁船和其他無動力船舶、操作能力受限制的大型船舶、石油鑽井平臺、浮動碼頭、浮動船塢等可漂浮的海上裝置和失去動力的船舶等。經過雙方當事人協商達成協議後，承托方針對約定的被拖物實施相應的拖帶服務，完成將被拖物從一地拖帶至約定的另一地行為，實現被拖方要求的被拖物的空間轉移。

3. 海上拖航合同是雙務、有償、諾成、非要式合同

海上拖航合同只要經過雙方當事人協商，就主要條款達成一致，即告成立。至於海上拖航合同的形式，無須採取特定的形式和履行特定的法律手續。即使有的國家的海商法規定簽訂海上拖航合同應當採取書面形式。但是，基於海商法調整海上拖航合

同和規範使用的任意性，並不改變海上拖航合同的諾成性，而就海上拖航合同的內容講，包含著拖航方和被拖航方各自的權利和義務，並互為條件，構成雙務合同。其中，核心內容是承托方以適合相應拖帶業務的拖船完成拖帶服務而由被拖方向承托方支付拖航費，表明海上拖航合同作為承托方從事經營性拖航業務的法律形式，屬於有償性合同。

(二) 海上拖航合同的法律性質

海上拖航合同的法律性質是指海上拖航合同的地位是獨立性還是依附性或重疊性，即是否是一種獨立的合同。此問題因不同時期的立法與不同的立法體制，學者的見解也不同。

我們認為海上拖航合同是一種獨立的合同，海上拖航法律關係是一種自成一體的法律關係。這是由海上拖航事業是一種獨立的海上事業所決定的。具體理由有兩個：一是中國《海商法》的立法編製體制，即立法依據；二是拖航合同與同它相近似的海上貨物運輸合同、海難拖航救助合同的區別。

1. 海上拖航合同與海上貨物運輸合同的區別

海上拖航合同最基本的特點是不論採取何種拖航方式，承拖方都是用拖輪的動力和設備將具有可浮性的物體拖至約定地點。而海上貨物運輸合同最基本的特點是承運人向托運人提供運貨倉位，將托運人的貨物完整安全地運至目的港交給收貨人。這兩種合同的明顯區別在於：①經營方式與作業方式不同；②被拖物與貨物所處的空間位置不同；③當事人的指揮責任不同；④實體責任不同；⑤舉證責任不同。這兩種合同也有一定聯繫，表現在：①拖輪與被拖貨駁為同一船舶所有人，而貨駁用於承運貨主的貨物時，船舶所有人與貨主之間的關係為海上貨物運輸關係，此種合同稱為拖駁運輸合同；②拖輪與載有他人貨物的被拖貨駁為不同所有人時，拖輪與貨駁所有人的關係為海上拖航合同關係，而駁船所有人與貨主之間的關係為運輸關係。

2. 海上拖航合同與海難拖航救助合同的區別

在海難救助的過程中，救助人可以採拖航方式救助。海上拖航合同與海難拖航救助合同的明顯區別在於：①目的不同；②被拖物在其拖航前是否處於危險中的狀態不同；③費用不同；④合同訂立的時間不同。當然海上拖航合同和海難拖航救助合同在一定條件下可以相互轉化。這些條件是：①海上拖航中遭遇的意外海上風險已經使被拖物處於危險狀態。②被拖物遭遇海上危險是拖航過程中發生的不能歸責於承拖方的風險。③對被拖物的救助行為，超過拖航合同的職責範圍。④海上危險消失，經拖航救助使遇險被拖物已脫離危險進入安全地點或處於安全狀態仍需要拖力時，拖航救助即轉化為一般海上拖航。

二、海上拖航合同的訂立

海上拖航合同的承拖方和被拖方就拖航事宜的主要條件達成一致意見，拖航合同即告成立。對於海上拖航合同是否應當書面訂立，各國法律規定不一。在英美法系國家，法律對拖航合同是否以書面形式訂立未作規定，完全由當事人的意志決定。但中國《海商法》第一百五十六條明確規定，海上拖航合同應當書面訂立，包括通過電報、電傳、傳真、信函等方式訂立，未採用書面形式訂立的拖航合同均為無效合同。在實踐中，海上拖航合同是雙方當事人通過對事先擬定的標準合同格式按雙方的意願進行

適當的修改后達成的。

三、海上拖航合同的主要條款

根據中國《海商法》第一百五十六條規定和海上拖航實踐，海上拖航合同的主要條款有：承拖方和被拖方的名稱和住址；拖輪的名稱、主要尺度和馬力；被拖物的名稱、主要尺度；起拖地和目的地；起拖日與解約日、預計抵達目的地日期；拖航費及其計算與支付辦法；拖輪的適航與適拖；被拖物的適拖；安全港口的保證；留置權；繞航、救助、滯期、共同海損；對第三人的損害；港口費；免責；合同的解除；索賠及其程序、法律適用等。

四、海上拖航合同的解除

《海商法》第一百五十八條規定：「起拖前，因不可抗力或其他不能歸責於雙方當事人的原因致使合同不能繼續履行的，雙方可以解除合同，並相互不負賠償責任。」第一百五十九條規定：「起拖后，因不可抗力或其他不能歸責於雙方的原因致使合同不能繼續履行的，雙方可以解除合同，並相互不負賠償責任。」這兩條規定包含以下幾層意思：第一，合同解除的法定理由及其影響程度是不可抗力及其他不能歸責於任何一方當事人的原因造成合同不能履行或不能繼續履行。如果上述原因致影響到合同履行的進度，並未使合同完全不能履行或完全不能繼續履行，則任何一方不得主張解除合同。第二，凡因可歸責於任何一方的原因造成合同完全不能履行或完全不能繼續履行，則另一方有權主張解除合同，並要求責任方賠償損失。如果因可歸責於任何一方的原因導致合同部分不能履行或部分不能繼續履行，另一方不得主張解除合同，只能請求損害賠償。

五、海上拖航合同免責條款及其法律管制

1. 海上拖航合同免責條款的內容

儘管各種標準合同格式對承拖方的免責內容有不同的規定，但一般都規定，即使拖輪船東及其雇傭人、代理人有違約、疏忽和其他過失，拖輪船東對下列損害人不負責任：①無論何種原因造成被拖物的任何性質的滅失或損害；②無論何種原因對第三人造成的任何性質的損失或損害；③因被拖物的情況或意外事故所產生的被拖方或第三方遭受的任何滅失或損害；④因被拖物移位、照明或設標而支出的費用，或預防或消除被拖物造成的污染所產生的一切責任；⑤因承拖方非能控制的任何事件所造成的直接或間接后果。

這些內容具體反應了下列免責條款：①替代責任條款與雇傭關係條款；②損失免責條款；③補償條款。

2. 各國法律對免責條款的態度

中國《海商法》第一百六十二條對承拖方的免責規定了兩種情形，並只適用於海上拖航合同沒有約定或沒有不同約定的情況：①拖輪船長、船員、引航員或者承拖方的其他受雇人或代理人在駕駛或管理拖輪中的過失；②拖輪在海上救助或企圖救助人命或財產中的過失。

第三節　海上拖航合同當事人的主要權利和義務

海上拖航合同的當事人主要有承拖方和被承托方，他們的權利和義務如下：

一、承拖方的主要權利和義務

(一) 承拖方的主要義務

承拖方的義務是海上拖航合同的中心問題。根據《海商法》的規定和實踐，承拖方的基本義務是提供適航適拖的拖輪，並使其在起拖前或起拖時處於適航適拖狀態，按合同約定負責指揮拖航作業，合理正當地航行，將被拖物按約定時間拖至目的地交給被拖方。

1. 保證拖輪適航適拖

為完成海上拖航作業，承拖方的首要義務是提供完成約定拖航作業的拖輪，並謹慎作業，使拖輪在起拖前或起拖時處於適航適拖狀態。根據中國《海商法》的規定和拖航實務，此項義務是指承拖方提供的拖輪除具備一般船舶所具備的保證其營運的適航性外，還具備完成該次拖航所必需的拖航能力和特殊設備，並妥善配備合格的船員，配置足夠的供應品。

承拖方拖輪適航適拖義務的時間期間是在起拖前和起拖當時，即承拖方必須謹慎處理是拖輪在起拖前和起拖當時適航適拖，拖輪的適航、適拖狀態必須接受有關機構的檢驗並得到其認可才有效。如果承拖方在起拖前未向有關機構申請檢驗，則該拖輪為不適航、不適拖。

2. 負責指揮拖航作業

在海上拖航中，除合同另有規定外，通常由承拖方負責指揮整個拖航作業，包括負責拖輪與被拖物之間接拖、拖帶航行安全和解拖。在拖航過程中，拖輪與被拖物脫離，拖輪應守護、救助被拖物，承拖方在拖航合同規定的服務範圍內對被拖物實施救助時，不得主張救助報酬。但在拖輪提供合同責任以外的救助時，可以主張救助報酬。

3. 合理正當航行

在履行拖航過程中，承拖方應合理盡快地在合同約定的時間內按合同約定或通常航線完成拖航作業，將被拖物交給被拖方。承拖方不得有不合理的延誤和繞航。合理的延誤和繞航通常產生於救助或企圖救助海上人命和財產，如為拖航安全而避颱風等。

4. 交付被拖物

承拖方到達目的地后向被拖方發出交付通知並按合同約定條件交付被拖物。當發生不可抗力或不能歸責於承拖方的原因致使被拖物不能到達目的地時，承拖方應在目的地附近地點或安全港口或錨泊地將被拖物交給被拖方。

5. 支付拖輪營運費

海上拖航作業，無論採取日租型拖航合同還是承包型拖航合同，承拖方均應承擔海上拖航過程中所發生的與拖輪營運有關的費用。

(二) 承拖方的權利

承拖方的主要權利為拖航費請求權、免責權和留置權。

1. 請求權

承拖方按合同完成拖航任務后，有權向被拖方收取作為完成拖航任務報酬的拖航費。拖航費的構成項目、數額及其支付方式由合同具體規定。如果發生不可抗力事件或不能歸責於承拖方的原因致使被拖物不能拖至目的地時，以中國《海商法》規定，承拖方可以在目的地的鄰近地點或者拖輪船長選定的安全港口或者錨泊地，將被拖物移交給被拖方或其代理人，視為承拖方已履行完拖航任務，承拖方有權向被拖方收取合同規定的全部拖航費。

2. 留置權

承拖方完成拖航后，被拖方不按合同約定支付拖航費、滯期費、承拖方為被拖方墊付的各種款項和其他應付的合理費用的，承拖方有權對自己佔有的被拖物予以留置。當約定支付期屆滿，被拖方仍不履行支付的，承拖方有權變賣被拖物以清償拖航費、其他合理費用及其延期利息。

3. 免責權

在一般情況下，承拖方違反拖航合同造成被拖方損失時，應負賠償責任。但是，當承拖方造成被拖方的損失符合法定的或約定的減免責任事由時，承拖方享有減免賠償責任的權利。中國《海商法》規定，承拖方證明被拖方的損失是下列原因造成的，並且海上拖航合同又沒有約定或沒有不同的約定，承拖方不負賠償責任：拖輪船長、船員、引航員或者承拖方的其他受雇人、代理人在駕駛拖輪或管理拖輪中的過失；拖輪在海上救助或企圖救助人命或財產時的過失。

二、被拖方的主要權利和義務

（一）被拖方的主要義務

1. 保證被拖物處於適拖狀況並交付

被拖方在起拖前或起拖時，應做好被拖物的拖航準備，謹慎處理，使被拖物處於適拖狀態，並向承拖方如實說明被拖物的情況，提供有關檢驗機構簽發的被拖物的適合拖航的證書和有關文件，向承拖方交付被拖物。在保險人或承拖人的要求下，應在被拖物上配備適當的船員或其他人員及其供應品。如被拖物不適拖，承拖方可拒絕拖航。

被拖物適拖是指被拖物應當在各個方面適合於預定拖航航程，具體包括三個方面的內容：①被拖物的結構必須堅實、強固，適合安全拖航要求，根據該航次的航線、氣候、風浪和環境諸因素，被拖物應能經受住該航次的一般海上風險。被拖方應當根據技術規範的要求，備有符合規定的錨具、鋼纜、尼龍繩以及處於良好工作狀態的操舵裝置，正確安裝避碰規則所要求的航行燈號與標誌。被拖方還需將影響拖航安全的一切情況如實告知承拖方，並取得檢驗機構簽發的被拖物適拖證書。②根據被拖物的設計規範與用途，凡需配備船員控製和照管被拖物的，均應當配備足夠的、稱職的、有經驗的合格船員。③在被拖物上裝載貨物，應當合理地積載，保證被拖物適拖。

2. 配合拖輪，服從承拖方船長的指揮

在拖航過程中，被拖物上被拖方的船員或其他人員應採取合理措施，積極配合拖輪的航行。當拖航作業由承拖方指揮時，這些人員應聽從拖輪船長的指揮，並隨時將被拖物的情況報告給拖輪船長。

3. 安全港口的保證

被拖方應保證起拖地、目的地和合同約定的中途停靠港口為安全港口。「安全」指能使拖輪和被拖物在任何潮汐情況下保持飄浮狀態的自然條件上的安全和不發生戰爭、武裝衝突、罷工、扣押等情形的政治條件上的安全。如合同中約定的港口為不安全港口，拖輪和被拖物不能進入和抵達，被拖方應負責拖輪船長因合理選定安全港口而發生的延長航程的拖航費和其他費用。

4. 支付拖航費和其他費用

被拖方支付拖航費和其他費用是被拖方的核心義務。拖航費的計算和支付方式一般有分段式和總括式兩種。在分段式中，第一期拖航費在合同簽字之時支付，第二期在起拖時支付，第三期在被拖物到達目的地時支付。在總括式中，一般採取在開始拖航時預付和在到達目的地時到付方式。預付的拖航費不再退還。對到付拖航費，無論被拖物是否已經安全到達，被拖方仍應如數支付全部拖航費。分段式能夠比較合理地分攤海上拖航風險，而總括式更有利於保護承拖方的利益。

在此項義務中，被拖方應按合同規定的金額和支付方式、支付時間、支付地點向承拖方支付拖航費。在起拖后，因不可抗力或不能歸責於承拖方的原因致使承拖方未完成拖航，被拖方應對已拖航的部分里程支付拖航費。因可歸責於被拖方的原因造成起拖、解拖和航行時間的損失，被拖方應按合同規定支付滯期費。被拖方應承擔配備在被拖物上的人員與設施的費用和與被拖物有關的其他一切費用。被拖方應償付承拖方為其墊付的各種費用。

5. 接受被拖物

被拖方應在目的地採取合理措施在接到承拖方作出的準備交付被拖物的通知后，及時接受被拖物。當因不可抗力或其他不能歸責於承拖方的原因使被拖物不能拖至約定目的地以致承拖方將被拖物拖至目的地的鄰近地點或選定的安全港口時，被拖方應在該鄰近地點或安全港口接受被拖物，除合同另有約定外，不得主張承拖方違約。

(二) 被拖方的主要權利

1. 預付拖航費返還請求權

在起拖前因不可抗力或其他不能歸責於承拖方和被拖方的原因致海上拖航合同被解除，除合同另有約定外，被拖方有權要求承拖方返還已預付的拖航費。

2. 被拖航權

被拖方訂立海上拖航合同的根本目的是通過承拖方提供的拖航服務將被拖物從一地拖至另一地。被拖方以支付拖航費為代價換取被拖航權。海上拖航合同的各項約定都是以此項權利為中心的。被拖方有權要求承拖方按合同約定的拖航條件提供拖航服務，完成拖航作業，並將被拖物在目的地交付。除不可抗力和其他不能歸責於雙方的原因外，承拖方未完成拖航作業的，被拖方有權拒付拖航費。當承拖方沒有謹慎處理使拖輪適航、適拖，拖輪船長和船員的拖航技術達不到一般拖航要求，或非不可抗力或其他法定的情形，致使承拖方不履行拖航義務而終止合同時，被拖方有權要求承拖方承擔責任。

第四節　海上拖航中的損害賠償責任

在海上拖航作業過程中時常發生人身傷亡和財產損失。這類損害可能發生在承拖方予被拖方之間，也可能發生在第三人身上，因而形成兩種類型的損害賠償責任，即承拖方與被拖方之間的損害賠償責任，稱拖方與被拖方對第三人的損害賠償責任。前者因通常在海上拖航合同中予以明確規定而被稱為合同責任。后者承襲英美法。雖然海上拖輪合同當事人可以在合同中約定誰對第三人的人身傷亡及財產損失負責任，但這種約定對第三人不產生效力。

一、承拖方和被拖方之間的損害賠償責任

承拖方和被拖方約定的相互間的損害賠償責任一般體現在各拖航公司或有關民間團體制訂的海上拖航合同標準格式中。綜觀中外海上拖航標準合同格式，承拖方和被拖方關於相互間損害賠償的約定內容為：在拖航過程中無論何種原因致使被拖物造成任何性質的損失，即使此種損失是由於承拖方或承拖方的人員的錯誤或疏忽或由於拖輪的潛在缺陷或供應不足、速度或其他原因造成的，均由被拖方負責。因多數國家的法律對海上拖航合同不予調整或調整不周，或因有的國家的法律如中國《海商法》關於拖航合同的規定屬任意性規範而只在拖航合同未規定或沒有不同規定的情形下適用，類似上述合同條款是有效的。當不存在上述合同條款時，有些國家的法律對承拖方與被拖方之間的損害賠償責任進行了規定。總體上，呈拖方與被拖方之間的損害賠償責任原則為指揮原則、過失責任原則和合同約定原則三種。

（一）指揮原則

指揮原則，指誰負責指揮拖航作業，誰承擔損害賠償責任。指揮拖航作業的可以是承拖方，也可以是被拖方，誰負責指揮以法律規定或依具體情況而定。指揮方負有以合理的技能謹慎地指揮拖航的義務，拖航過程中發生損害事故這一事實本身成為指揮方在指揮過程中未盡此義務的初步證據，指揮方應比被指揮方更熟悉整個拖航作業。在指揮原則下，也有一些例外，即指揮一方能證明他本人或其雇員對損害的發生沒有過失，則不負賠償責任。由此可見，指揮原則實質上是過失推定原則。

在指揮原則中，確定雙方當事人的合同內部責任事實上也存在過失責任問題，表現在三個方面：①在海上拖航過程中，負責指揮拖航作業的一方除能證明其本身沒有過失外，應當對另一方的損失負賠償責任。②被指揮方的過失造成損失，指揮方可向被指揮方索賠，但須負舉證責任，證明其損失是被指揮方的過失造成的。③指揮方與被指揮方對損失或損害的發生均存在過失，按各自過失比例程度承擔賠償責任，但指揮方仍承擔證明被指揮方存在過失的舉證責任。

（二）過失原則

過失原則即對被拖方或承拖方在海上拖航過程中遭受的損害以國事為基礎確定損害賠償責任歸屬，即誰有過失誰承擔損害賠償責任，無過失即無責任，互有過失的，按過失程度比例承擔責任。過失原則既可以與指揮原則結合在一起，也可以作為單獨的損害賠償原則。中國《海商法》採取單純的過失原則標準，同時又免除某些過失的

賠償責任，實為不完全的過失責任原則。

> **知識小百科 6-1　　　　海上拖航的責任原則**
>
> 根據中國《海商法》第一百六十二條的規定，承拖方與被拖方之間的損害賠償責任，實行過失責任制。在這種責任原則下，採取下列賠償方法：
> （1）損失由拖航中一方當事人的過失所致，有過失的一方應承擔賠償責任；
> （2）損失由雙方過失所造成，雙方按各自過失程度比例負賠償責任；
> （3）由於承拖方和被拖方的過失，造成第三人人身傷亡或財產損失的，承拖方和被拖方對第三人應負連帶責任。如果合同沒有相反約定，一方連帶支付的賠償超過其應當承擔的比例，對另一方有追償權。

（三）合同約定原則

合同約定原則是拖航過程中發生的損害完全按承拖方與被拖方的拖航合同中的約定來承擔。拖航過程中可能因過失也可能因無過失發生損害，對於因無過失所產生的損害，合同約定由被拖方負責有法理和法律規定上的依據，但是對於因過失造成的損害，是否完全可以約定由被拖方承擔，承拖方不負責任，則在法律理論上不無疑問。

海上拖航中，因過失造成的損害可能存在三種情況：①自身過失造成自身財產損害和人身傷亡；②一方過失造成無過失方的財產損害與人身傷亡；③一方過失造成第三人財產損害或人身傷亡。對海上拖航合同標準格式中涉及這三種損害的免責條款是否在任何情況下都有效，中國法律沒有作出規定，主要原因在於當事人設立免責條款不涉及社會公共利益和基本法律原則，而實踐中基本上傾向於維護其有效性。但是在理論上，我們認為法律應當對這類免責條款予以適當限制，對下列按合同約定原則免除承拖方責任的免責條款，應當確定無效：違反法律強制性規定和社會公共利益，排除承拖方應當承擔的故意或重大過失責任，免除承拖方在合同中應負有的基本義務。因此當事人按合同約定原則在海上拖航合同中訂有廣泛的免責條款，但並不意味著它一定有效。

二、承拖方與被拖方對第三人的賠償責任

承拖方與被拖方對第三人的責任為合同外責任。對第三人而言，無論海上拖航採取單獨拖航、共同拖航，還是連接式拖航，只要其因該拖航的過失而遭受了人身傷亡或財產損害，法律均將承拖方和被拖方視為統一體，作為單獨一方當事人，受到損害的第三人作為另一方當事人，賦予第三人對承拖方和被拖方享有損害賠償請求權。

承拖方與被拖方對第三人所負的過失賠償責任因過失情況與過失程度不同。中國《海商法》對此作了一定程度的區分。《海商法》第一百六十三條規定：「在海上拖航過程中，由於承拖方或者被拖方的過失，造成第三人人身傷亡或財產損失的，承拖方和被拖方對第三人負連帶賠償責任。除合同另有約定外，一方連帶支付的賠償超過其應當承擔的比例的，對另一方有追償權。」此條規定有以下幾層含義：

第一，第三人遭受的人身傷亡或者財產損失是由於承拖方或者被拖方單方過失造成的，承拖方和被拖方作為一個整體，應向第三人承擔連帶賠償責任，承拖方和被拖方內部按合同的約定或由有過失的一方承擔責任。

第二，第三人的人身傷亡或財產損失是由承拖方和被拖方的共同過失造成的，二

者仍作為一個整體對第三人承擔連帶賠償責任,承拖方與被拖方內部按過失比例分攤責任,或按合同的約定承擔責任。

第三,承拖方或被拖方連帶支付的賠償超過其應承擔的比例或者連帶支付了自己依合同規定不應由其承擔賠償責任的,有權向另一方追償。這只適用於海上拖航合同中沒有另外約定的情況。如果合同中對這種情形另外有約定或有與法律規定完全相反的約定,則按合同約定確定雙方當事人是否有追償權和追償權的大小。

第四,合同約定原則在承拖雙方內部責任確定與分配上居優先地位,但在確定對第三人的外部責任上則不具有任何效力。無論拖航合同是否對第三人的損害賠償予以約定以及如何約定,都不影響雙方當事人對第三人承擔連帶責任,因此合同當事人對第三人承擔連帶責任是中國《海商法》規定的一種強制性責任,當事人不得以合同的約定來對抗、迴避連帶責任。

此條規定尚有不周詳之處,即對第三人與承拖方、被拖方三者共同過失導致第三人人身傷亡或財產損失的賠償責任未作出規定。依據侵權行為過失賠償責任原理和海上拖航侵權的特殊性,我們認為,第三人、被拖方、承拖方三方共同過失造成第三人人身傷亡或財產損失的,承拖方與被拖方作為一個整體,按二者的過失程度比例對第三人負連帶賠償責任,第三人自己的責任按其過失比例自行負責。

【法律課堂6-1】

原告:廣州海上救助打撈局

被告:關東集團海南東方船務有限公司

1992年5月19日,被告所屬「新風」輪在汕頭港因輔機故障,失去動力,該公司派王某到汕頭處理修船事宜。因該輪在汕頭不能修理,擬拖往廣州修理,故向原告詢問拖航事宜。王某與原告代表楊某在汕頭港進行協商,雙方於5月21日簽訂了《拖航合同》。楊某、王某均在合同上簽名,但雙方均沒有蓋單位公章。合同約定:拖航費168,000元,簽字時付50,000元,起拖時付50,000元,到達目的港時付68,000元;如果被拖方不能按約定支付拖航費,按年息10%支付應付之日起至實際支付之日止的利息;被拖方負責支付被拖物保險費和對第三方責任保險費、代理費,在所有港口及根據建議對被拖物及拖航布置所進行的檢驗費、稅費、領航費、一切港口使用費、港內操作及安全航行而需要的輔助和護航拖輪費以及其他與被拖物有關的費用。24日,原告與汕頭港引航站簽訂協議,委託引航站為拖帶「新風」輪出港引航,並墊付引航拖帶風險費5500元。25日,原告派「德利」號拖輪承拖「新風」輪,「新風」輪船長將「新風」輪交由「德利」號拖帶,並配合「德利」號拖輪把「新風」輪從汕頭港內錨地拖往廣州。26日16:30時,兩船抵廣州港蓮花山錨地后,廣州文衝船廠派拖輪輔助「德利」號拖輪將「新風」輪拖到文衝船廠,原告墊付拖航輔助費2415元。27日,被告將首期拖航費50,000元匯到原告指定的帳戶。其餘款項拖欠未付。

原告於1993年4月6日向海事法院提起訴訟,請求法院判令被告支付拖航費118,000元和引航拖帶風險費及輔助拖輪費等費用7915元及利息。

被告答辯認為:合同約定的拖航費收費標準過高,顯失公平。5月19日,被告與原告聯繫拖船事宜,被告無法接受原告高達168,000元的報價,經多次協商原告均不肯讓步,而此時被告已與廣州文衝船廠聯繫好修船事宜,並訂好塢期,為減少船期損失,

在沒有其他拖輪可供選擇的情況下，被告不得已接受了原告的拖航費報價。王某不是被告的法人代表，其未經單位授權與原告簽訂的《拖航合同》無效。

海事法院認為：被告方王某與原告簽訂《拖航合同》的行為並沒有違背被告要把「新風」輪拖至廣州文衡船廠的真實意願。合同簽訂后，被告依照合同約定把「新風」輪交由原告拖至廣州文衡船廠，並依照合同約定把首期拖船費匯給原告的帳戶，被告的上述行為表明，被告已同意了王某代表其與原告簽訂的《拖航合同》的行為，對此，被告在書面答辯時亦已承認。因此，王某以被告名義與原告簽訂的拖航合同有效，並對被告有約束力。

被告關於拖航費條款顯失公平的主張，因無證據，不能成立。被告應按照合同約定向原告支付拖航費，並應償還原告為其在汕頭港和廣州港墊付的拖航風險費與拖帶輔助費，以及延遲支付的拖航費的利息。

據此，海事法院依照《中華人民共和國民法通則》第六十三條、第六十六條第一款、第八十五條、第一百一十一條的規定，於1993年9月22日判決：

一、被告關東集團海南東方船務有限公司支付原告廣州海上救助打撈局拖航費余款118,000元，並支付從該款應付之日起至實際支付之日止按年息10%的利息；

二、被告關東集團海南東方船務有限公司償還原告廣州海上救助打撈局墊付的汕頭港風險費與廣州港輔助拖航費7915元。

本章小結

海上拖航是拖輪利用自己的動力和設備將無自航能力的船舶和其他可漂浮的物體經海路從一地拖至另一地或完成某項服務以實現被拖船舶或物體空間移位的海上作業。

海上拖航作業是通過訂立履行海上拖航合同實現的。海上拖航合同（Contract of Sea Towage）是指承拖方用拖輪將被拖物經海路從一地拖至另一地，由被拖方支付拖航費的合同。

《海商法》第一百五十八條規定：「起拖前，因不可抗力或其他不能歸責於雙方當事人的原因致使合同不能繼續履行的，雙方可以解除合同，並相互不負賠償責任。」第一百五十九條規定：「起拖后，因不可抗力或其他不能歸責於雙方的原因致使合同不能繼續履行的，雙方可以解除合同，並相互不負賠償責任。」

基礎訓練

一、單項選擇題

1. 被拖物在前，拖輪在后的方式是（　　）。
   A. 拖拉　　　　B. 頂推　　　　C. 拖帶　　　　D. 以上都對
2. 承拖方以提供動力協助被拖物完成航行任務為目的的拖航是指（　　）。
   A. 運送性拖航　B. 承攬性拖航　C. 雇傭性拖航　D. 承包型拖航
3. 海上拖航合同的拖航對象是（　　）。
   A. 被拖物　　　B. 拖物　　　　C. 鎖具　　　　D. 系纜柱

4. 中國《海商法》規定，海上拖航合同應當（　　）訂立。
   A. 口頭　　　　B. 書面　　　　C. 電傳　　　　D. 往來業務函電
5. 海上拖航合同的中心問題是（　　）。
   A. 承拖方的權利　B. 承拖方的義務　C. 被拖方的權利　D. 被拖方的義務

二、多項選擇題

1. 海上拖航合同與海上貨物運輸合同的區別是（　　）。
   A. 經營方式與作業方式不同　　B. 被拖物與貨物所處的空間位置不同
   C. 當事人的指揮責任不同　　　D. 實體責任不同
2. 海上拖航合同與海難拖航救助合同的區別是（　　）。
   A. 海上拖航中遭遇的意外海上風險已經使被拖物處於危險狀態
   B. 被拖物遭遇海上危險是拖航過程中發生了不能歸責於承拖方的風險
   C. 對被拖物的救助行為，超過拖航合同的職責範圍
   D. 海上危險消失
3. 海上拖航合同免責條款的內容（　　）。
   A. 替代責任條款　B. 損失免責條款　C. 補償條款　D. 雇傭關係條款
4. 承拖方的主要義務（　　）。
   A. 保證拖輪適航適拖　　　　B. 負責指揮拖航作業
   C. 合理正當航行　　　　　　D. 留置權
5. 被拖方的主要義務（　　）。
   A. 保證被拖物處於適拖狀況並交付　B. 安全港口的保證
   C. 承拖費請求權　　　　　　　　　D. 被拖航權

三、判斷題

1. 海上拖航合同的當事人為承拖方和被拖方。　　　　　　　　　　（　　）
2. 海上拖航合同是單務、無償、諾成、非要式合同。　　　　　　　（　　）
3. 海上拖航合同不是一種獨立的合同。　　　　　　　　　　　　　（　　）
4. 如果承拖方在起拖前未向有關機構申請檢驗，則該拖輪為不適航、不適拖。
   　　　　　　　　　　　　　　　　　　　　　　　　　　　　　（　　）
5. 合理的延誤和繞航通常產生於救助或企圖救助海上人命和財產，為拖航安全而避臺風等。　　　　　　　　　　　　　　　　　　　　　　　　（　　）

四、簡答題

1. 簡述海商法的概念和特點。
2. 簡述海上拖航合同的解除和免責條款。
3. 簡述承拖方和被拖方的權利、義務。
4. 簡述海上拖航合同的法律性質。
5. 簡述海上拖航中的損害賠償責任。

五、技能應用

一拖輪吊拖兩艘無動力的大型駁船從中國南通前往印度尼西亞雅加達，駁船上沒有配備船員。拖航之前，駁船所有人提供了船級社簽發的駁船適拖證書，拖航船隊出長江口后，夜間遇到大浪，一艘駁船的拖纜斷裂而漂移並碰撞一艘錨泊中的船舶，雙

方造成損壞。拖輪船長和船員沒有發現拖纜斷裂，直到第二天早上才發現一艘駁船丟失，隨即向附近的海事局報告。拖纜斷裂拖輪所有人與駁船所有人之間的海上拖航合同約定，拖纜斷裂拖輪所有人應謹慎處理使拖輪適航、適拖，妥善配備拖纜和其他拖航索具，拖航過程中由於拖輪船長和船員駕駛船舶和管理船舶中的過失造成被拖物的減失、損壞或對第三者造成的損害，拖纜斷裂拖輪所有人不承擔損害賠償責任，錨泊船所有人向駁船所有人和拖輪所有人索賠因船舶損害造成的經濟損失，並要求駁船所有人和拖輪所有人承擔連帶責任。

請問：承拖方和被拖方各是誰？錨泊船所有人是否有權要求駁船所有人和拖輪所有人承擔連帶賠償責任？

模擬法庭

一、案例分析

【背景資料】

2014年12月，大連漁業公司與中國華海船務有限公司簽訂了海上貨物運輸合同。12月10日，貨海公司所屬的「希望」號貨輪從大連港出發，運送一批鮮魚到青島港。中途，「希望」號貨輪主機發生故障，被迫拋錨。這時恰有一艘懸掛日本國旗的船只駛過。「希望」號貨輪船長遂與該船聯繫，請求該船將「希望」號貨輪拖至青島港，由「希望」號貨輪支付拖航費用。該船按約定把「希望」號拖到目的地。

【思考與討論】

請根據案例背景資料，回答下列問題：

（1）該懸掛日本國旗的拖船能否進行拖航作業？

（2）如何界定海上拖航合同與海上救助合同？本案屬於哪一種？

（3）假設「希望」號貨輪主機排除故障后趕到青島港時已耽誤了交貨時間，貨方訴船方違約，該海上貨物運輸合同糾紛能否適用《海商法》？

二、實訓操作

【實訓內容】

原告：海馬拖航國際貿易有限公司

被告：敏航公司

2010年11月18日，被告所有的「海敏」輪（M. V SEA AGILITY）在航行過程中中軸斷裂。

2010年12月1日，原告與被告在新加坡簽訂國際海上拖航合同，約定由原告提供「SALVISCOUNT」輪將「海敏」輪由斯里蘭卡科倫坡安全錨地拖帶至中國日照和中國舟山安全錨地，合同載明：拖航總承包價225萬美元，到期后年利率為12%；拖輪在港滯期費為每日18,000美元，科倫坡免費時間為1日；如果拖輪船東實際支付的每公噸燃油的平均價格與合同所列的金額不同，則租用人或拖輪船東應根據航行期間所消耗的燃油按每公噸的差價補償給對方，拖輪的航海日誌應是燃油消耗量的原始依據。被告在合同上加蓋公章，並由TONY AN簽字。

2010 年 12 月 27 日 14:24 時，「SALVISCOUNT」輪抵達科倫坡港，並做好拖帶準備。2011 年 1 月 1 日 17:24 時，「SALVISCOUNT」輪拖帶「海敏」輪離開科倫坡港，拖輪在港時間為 5.125 天。

2011 年 1 月 7 日，原告與被告簽訂訂租確認書，約定自 2011 年 1 月 9 日由原告提供輔助拖輪「POSH HONESTY」輪協助「海敏」輪自一英尋海峽抵達 HORSBURGH 燈塔，輔助拖輪固定租期為 3 日，日租金 17,500 美元，交船與還船地點為新加坡，另外由原告以每噸 900 美元的價格向「海敏」輪供應 MGO 油 50 噸。被告在訂租確認書上加蓋公章，並由 TONY AN 簽字。

「海敏」輪航海日誌載明：2011 年 1 月 10 日 19:15 時，拖輪「POSH HONESTY」輪靠妥右舷；2011 年 1 月 13 日 04:00 時，拖輪「POSH HONESTY」輪解掉。

2011 年 1 月 29 日，原告與被告簽訂國際海上拖航合同的附約，確定將中國青島變更為拖航合同最終且唯一的目的地，並約定被告應在預計抵達青島前的 72 小時內向原告支付所有應付款項，包括但不限於：包干費餘額、科倫坡滯期費、輔助拖輪費、新加坡加油款等。被告在附約上加蓋公章，並由 TONY AN 簽字。

2011 年 2 月 1 日，被告向 LIG 保險公司發函並抄送原告，載明：關於「海敏」輪的共同海損理算，在共同海損結算后，請將海馬拖航國際貿易有限公司的欠款作為最優債權安排支付，包括欠付的第三期租金、科倫坡的滯期費、輔助拖輪租金、MGO 加油款、最后一期租金和油價溢價款。同日，LIG 保險公司回復被告並抄送原告：關於「海敏」輪 2010 年 11 月 18 日中軸斷裂，就您 2011 年 2 月 1 日的函，我們已知悉，在此確認將按要求處理該未結債權。

2011 年 2 月 2 日 16:00 時，「SALVISCOUNT」輪船長在青島港 3 號錨地將安全錨泊的「海敏」輪移交給「海敏」輪船長。另查明，原告至今已收取拖航費用 1,628,990 美元，被告確認已向原告支付拖航費用 90 萬美元。

【實訓目標】

加深學生對海上拖航與海難救助區別的認識和理解；學會分析問題、解決問題，提高團隊合作意識。

【實訓組織】

將學生分組，扮演案例中的角色，針對該案例進行辯論（注意：教師應提出活動前的要求和注意事項，同時隨隊指導）

【實訓成果】

1. 考核和評價採用個人評價和整隊評價相結合的方式；
2. 評分採用學生和老師共同評價的方式。

評價考核標準	分值
法庭辯論的具體內容是否有針對性	40
辯論結果是否對己方有利	20
相關法律規定是否理解準確	20
學生是否積極參與以及團隊合作意識如何	20
合計	100

第七章
船舶碰撞

【本章概要】

　　船舶碰撞是海上運輸中可能發生的事故，此種事故的發生直接威脅到海上交通安全，同時也會造成巨大的人身和財產損失。為此，世界各國海商法都列出專章加以規定。中國《海商法》第一百六十五條至第一百七十條是有關船舶碰撞的規定。主要參照了《1910年統一船舶碰撞某些法律規定的國際公約》的有關內容，雖然條款不多，但內容豐富，規定了船舶碰撞的定義、碰撞發生後確定過失的原則、責任比例的分擔等內容。

【學習目標】

1. 瞭解：船舶碰撞的定義；
2. 熟知：船舶碰撞的構成要件；
3. 理解：船舶碰撞損害賠償責任的適用原則；
4. 掌握：船舶碰撞損害賠償責任的賠償範圍；船舶碰撞損害賠償的計算標準。

【技能目標】

1. 能夠按照《海商法》的規定確定船舶碰撞損害賠償責任的承擔；
2. 能夠解決船舶碰撞案件中的法律問題和糾紛。
3. 能夠確定船舶碰撞案件中損害賠償責任的承擔人。

【先導案例】

　　某年8月9日下午4時許，滬東造船廠所在地上海浦東新區北部地區出現異常大風天氣。受此影響，停泊在該廠2號泊位的在建船舶「杉海」輪（載重47,500噸）11根系泊纜繩被風拉斷，並從浦東橫穿黃浦江，與上海東方疏浚工程公司停靠在碼頭的「航拖438」輪和「航供5」輪相撞，致兩輪損壞，產生修理費用總計人民幣82,366.52元。請問本案應如何處理？請說明理由。

【知識精講】

第一節　船舶碰撞概述

一、船舶碰撞的概念

船舶碰撞在不同的歷史發展階段，具有不同的外延與內涵。

（一）傳統海商法的概念

傳統海商法認為，船舶碰撞有廣義和狹義之分。廣義的船舶碰撞存在不同的表述，但是一般是指兩艘或兩艘以上船舶之間發生接觸而造成損害的事故。它必須滿足三個要件：碰撞發生在船舶之間；船舶之間必須有接觸；船舶碰撞必須要造成損害，損害範圍包括一方或幾方的船舶、船上的貨物、人身或其他財產所遭到的損失或傷亡。狹義的船舶碰撞，又稱海商法上的船舶碰撞，是指對碰撞的船舶性質給予特別限定的碰撞。

（二）船舶碰撞概念的新發展

隨著海上運輸業的日益發展，船舶碰撞的概念也有了新的變化。《里斯本規則草案》[1] 中對船舶碰撞草擬了兩個新的定義，其一為「船舶碰撞系指船舶間，即使沒有實際接觸，發生的造成滅失或損害的任何事故」；其二為「船舶碰撞系指一船或幾船的過失造成兩船或多船間的相互作用所引起的滅失或損害，而不論船舶間是否發生接觸」。同時還規定「船舶系指碰撞中所涉及的不論是否可航行的船只、機器、井架或平臺等，它們相互間發生的碰撞，均構成船舶碰撞」。

（三）中國關於船舶碰撞的概念

船舶碰撞可以從航海技術和法律意義兩個層面來進行理解，在航海技術上，船舶碰撞強調的是船舶之間在同一時間占據同一空間並發生損害的一種物理狀態；法律意義上的船舶碰撞，中國《海商法》對其進行了定義。按照《海商法》第一百六十五條的規定，船舶碰撞是指船舶在海上或者與海相通的可航水域發生實際接觸造成損害的事故。其中「船舶」包括中國《海商法》第三條所述船舶，其他任何非用於軍事的或者政府公務的船艇，主要是內河船和 20 總噸以下的小型船艇。從中國《海商法》的定義中可以看出，中國是將用於軍事的或者政府公務的船艇排除在外的，但是不同國家的海商法對船舶的限度會有所不同。

二、船舶碰撞的構成要件

在中國《海商法》中，船舶碰撞的構成要件為：

（一）發生碰撞的一方為海船

船舶碰撞必須發生在船舶之間，且有一方是海船。具體來說，發生碰撞的兩方船舶，一方必須是中國《海商法》第三條所定義的船舶，即海船或其他海上移動式裝置，但不包括用於軍事或政府公務的船舶；而另一方是中國《海商法》第三條所定義的

---

[1] 國際海事委員會於 1987 年在里斯本擬訂了《船舶碰撞損害賠償國際公約草案》（Preliminary Draft International Convention on the Assessment of Damages in Maritime Collision），簡稱《里斯本規則草案》。

船舶或其他任何非用於軍事的或者政府公務的船艇均可。

船舶與非船舶、非船舶與非船舶、內河船與內河船、一般船舶與用於軍事的或者政府公務的船艇發生碰撞造成損失，責任人仍然應承擔賠償責任，只不過所適用的法律不是中國《海商法》，而是民法或其他有關法律。

(二) 碰撞事實發生在海上或者與海相通的可航水域

船舶碰撞發生的地點對於認定船舶碰撞的法律適用具有重要意義，在不與海相通的水域發生的船舶碰撞適用中國內河航運的有關規定；在與海相通但不可航的水域發生的碰撞，如船舶在船舶修理場修理時發生的碰撞，適用有關的單行法規或民法中有關侵權損害賠償的一般規定。只有發生在海上或者與海相通的可航水域的船舶碰撞才適用海商法的調整。

這裡的海是指海商法意義上的海，是海和洋的總稱，與海相通的可航水域則是指與海洋連接的可供船舶航行的江河水域。

(三) 船舶之間必須有實際接觸

構成船舶碰撞，必須在船舶之間發生實際的接觸，否則即使發生損害，也不構成船舶碰撞。實際接觸包括船體相碰和撞及船舶的錨鏈、纜繩等船舶屬具。從這個意義上來說，間接碰撞①和浪損②就不屬於船舶碰撞的範疇。無論是間接碰撞海事浪損，雖然有損害的存在，但是船舶之間沒有直接碰撞的發生，因而不滿足船舶碰撞的構成要件。從這個意義上說，如果將船舶碰撞的相關法律適用於這種情況，需要在法律中作出明確的規定。中國《海商法》第一百七十條規定：「船舶因操作不當或者不遵守航行規章，雖然實際上沒有同其他船舶發生碰撞，但是使其他船舶以及船上的人員、貨物或者其他財產遭受損失的，適用本章的規定。」上述規定和與《1910年碰撞公約》③是一致的，由此可以看出，間接碰撞和浪損案件可以類推適用船舶碰撞法的規定。

(四) 有損害存在並且損害與碰撞有因果關係

所謂碰撞損害，是指因碰撞事故的發生而對他人人身和財產造成的損失和傷害。如果沒有造成損害，就不構成法律意義上的碰撞。例如，甲船超速航行，有與乙船相撞的危險，乙船為避免相撞採取自動擱淺措施而至損害，雖然二者沒有實際相撞但是事后乙船仍可以就所遭受的損失向甲請求賠償。乙行使這種請求權是基於損害而不是基於是否實際相撞，因此，由於駕駛員的過失造成損害時，雖然船舶沒有實際接觸，也與船舶碰撞同論。

此外，損害的發生與碰撞事故之間必須有直接的因果關係。船舶碰撞發生后，需要進行碰撞責任的認定，從而解決損害賠償問題，解決損害賠償的前提是必須有損害的存在，並且損害的存在是加害船行為造成的，即二者之間有因果聯繫，否則無須承擔賠償責任。

三、船舶碰撞的種類

船舶碰撞按照不同的分類標準可以進行不同的分類，具體來說包括：

---

① 間接碰撞是指船舶之間雖然沒有直接的接觸，但是導致了與直接碰撞相同的客觀效果。
② 浪損是指船舶雖然為直接碰撞他船，但由於其違章行為，使另一船與他船發生觸碰。
③ 《1910年碰撞公約》第十三條：「本公約的規定擴及於一艘船舶對另艘船舶造成損害的賠償案件，而不論這種損害是由於執行或不執行某項操縱，或者由於不遵守規章造成的，即使未發生碰撞也是如此。」

（一）船舶之間是否有實際接觸

按照船舶之間是否有實際接觸為標準，船舶碰撞可以分為直接碰撞和間接碰撞。直接碰撞是指船舶之間發生實際接觸；間接碰撞是指船舶之間沒有發生實際接觸而形成的碰撞。區分直接碰撞與間接碰撞的法律意義在於：海商法以直接碰撞為調整對象，間接碰撞只有在中國《海商法》第一百七十條規定的情況下，才比照船舶直接碰撞的規定處理。

（二）行為人的主觀心態

按照船舶碰撞發生時，行為人的主觀心態為標準，船舶碰撞可以分為過失碰撞和無過失碰撞。過失與無過失是一種心理狀態，過失碰撞是指應當預見到船舶有發生碰撞的可能性，但由於疏忽而沒有預見，致使船舶碰撞發生的行為；無過失碰撞是指船舶碰撞事故的發生並非是因船員的疏忽或過失所引起，而完全是意外事故或不可抗力所致。在實踐中，碰撞大多數情況下都是因過失引起的。區分兩者的法律意義在於：確認加害船舶是否應承擔損害賠償責任以及承擔何種損害賠償責任。在有過失碰撞中，由過失方承擔責任；在無過失碰撞中，由受害人自行承擔損失。

（三）船舶碰撞的責任方

按照船舶碰撞發生的責任方為標準，船舶碰撞可以分為單方責任碰撞、雙方責任碰撞和雙方無責任碰撞。區分的法律意義在於確認責任的承擔主體。中國《海商法》第一百六十八條規定，船舶發生碰撞，是由於一船的過失造成的，由有過失的船舶負賠償責任。雙方互有過失造成的船舶碰撞，一般原則是根據各船舶的過失程度，按比例分擔。如果雙方過失程度相當或無法判定時，則平均分擔責任。多方過失是指船舶碰撞事故因多方的過失所致。各方對由此而造成的損失按過失程度比例分擔，如果過失責任無法確定，則損失由各方平均分擔。

四、船舶碰撞后的救助義務和通知義務

（一）救助義務

基於人道主義原則，船舶碰撞事故發生后，各船船長在不致對本船及其船員和旅客造成嚴重危險的情況下，必須救助其他船舶及其船員和旅客。

首先，這種救助義務不區分是誰造成的該事故，即使船舶碰撞的責任或主要責任在於碰撞發生後處於危險狀態的船舶，另一船舶的船長也必須盡力救助。其次，這種救助義務是強行性的，根據中國《海商法》第一百六十六條第一款的規定，船舶發生碰撞，當事船舶的船長在不嚴重危及本船和船上人員安全的情況下，對於相碰的船舶和船上人員必須盡力施救。如果船長違反這一法定義務，就可能根據中國《海上交通安全法》的有關規定被追究行政責任甚至刑事責任。最后，即使船長的救助行為取得效果，使處於危險狀態的被碰撞船舶獲救，也不能請求救助報酬。

（二）通知義務

船舶碰撞事故發生后，當事船舶的船長還負有通知義務，《海商法》第一百六十六條第二款規定，碰撞的船長應當盡可能將其船舶名稱、船籍港、出發港和目的港通知對方。船長履行這一義務，目的是為了使對方知道相碰船舶的情況，便於事後解決船舶碰撞損害賠償和其他有關問題。

> **知識小百科 7-1　　船舶碰撞損害賠償原則**
>
> 《海商法》第一百六十七條規定，船舶發生碰撞，是由於不可抗力或者其他不能歸責於任何一方的原因或者無法查明的原因造成的，碰撞各方互相不負賠償責任。
>
> 《海商法》第一百六十八條規定，船舶發生碰撞，是由於一船的過失造成的，由有過失的船舶負賠償責任。
>
> 《海商法》第一百六十九條規定，船舶發生碰撞，碰撞的船舶互有過失的，各船按照過失程度的比例負賠償責任；過失程度相當或者過失程度的比例無法判定的，平均負賠償責任。
>
> 互有過失的船舶，對碰撞造成的船舶以及船上貨物和其他財產的損失，依照前款規定的比例負賠償責任。碰撞造成第三人財產損失的，各船的賠償責任均不超過其應當承擔的比例。
>
> 互有過失的船舶，對造成的第三人的人身傷亡，負連帶賠償責任。一船連帶支付的賠償超過本條第一款規定的比例的，有權向其他有過失的船舶追償。
>
> 《海商法》第一百六十三條規定，在海上拖航過程中，由於承拖方或者被拖方的過失，造成第三人人身傷亡或者財產損失的，承拖方和被拖方對第三人負連帶賠償責任。除合同另有約定外，一方連帶支付的賠償超過其應當承擔的比例的，對另一方有追償權。

第二節　船舶碰撞的損害賠償責任

一、船舶碰撞的責任確定

(一) 船舶碰撞的歸責原則

船舶碰撞從民法上看屬於一種侵權行為，在侵權行為法中，歸責原則決定著侵權行為的分類、責任構成要件、舉證責任的負擔、免責條件、損害賠償的原則和方法等，歸責原則在整個侵權行為法中居於核心的地位。因此船舶碰撞的歸責原則對於整個船舶碰撞責任的認定也占據著重要的地位。

船舶碰撞在一般情況下適用於民法中的過失責任原則。按照該規則，碰撞事故的一方對另一方承擔責任的前提條件是該方在駕駛或管理船舶的過程中有過失[1]。在碰撞事故另一方對損害的發生也有過錯的情況下，應比較兩方的行為，從而決定各方應承擔的損失[2]。

(二) 船舶碰撞中的過失

所謂過失，是指行為人應當預見到自己的行為會造成危害他人的不利後果，但由於疏忽沒有預見或雖已預見但輕信能夠避免的一種主觀心理狀態[3]。

船舶碰撞中的過失，是指在駕駛和管理船舶的過程中，具有通常技能和謹慎行事

---

[1] 參見《海商法》第一百六十八條。
[2] 參見《海商法》第一百六十九條。
[3] 魏振瀛. 民法 [M]. 北京：北京大學出版社，高等教育出版社，2000：692.

的航海人員，包括船舶所有人、船長、船員、引水員及其他有關人員，未能盡到通常的技術責任和謹慎義務，對碰撞事故及損害的發生應該預見而沒有預見，或已經預見卻輕信能夠避免，致使碰撞損害發生或擴大的作為或不作為。

船舶碰撞中的過失是一種實際過失，即客觀存在的無須依靠其他事實加以任何推定的過失，在船舶碰撞中具體表現為管船過失和駕駛船舶過失。

二、船舶碰撞的損害賠償責任劃分

中國《海商法》參照《1910年碰撞公約》的規定，以船舶碰撞發生的原因為根據，將船舶碰撞的損害賠償責任劃分為以下幾種：

（一）無過失船舶碰撞的損害賠償責任

無過失船舶碰撞是指船舶碰撞的事故並非是因船員的疏忽或過失所引起，而完全是意外事故或不可抗力所致。按照中國《海商法》第一百六十七條的規定，無過失船舶碰撞，碰撞各方相互不負賠償責任。即任何一方都沒有過錯，則不產生賠償責任。中國《海商法》第一百六十七條規定：「船舶發生碰撞是由於不可抗力或其他不能歸責於任何一方的原因或無法查明的原因造成的，碰撞各方相互不負賠償責任。」具體來說包括：

（1）不可抗力造成的碰撞

不可抗力是指人力所不能預見、不能避免並且不能克服的客觀情況，造成船舶碰撞的不可抗力通常是指自然災害事件，如強颱風、地震、海嘯等。不可抗力具有客觀性，不以當事人的意志為轉移。主張碰撞由不可抗力引起從而要求免責的當事方，必須承擔以下舉證責任：存在不可抗力；妥善地採取了各種必要的力所能及的防範措施；在照料、管理或駕駛船舶上不存在過失。

例如甲船為避臺風而停泊於港內，並加固纜繩及拋錨，以做好一切防禦準備，然而臺風來勢太猛，錨鏈、纜繩均被吹斷而走錨，船被吹走后與停泊的乙船發生碰撞。這種情況就屬於不可抗力的船舶碰撞：第一，風力是不可預見的因素；第二，船舶曾妥善地系泊或錨泊；第三，船舶管理人在照顧船舶方面不存在疏忽。

（2）意外事故造成的碰撞

不能歸責於任何一方的原因所致的碰撞損害主要是指意外事故，意外事故是指行為人雖然已做到通常的謹慎和努力並且符合相應的技術要求，但仍然不能避免的事故，船舶碰撞中的意外事故如機械故障、發電與供電系統障礙等。由於意外事故通常是在正常人想不到的特殊和複雜情況下發生的，因此舉證責任較之不可抗力下的舉證責任更。審查意外事故更多側重於當事人主觀方面的謹慎和努力。

例如甲船為避免與乙船發生碰撞而立即倒車，但是由於活塞突然失靈導致倒車沒有成功，結果與乙船相撞。事後查明，甲船船員A對活塞進行過合理的檢查和維修，但仍未發現任何缺陷。在這個碰撞事故中，甲船船員A已經盡到了合理的謹慎，造成碰撞不是其有意而為之，乃是不可比避免與預測的，因此這種情況就屬於意外事故造成的船舶碰撞。

（3）原因不明的碰撞

原因不明的碰撞是指事故原因完全無法查明的碰撞。指碰撞事故發生后，無法證明碰撞損害的發生是何種原因或哪一方的過失造成的，或儘管對造成碰撞的原因有懷疑但缺乏確鑿證據，或無法證明過錯與碰撞之間存在直接的因果關係。原因不明並非

指沒有原因，而且也不排除人的過失，只是由於無法查明是否有行為人的過失。

(二) 單方過失船舶碰撞的損害賠償責任

單方過失碰撞是指碰撞事故完全是由乙方船員的疏忽或過失所致。中國《海商法》第一百六十八條規定：「船舶發生碰撞是由於一船的過失造成的，由有過失的船舶負賠償責任。」在實踐中，單方過失造成的船舶碰撞通常發生於在航船與泊船之間，例如某船按照規定停泊，顯示了必要的號燈、號型，但是由於另一艘船違背航行規則，碰撞了該停泊船。此種情況下除非泊船本身存在某種過失，停泊的船舶所受到的損失應由航行的船舶負責賠償，包括賠償間接碰撞所造成的損失。

(三) 互有過失船舶碰撞的損害賠償責任

互有過失船舶碰撞是指碰撞事故的發生系雙方或多方的共同過失所致，即雙方雖然都應該預見到船舶有發生碰撞的可能性，但由於雙方均有疏忽而沒有預見，最終導致了碰撞事故的發生。在這種情況下，根據中國《海商法》第一百六十九條規定，船舶發生碰撞，碰撞的船舶互有過失的，各船按照過失程度的比例負賠償責任；過失程度相當或過失程度的比例無法判定的，平均負賠償責任。如果造成第三人的人身傷亡的，由有過失的船舶負連帶賠償責任。

第三節　船舶碰撞的損害賠償

一、船舶碰撞損害賠償的原則

(一) 恢復原狀原則

最高人民法院《關於審理船舶碰撞和觸碰案件財產損害賠償的規定》第二條規定：「賠償應當盡量達到恢復原狀，不能恢復原狀的折價賠償。」由此可知，這裡的恢復原狀是指發生船舶碰撞事故後，對索賠方的碰撞損害賠償應盡量接近索賠事故發生之前的狀況。同時這種恢復不局限於民法意義上的物質形態恢復，多數場合體現為對受害方的金錢補償。但是需要注意的是，對於碰撞造成人身傷亡的情況，不適用「恢復原狀」這個原則，這是例外。

(二) 賠償實際損失原則

賠償全部損失原則是指通過經濟賠償或修復受損財產，把受害方所受的損失盡量賠償到事故發生前的狀況[1]，在多數情況下體現為對受害方的金錢補償。按照這一原則，在加害方賠償受害方的損失當中，應包括因碰撞造成的直接損失和間接損失。

直接損失是指受害人現有財產的減少，在船舶碰撞中直接損失包括因碰撞事故所造成的船舶或貨物的滅失或損害，又包括碰撞事故後隨之發生的相關費用。例如因船舶碰撞而導致的救助費用便屬於這種情況。間接損失是指因碰撞事故使受害人失去的本來能夠獲得的經濟利益。這種間接損失的賠償不能無限延伸，只能索賠那些與碰撞事故有著密切關係的損失。

因此，實際損失的範圍包括：對船舶碰撞或觸碰所造成的財產損失；船舶碰撞或觸碰后相繼發生的有關費用和損失；為避免或減少損害而產生的合理費用和損失；預

---

[1] 中國《民法通則》第一百三十四條所規定的恢復原狀的民事責任也體現了這一原則。

期可得利益的損失。

(三) 受損方盡力減少損失的原則

在船舶碰撞中，受損方有義務採取一切合理措施盡力防止和減少損失的發生和擴大。按照《民法通則》第一百三十一條的規定，受害人對於損害的發生也有過錯的，可以減輕侵害人的民事責任。在確定碰撞損害賠償範圍時，如果因請求人的過錯造成的損失或者使損失擴大，不予賠償。

確定受損方是否對損害的發生有過錯便是關鍵，實踐中衡量受損方是否做到盡力減少損失，一是要看船舶所有人是否盡到了應有的謹慎，二是要看受害方未能做到這一點是否一定能夠避免損害的擴大。例如，發生船舶碰撞后，本來在當地就可以尋求到有效的救助力量，但是舍近求遠，導致費用擴大，這部分擴大的損失在確定賠償數額時將予以減少。與此同時，受損方採取合理措施所支出的合理費用，可以請求得到賠償。

二、船舶碰撞損害賠償的範圍

中國《海商法》未對船舶碰撞損害賠償的範圍和計算方法作出具體規定。在司法實踐中，確定船舶碰撞損害賠償範圍和計算方法的依據是最高人民法院頒布的《關於審理船舶碰撞和觸碰案件財產損害賠償的規定》（以下簡稱《規定》），依據該規定，船舶碰撞損害賠償的範圍主要包括全損賠償和部分損害賠償。

(一) 船舶全損的損害賠償

船舶全損包括實際全損[①]和推定全損[②]兩種，全損的賠償內容具體包括：

1. 船舶的價值損失

船舶價值的確定方式主要有以下幾種：一般按照碰撞地類似船舶的市場價值計算；如果沒有的話則以船舶的船籍港類似船舶的市場價格為據；沒有市場價值的，按照原船的造價或者購置價扣除折舊（折舊率按年 4%~10%）計算；折舊後沒有價值的按殘值計算。

2. 未包括在船價之內的船上其他財產損失

船上其他財產損失主要是指船上所載的燃、物料，船用備件、供應品、漁船上的捕撈設備、網具、漁具等損失。

3. 合理的船期損失和其他合理費用

船期損失是指因船舶碰撞而全損，導致受害方在找到替代船舶之前喪失船舶營運權所遭受的損失。船期損失要以實際修復所需的合理時間為限，但最長不得超過兩個月。對於漁船而言，船期損失還要扣除休漁期或以一個漁汛期為限。

其他合理的費用主要指租金和運費損失，二者需要區別對待。租金損失應以不付租金或停付租金的數額減去因船舶停止營運而節省的費用作為賠償額。運費損失應以尚未收取的運費扣除可節省的費用計算。

除此之外，按照最高人民法院的《規定》，對船舶全損的賠償還包括合理的救助費用，共同海損分攤，船員工資、遣返費用和其他合理費用。

---

① 實際全損（Actual Total Loss），指船舶發生碰撞事故沉沒或遭受到嚴重損害，不能恢復到原有的狀態或原有的效用。

② 推定全損（Constructive Total Loss），指船舶因碰撞事故發生后，實際全損已不能避免，或恢復、修理、救助及其他有關費用中的一項或數項之和已超過船舶本身的價值。

（二）船舶部分損害的賠償範圍

1. 合理的船舶臨時修理費、永久修理費及輔助費用、維持費用

受害方能夠獲得上述賠償的條件是：第一，船舶應就近修理，而且如果船舶通過臨時性修理即可使船舶繼續投入營運，那麼請求人就應該避免永久性修理。第二，區分對船舶碰撞部位的修理和因其他原理進行的修理，如為了保證船舶適航性而進行的修理。在二者同時進行的情況下，只有對船舶碰撞部位的修理才能得到賠償。

2. 合理的船期損失

對於船期損失一般以船舶碰撞前後各兩個航次的平均淨盈利計算，沒有前後兩個航次可以參照的，以其他相應航次的平均淨盈利計算。

3. 其他合理費用

其他合理費用包括救助費、拖航費、租金或運費損失、共同海損分攤、利息損失等。

（三）船上財產的損害賠償範圍

1. 船上財產滅失的損失

船上財產損失主要指貨物損失，包括貨物滅失和損壞兩種情況。貨物滅失的損失以貨物的實際價值加運費加已付保險費為賠償數額；貨物損壞以修復貨物所需費用或以實際價值減去殘值後的數額為賠償數額。

2. 貨物延遲交付的損失

對於船舶碰撞引起的貨物延遲交付所導致的損失，按延遲交付貨物的實際價值加上預期可得利潤與貨物到岸時市場價格的差價計算。

3. 漁船的捕撈設備、網具、漁具的損失

對於漁船捕撈設備、網具、漁具的損失賠償，應以本次出海從事捕撈作業的所需量扣減事故發生後的現存量計算。漁網和漁具的價值按原購價或原造價扣除折舊費用和殘值計算。

4. 旅客行李、物品的損失

本船乘客的行李、物品遭受損失，按照《海商法》的相關規定處理；他船旅客的行李、物品損失可以參照旅客運輸合同中有關旅客行李滅失或損壞的賠償規定處理；船員個人生活必需品的損失按照實際損失適當予以補償。

（四）涉外人身傷亡的損害賠償

對於涉外人身傷亡的賠償範圍各國的規定不一，但是一般都包括收入損失、醫療護理費、安撫費、其他必要費用等。最高人民法院的《規定》從傷殘和死亡兩個方面對涉外人身傷亡損害賠償為作出了具體規定。涉外海上人身傷亡損害的賠償限額為每人80萬元人民幣，對人身傷亡的賠償應支付給死者遺囑或受傷者本人。傷亡者所在單位或個人為處理傷亡事故墊付的費用，應從賠償費用中返還。

【法律課堂 7-1[①]】

2009年3月8日晨，「粵徐聞12091」漁船在徐聞縣水尾村附近的昌南浮墩角對出海面處捕魚。7時許，「鴻興988」輪從徐聞縣角尾港空載駛往廣西白龍港裝煤，3名船

[①] 資料來源：http://www.ccmt.org.cn/shownews.php? id=9688。

員當班，其中駕駛臺2人，機艙1人，船長陳某沒有安排人瞭望。時值東北風4~5級，毛毛小雨，能見度約200~500米。8時20分許，該輪駛經徐聞縣水尾村對開海面時，在其左舷附近發現「粵徐聞12091」漁船，但已來不及避讓，只能右轉擦過，其左舷船艄后面2~3米處壓碰了漁船的右舷中部。兩船同向，碰撞角度約10°。事故發生后，吳某作為原告將海南中海鴻興盛船務有限公司（下稱「鴻興盛公司」）和「鴻興988」輪的實際所有人黃某起訴到了廣州海事法院，要求兩被告承擔漁船修理費、拖帶費用、漁具損失費用等各項船舶碰撞損失共計306,660元及其利息。

「鴻興988」輪系鋼質干貨船，總長53.55米，型寬8.50米，型深4.30米，總噸496，淨噸277，船舶所有人及經營人均登記為被告鴻興盛公司。被告黃某承認其在2009年2月購買了「鴻興988」輪，是該輪實際船東。事故發生時，該輪實際配員6人，其中船長陳某未持有船員服務簿和海船船員適任證書。

「粵徐聞12091」漁船系木質捕撈船，所有權登記證書記載：該船價值2萬元，船舶所有人為吳某，建成日期1997年11月20日，長9米，寬3米，深1米，總噸5，淨噸2。該漁船持有海洋捕撈許可證。事故發生時，漁船上有2名船員，其中船長為原告，持有徐聞漁港監督簽發的近岸航區未滿30總噸漁船船長職務證書；另一船員周某無漁船船員職務證書。

廣州海事法院經公開開庭審理后認為：本案為一宗船舶碰撞損害賠償糾紛。「鴻興988」輪船長未經培訓、考試取得相應的適任證書，對航海知識和操作技能極度欠缺；該輪在航行中未保持正規瞭望，在與「粵徐聞12091」漁船相距極近時才發現漁船，錯過了估計碰撞局面和危險的時機，最終避讓不及發生碰撞事故；「鴻興988」輪在不危及自身安全的情況下，擅自離開事故現場，且未及時向就近的海事主管部門報告。由此可見，船舶碰撞事故是由於「鴻興988」輪的過失造成的，應由其承擔全部的船舶碰撞責任。對於碰撞損失認定如下：

漁船受損部位的修理費用：根據湛江海事局現場勘查結果，本次事故造成漁船右舷部位約3米長裂縫，有滲水；徐聞財產保險支公司拍攝的相片可見漁船右舷處有裂縫，與海事局的勘查結果能相互印證。故該鑒定結論可予採信，即漁船受損部位的合理修復費用為2232元。

救助費用：原告為避免漁船沉沒，雇請他人的漁船拖帶，其支付4000元的拖航費是合理的，應由被告賠償。「鴻興988」輪肇事逃逸，原告為此額外支付了1200元摩托艇追趕費，對該費用「鴻興988」輪亦應賠償。

漁具損失：原告主張損失漁具6口網，共36,000元。但原告未提供購買有關漁具的憑證，因此，對漁具損失的數量及價值均無法確認。

漁汛損失：原告漁船每月作業20天，每天收入5000元，月收入10萬元，以每月30天計，每天平均收入3333元，損失漁汛期6天，損失額19,998元。

人身損害賠償：周某在船舶碰撞事故中受傷，其醫療費1590.50元；其治療時間共13天，其中住院3天，治療時間可視為誤工。其受傷前的平均收入狀況參照廣東省農、林、牧、漁業國有同行業在崗職工年平均工資12,006元計算，其誤工13天的誤工費為428元，住院3天的伙食補助費為150元。合計2168.50元。

綜上，原告因船舶碰撞事故造成的損失共29,598.50元。

（資料來源：http://www.66ck.com/view/InformationNet/wpgDtlNews.aspx? id=47772.）

三、船舶碰撞案件的訴訟時效和法律適用
(一) 船舶碰撞案件的訴訟時效
訴訟時效是指民事權利受到侵害的權利人在法定的期間內不行使權利，當時效期間屆滿時，人民法院對權利人的權利不再進行保護的制度。這裡所說的法定期間內提起訴訟，即訴訟時效期間。法律規定訴訟時效的主要目的在於促使權利人及時行使自己的權利。

對於船舶碰撞案件來說，其訴訟時效是指發生船舶碰撞事故后，索賠方請求人民法院以強制程序保護其合法權益而提起訴訟的法定有效期限。按照中國《海商法》第二百六十一條的規定，有關船舶碰撞碰撞的請求權，時效期間為二年，自碰撞事故發生之日起計算。同時，互有過失的船舶碰撞中，對第三人的人身傷亡，一船連帶支付的賠償超過其過失比例的，有權向其他過失一方追償。這種追償請求權的時效期間為一年，自當事人連帶支付損害賠償之日起計算。

(二) 船舶碰撞案件的法律適用
船舶碰撞事故中往往涉及不同國籍的當事人，例如一艘中國籍商船在入港過程中與另一艘韓國籍船舶發生碰撞，事故發生在上海港水域。那麼這裡面涉及該適用什麼法律解決雙方之間的糾紛問題，尤其是雙方當事人主張適用的法律不一致的情況下，如何確定法律適用問題。

船舶碰撞糾紛案件很多時候會出現各方當事人主張適用的法律不一致的情況，這是解決船舶碰撞糾紛案件的一個難點。船舶碰撞案件的法律適用因碰撞事故的發生地不同而不同：具體來說，船舶碰撞事故發生在一國領海之內，一般應適用該國的法律並由該國法院管轄；發生在公海的船舶碰撞，根據碰撞船舶的國籍不同可能適用不同的法律。

目前，中國調整船舶碰撞案件的法律主要有《海商法》《海事訴訟特別程序法》、1995年《最高人民法院關於審理船舶碰撞和觸碰案件財產損害賠償規定》、2008年《最高人民法院關於審理船舶碰撞糾紛案件若干問題的規定》。根據中國法律的相關規定，船舶碰撞的損害賠償，適用受理案件的法院所在地法律。同一國籍的船舶，無論碰撞發生於何地，碰撞船舶之間的損害賠償適用船旗國法律。

四、有關船舶碰撞的國際公約

目前，有關船舶碰撞的國際公約主要有《1910年統一船舶碰撞若干法律規定的國際公約》（International Convention for the Unification of Certain Rules of Law with Respect to Collisions 1910，簡稱《1910年碰撞公約》）、《1952年統一船舶碰撞中民事管轄權方面某些規定的國際公約》（International Convention Certain Rules Concerning Civil Jurisdiction in Matters of Collision 1952，簡稱《1952年民事管轄權公約》）、《1952年統一船舶碰撞或其他航行事故中刑事管轄權方面若干規定的國際公約》（International Convention for the Unification of Certain Rules Relating to Penal Jurisdiction in Matters of Collisions or Other Incidents of Navigation 1952，簡稱《1952年刑事管轄權公約》）、《1977年國際海上避碰規則》（Convention on the International Regulations for the Prevention Collisions at Sea 1977，簡稱《1977年避碰規則》）等。中國《海商法》在船舶碰撞方面的規定基本上是以

《1910 年碰撞公約》為參考制定的，各國際公約的主要情況見表 7-1。

表 7-1　　　　　　　　船舶碰撞國際公約主要情況

名稱 內容	《1910 年碰撞公約》	《1952 年民事管轄權公約》	《1952 年刑事管轄權公約》	《1977 年避碰規則》
生效時間	1913 年 3 月 1 日	1955 年 9 月 14 日	1955 年 11 月 20 日	1977 年 7 月 15 日
制定或通過主體	1910 年布魯塞爾第三屆國際海洋法外交會議	1952 年布魯塞爾第九屆國際海洋法外交會議通過	1952 年布魯塞爾第九屆國際海洋法外交會議通過	國際海事組織
修訂情況				1981 年、1987 年、1989 年、1993 年、2001 年和 2007 年分別進行了修正
適用範圍	在海船之間或海船與內河船之間發生的碰撞，使船舶或船上的財物、人身遭受損害所引起的賠償	任何案件中所涉及的一切船舶如果都屬於締約國所有，本公約的規定應適用於全體利害關係人	不適用於在港區範圍內或在內河水域發生的碰撞或其他航行事故	適用於在公海和連接公海可供海船航行的一切水域中的一切船舶
中國參加情況	1994 年 3 月 5 日加入該公約			1980 年 1 月 7 日加入該公約，但有保留條款

本章小結

　　船舶碰撞是指船舶在海上或者與海相通的可航水域發生實際接觸造成損害的事故，或者雖然實際上沒有接觸的，但是導致其他船舶以及船上人員、貨物或者其他財產遭受損失的情況。這種法律意義的船舶碰撞需要滿足一定的構成條件。

　　船舶碰撞按照船舶之間是否有實際接觸可以分為直接碰撞和間接碰撞；按照行為人的主觀心態可以非為過失碰撞和無過失碰撞；按照船舶碰撞的責任方可以分為單方責任碰撞、雙方責任碰撞和雙方無責任碰撞。按照不同的分類標準對船舶碰撞進行分類具有不同的法律意義。

　　船舶碰撞的損害賠償原則有恢復原狀原則、賠償實際損失原則、受損方盡力減少損失的原則。船舶碰撞損害賠償的範圍主要包括全損賠償和部分損害賠償。

基礎訓練

一、單項選擇題

1. 按照中國《海商法》的規定，有關船舶碰撞碰撞的請求權，時效期間為（　　）。
　　A. 1 年　　　　　B. 2 年　　　　　C. 3 年　　　　　D. 4 年
2. （　　）是指應當預見到船舶有發生碰撞的可能性，但由於疏忽而沒有預見，

致使船舶碰撞發生的行為。

  A. 過失碰撞 B. 故意碰撞 C. 無過失碰撞 D. 間接碰撞

 3. 船舶碰撞是由於無法查明的原因造成的，碰撞各方（ ）。

  A. 待查明原因后賠償   B. 友好協商賠償責任

  C. 互相賠償對方責任   D. 互相不負賠償責任

 4. 船舶碰撞發生后，船長的救助行為取得效果，使處於危險狀態的被撞船舶獲救，則（ ）。

  A. 不能請求救助報酬

  B. 根據救助效果取得救助報酬

  C. 可以請求救助報酬

  D. 與獲救船舶所有人協商確定救助報酬

 5. 甲船為避臺風而停泊於某港內，並加固纜繩及拋錨，做好一切防禦準備，然而臺風來勢太猛，錨鏈、纜繩均被吹斷而走錨，船被吹走后與附近停泊的乙船發生碰撞。這種情況就屬於（ ）造成的船舶碰撞。

  A. 不可抗力 B. 意外事故 C. 原因不明 D. 突發狀況

二、多項選擇題

 1. 船舶碰撞的損害賠償原則有（ ）。

  A. 精神損害賠償原則   B. 恢復原狀原則

  C. 賠償實際損失原則   D. 盡量減少損失原則

 3. 關於船舶碰撞的國際公約主要有（ ）。

  A.《1910 年碰撞公約》   B.《1952 年民事管轄權公約》

  C.《1952 年刑事管轄權公約》 D.《1972 年避碰規則》

 2. 對於船舶碰撞全損的賠償還包括（ ）。

  A. 合理的救助費用   B. 共同海損分攤

  C. 船員工資   D. 遣返費用和其他合理費用

 4. 廣義的船舶碰撞存在不同的表述，但是一般是指兩艘或兩艘以上船舶之間發生接觸而造成損害的事故。它必須滿足的條件有（ ）。

  A. 碰撞發生在船舶之間   B. 船舶之間必須有接觸

  C. 船舶之間不必有接觸   D. 船舶碰撞必須要造成損害

 5. 下列船舶碰撞適用中國《海商法》調整的有（ ）。

  A. 內河船與內河船   B. 海船與軍事用船

  C. 海船與海船   D. 海上移動式裝置與海船

三、判斷題

 1. 根據中國法律規定，船舶碰撞的損害賠償，適用受理案件的法院所在地法律。

（ ）

 2. 船期損失要以實際修復所需的合理時間為限，但最長不得超過一個月。對於漁船而言，船期損失還要扣除休漁期或以二個漁汛期為限。（ ）

 3. 船舶碰撞中的過失是一種實際過失，即客觀存在的無須依靠其他事實加以任何推定的過失，在船舶碰撞中具體表現為管船過失和駕駛船舶過失。（ ）

4. 船舶與非船舶、非船舶與非船舶、內河船與內河船、一般船舶與用於軍事的或者政府公務的船艇發生碰撞造成損失，因不屬於中國《海商法》的調整範圍，因而責任人不需要承擔賠償責任。　　　　　　　　　　　　　　　　　　（　）

5. 船上財產損失主要指貨物損失，包括貨物滅失和損壞兩種情況。貨物滅失的損失以貨物的實際價值加運費加已付保險費為賠償數額。　　　　　　　（　）

四、簡答題

1. 簡述船舶碰撞損害賠償責任的賠償範圍。
2. 簡述船舶碰撞損害賠償的計算標準。
3. 簡述船舶碰撞損害賠償責任的適用原則。
4. 簡述船舶碰撞的構成要件。
5. 中國調整船舶碰撞案件的法律主要有哪些？

五、技能應用

某年12月18日，福建省福安市某海運公司（以下稱原告）所屬「華×××」輪（以下稱「華」輪）從廣東湛江載運白糖往上海。24日07：15時許進入平潭海峽，航向035度，時值班人員為船長、二管輪、水手，09：50時到達草嶼西南側，草嶼航道附件存有較多漁網，且靠草嶼岸邊的淺灘較陡小（由6.8米立即降至0.8米、0.9米、2.3米），因受漁船及定置漁網影響，轉向045度，10：30時左右，「華」輪船長通過雷達觀察發現左舷方位約310度，距離5.5海里處有一來船，即福建省某公司（以下稱被告）所屬「恒×」輪（以下稱「恒」輪），遂保向保速航行，當兩船相距約1海里時，「華」輪拉一短聲，並轉向060度，在兩船相距0.5海里，「華」輪再拉一短聲，示意各自右讓，當兩船相距約200米時，「華」輪已減速為前進二，見來船不是採取右讓行動，而是採取左舵，搶越其船頭，因距離「華」輪左舷10米左右處有漁網及一艘漁船，右舷近距離內又有一在航船「××515」輪，故「華」輪即採取停車並全速倒車，但仍無法避免碰撞的發生，約11時「華」輪左舷艏與「恒」輪右舷中部發生碰撞。

12月24日05：30時，「恒」輪從福州空載前往泉州裝貨，經平潭海峽，10：30時到金城礁轉向154度，當時值班人員為船長、大管輪、水手，10：40時轉向208度后發現其右前方約1海里多處有來船一艘（即「華」輪），「恒」輪即拉一短聲，「華」輪迴一短聲，因「恒」輪認為「華」輪未採取右讓措施，又連拉五短聲，並由前進三改前進二，最后改前進一，當「恒」輪與「××515」輪接近時，與「華」輪緊迫局面已形成，「恒」輪急拉兩短聲並採取左滿舵，緊接著發生碰撞，碰撞地點的概位為N25°22′36″，E119°41′12″。碰撞發生后，「華」輪經檢查發現船舶進水，遂用應急泵、消防泵、通用泵、潛水泵全力進行抽水，但因大量進水，船長立即決定向大王馬嶼（海圖上名為玉馬嶼）衝灘，11：30時，該輪在衝灘過程中翻沉於大王馬嶼附近海域。碰撞時天氣陰天，東北風6~7級，陣風8級，輕浪，視程約6海里。事故發生後，雙方當事人均向福州港監提交了海上交通事故報告書及原告船舶證書，福州港監予以簽章備查，但福州港監至今仍未作出調查報告並送達雙方當事人。

請對上述案例作出責任分析。

模擬法庭

一、案例分析

【背景資料】

2007年12月20日，甲公司所屬的A輪第83航次裝載41,046噸OHY-S礦石自浙江嵊泗馬跡山碼頭駛往上海寶鋼碼頭。當日21時04分左右，該輪沿長江寶山航道進口航行平61號浮標，航速13節左右。過61號浮標后，A輪船員看到66號浮標下游有一艘乙公司所屬的浮吊船B輪，動態未明，遂用雷達跟蹤其動態。21時14分，A輪通過雷達觀察確定該船在吳淞口警戒區正在穿越航道，遂使用VHF聯繫未果。隨后，A輪為安全避讓B輪相繼採取了減速、左舵10度、左滿舵等措施，因船艏大幅度向左偏轉最終以約9.7節的速度駛入寶山航道的出口航道。與此同時，2007年12月20日晚上20時15分，丙公司所屬的C輪執行第41航次空載航行自石洞口一廠至丹東途經寶山航道。21時13分，C輪沿寶山航道出口航行時發現66號浮標下游附近航道外B輪由南向北呈穿越趨勢，21時15分15秒，B輪在距C輪船艏0.3海里左右安全穿過。21時16分，C輪看到距其0.3海里的A輪突然大角度左轉從進口航道由北向南橫穿過來。21時19分左右，兩船發生碰撞。C輪船艏撞擊A輪右舷第5艙中前部，A輪右舷第5艙大量進水。隨后，A輪利用余速向前衝灘，坐沉於66號浮標上游0.3海里航道外側，C輪球鼻艏部位受損。就涉案事故是否構成間接碰撞以及賠償責任分配等問題，甲公司、乙公司和丙公司產生爭議，並訴至上海海事法院，后經上海市高級人民法院二審。現上海市高級人民法院已經做出終審判決。

一審法院認為：本案系船舶碰撞損害賠償糾紛。A輪為安全避讓B輪與C輪在長江上海段寶山航道出口航道內發生碰撞這一基本事實已經由寶山海事處在水上交通事故責任認定書予以確認。B輪在航行過程中的違規行為構成了A輪為安全避讓B輪而採取相應措施最終造成與C輪碰撞的直接誘因。因此，B輪在本案中雖未與其他船舶發生碰撞，但由於其操縱不當且不遵守航行規章並造成他船碰撞引起重大財產損失，應當承擔相應賠償責任。A輪雖然是為安全避讓B輪與C輪發生碰撞，但其未使用安全航速，未保持特別謹慎駕駛，避讓措施不當均是造成本次碰撞事故的直接原因。因此，被告甲公司應對涉案船舶碰撞事故承擔相應賠償責任。原告丙公司所屬的C輪在即將進入吳淞口警戒區時，沒有對警戒區內及其附近船舶的航行情況進行仔細觀察和分析，沒能及時發現並考慮到警戒區內進口航行的A輪與橫越本船船艏的B輪構成碰撞危險時，A輪可能會採取一些影響C輪正常航行的避讓措施，也沒能安排專人守聽VHF，並對本船航路前方警戒區內船舶間有關航行安全的通話情況進行分析和判斷，以便盡早對局面作出反應，是本次事故發生的原因之一。因此，原告丙公司對本次船舶碰撞事故也應承擔一定比例的責任。綜合本案船舶碰撞事故中原、被告各方的過失程度以及船舶碰撞實際發生的情況，原告丙公司在本次碰撞事故中應當承擔15%的責任，被告甲公司應當承擔40%的責任，被告乙公司應當承擔45%的責任。

二審法院認為：《避碰規則》規定，當兩艘機動船交叉相遇有構成碰撞危險時，有他船在本船右舷的船舶應該給他船讓路，如當時環境許可，還應避免橫越他船的前方。

須給他船讓路的船舶，應盡可能及早採取大幅度的行動，寬裕地讓請他船。本案中，根據責任認定書和模擬報告等證據和專家意見可以證明，A 輪是直航船，B 輪是橫越船，當兩船交叉相遇時，B 輪是讓路船，B 輪應該給在其船舶右舷的直航船 A 輪讓路。現有證據證明，B 輪沒有盡早採取大角度寬裕讓清航路的讓路行動，以便使 A 輪無須採用任何避讓行動而避免碰撞，從而造成 A 輪與 B 輪緊迫局面形成，最終造成 A 輪大幅度右轉與 C 輪形成新的緊迫局面並發生碰撞。原判關於 B 輪的違規行為構成了 A 輪與 C 輪碰撞直接誘因的認定正確。現有證據證明，B 輪的過失在於瞭望疏忽、作為橫越船沒有及早採取積極行動給直航船讓清航路及避讓措施不當，並造成他船碰撞產生重大財產損失，乙公司應該承擔相應的賠償責任。原判關於 B 輪在本次事故中承擔 45% 的責任認定正確。乙公司關於涉案間接碰撞不成立及其不承擔責任的上訴理由不能成立。

（資料來源：http://blog.sina.com.cn/s/blog_4bf5a4f601012k0b.html.）

【思考與討論】

一審法院和二審法院的判決是否正確？如果你是本案的當事人，你能接受哪一審法院的判決結果？

二、實訓操作

【實訓內容】

碰撞損失計算。

滿載貨物的 A 輪與 B 輪在巴士海峽發生碰撞，造成 A 輪船員 2 死 1 傷 4 失蹤。雙方對這次碰撞都負有責任，經法院裁定，A 輪承擔 30% 的責任，B 輪承擔 70% 的責任。現查明，碰撞後，A 輪與 B 輪均有不同程度的損失，經過修理，A 輪花費修理費 20 萬元，因此耽誤的船期損失 10 萬元，B 輪花費修理費 15 萬元，船期損失 5 萬元。另 A 輪與 B 輪各有 20 萬元和 10 萬元的貨損。

【實訓目標】

加深學生對船舶碰撞後損害賠償範圍和損害賠償責任的承擔方式的認識和理解；能夠列出各船的損失清單，具有解決實際問題的能力。

【實訓組織】

將學生分為若干組，以小組為單位，分別計算出兩輪的船舶損失，A、B 輪各自能夠從對方那裡收回的船舶損失賠償，A、B 輪需要賠償給對方的貨物損失等項目以及給受害人家屬取得賠償的建議。

【實訓成果】

1. 上述各項計算項目的計算方法與數目的正確性；
2. 給受害人家屬取得賠償的建議情況與可操作性。

評價考核標準	分值
船舶碰撞後損害賠償範圍的理解程度	40
是否熟知損害賠償責任的承擔方式	20
計算列出各船的損失清單是否正確	20
學生是否積極參與以及團隊合作意識如何	20
合計	100

第八章
海難救助

【本章概要】
　　海難救助是海上運輸中一項古老的法律制度，也是海商法所特有的一種法律制度。由於海上風險極大，因而在茫茫大海上，遇難船舶獲得他人的救助尤為重要。因此，為了維護海上航行的安全，減少遇難船舶和人員的損失，因此，在海上運輸領域適用對有救助效果的救助者給予救助報酬的海難救助制度。

【學習目標】
　　1. 瞭解：海難救助的概念和種類；海難救助合同標準格式；
　　2. 熟知：海難救助的構成要件；有關海難救助的國際公約；
　　3. 理解：海難救助合同的概念；
　　4. 掌握：確定海難救助報酬應考慮的因素；「無效果，無報酬」救助合同的訂立與變更。

【技能目標】
　　1. 能夠充分把握海難救助的構成要件及支付海難救助報酬時應考慮的因素，並應用於實踐；
　　2. 能夠學會在案件中如何運用海難救助「無效果，無報酬」救助合同的訂立與變更。

【先導案例】
　　某輪擱淺后船上發生嚴重火災，船長宣布棄船。兩天后，有幾名該船上的船員登船將火撲滅並將其駛到安全地點。該幾名船員向船舶所有人提出救助報酬請求。船舶所有人認為船員有履行本船安全的義務，船員自救沒有報酬請求權。請問船長棄船會引起什麼法律后果？船員與船舶所有人的雇傭關係何時終止？本案是自救還是他救？

【知識精講】

第一節　海難救助概述

一、海難救助的概念和構成要件
（一）海難救助的概念
海難救助（salvage at sea），又稱海上救助，雖然各國法律的規定不盡相同，但基本含義是指在海上或與海相通的可航水域對遇難的人員、船舶和其他財產進行援助、救助的行為。如今，海難救助法律制度已成為各國海商立法的必要組成部分，而且出現了若干有關海難救助的國際公約。其中尤以國際海事委員會於1910年9月23日在布魯塞爾所簽訂的《1910年統一海難援助和救助某些規則的公約》（以下簡稱《1910年救助公約》）和國際海事組織於1989年在倫敦通過的《1989年國際救助公約》影響最大。

（二）海難救助的構成要件
海難救助行為與方式多種多樣，判定一項救助行為是否構成法律上的海難救助，關鍵是看其是否符合以下條件：
（1）須有合格的救助主體
海商法上的海難救助行為必須是來自遇難船舶本身或其他財產所有人以外的外在力量。遇難船舶船員和其他財產所有人及其雇員的自救行為不構成海難救助。
關於合格的救助主體，不同國家和地區的法律有不同的規定。如日本和德國等國的商法典強調救助人應為在私法上無救助義務的人。在中國，救助人可以是負有救助義務的人，也可以是不負有救助義務的人，可以是專門從事海難救助的專業救助人，也可以是從事故發生地偶然經過的船舶或飛機，甚至可以是同一船舶所有人的其他船舶。
（2）救助標的須是法律承認的
中國《海商法》所承認的救助標的是船舶和其他財產。船舶是指《海商法》第三條所稱的船舶和與其發生救助關係的任何其他非用於軍事的或者政府公務的船艇。救助方和被救助方有一方為海船時，另一方才可以是小型船艇。《1989年國際救助公約》無此限制。財產是指非永久地和非有意地依附於岸線的任何財產，包括有風險的運費。海上已經就位的從事海底礦物資源的勘探、開發或者生產的固定式、浮動式平臺和移動式近海鑽井裝置不在此列。
（3）救助標的應當處於真實的危險之中
海難救助以救助標的實際處於危險之中為前提。實際危險的判斷標準有二：一是船貨或其他海上財產和人員合理地喪失自行脫離危險的能力，且危險已經發生，或尚在繼續，或正在或即將發生。二是合格的船長在當時的情況下，能合理地斷定，如不施救，船貨就有可能發生重大損失或繼續發生損失，人命將喪失。危險必須真實存在，但不一定緊迫。
（4）救助必須發生在海上或者與海相通的可航水域
海難救助行為發生的區域不局限於海上，還包括其他可航水域或海港內，如港灣、

海峽、江河入海區域等。有的國家還將江河、湖泊、國際河流上的救助行為納入海難救助範圍。

（5）救助一般必須有效果

海難救助有效果是傳統海商法上救助人獲取救助報酬的法定條件。救助人救助報酬的多少通常依救助效果的大小確定。所謂有效果是指救助人的海難救助行為使遇難船舶及其財產和人員避免了全部或部分損失，或阻止了損失的進一步擴大。有效果並不意味著救助要完全成功。它是一個相對概念，遇難人員或財產通過救助人的施救得到了相對安全即構成有效果。

二、海難救助的種類

（一）依有無救助義務及救助義務的性質，可將海難救助分為純粹救助、合同救助和履行法定義務的救助

1. 純粹救助，是指既無法定義務又無合同義務的救助人對遇難之船舶或財產實施救助的行為。若純救助的標的為財產且救助已有效果，那麼救助人可依其救助效果，向被救船舶、財產的所有人請求救助報酬，並且對獲救的船舶或財產有船舶優先權和留置權。因為這種救助方式並不簽訂合同，致使當事人在救助報酬的確定上易發生爭議，故而現在很少發生純粹救助的行為。

2. 合同救助，是救助人依據其與被救助人所達成的救助合同的規定所實施的救助活動。合同救助一般在救助合同訂立後進行，救助雙方的權利義務依救助合同確定。在實踐中，合同救助一般採取「無效果，無報酬」的救助原則，只在環境污染救助的情況下，才實行「無效果，也給予補償」的原則。

3. 履行法定義務的救助，是法律規定的特殊主體在特殊條件或情形下必須實施的救助，履行救助是該類主體的法定職責或義務。履行法定義務的救助一般不得請求救助報酬，主要有以下幾種情況：

（1）公務人員實施的救助。法定的特殊公務人員如海軍、海上防衛隊、港區救火人員對其轄區內的遇難船舶、財產或人命依其職責必須實行救助。因為實施該救助是海軍、海上防衛隊等特殊主體的職責，是其對國家所應負的公法上的義務，而非商業性的救助行為，故不得向被救助人請求救助報酬。

對於引航員對被引領的船舶所實施的救助，因該救助為引航員的職責，故引航員對該救助不得請求報酬。但若引航員所實施的救助行為超出了其職責範圍，則可請求報酬，但應符合一定的條件。

（2）船長對人命的救助。各國海商法或其他相關法規均規定了船長對遇險的海上人命負有公法上的救助義務，否則即應承擔行政責任甚至刑事責任。此外，履行拖航合同和其他服務合同而實施的救助，因救助為該類合同的性質所要求的法定義務，故而亦不能提出救助報酬請求，但超出拖航合同或其他服務合同正常範圍之外的救助，則可要求報酬。

（二）根據救助標的的性質，可以分為對人救助和對物救助

對物救助是以物為救助的標的，依各國法律和國際公約的規定，物的範圍可以界定為船舶和財產兩類。但對船舶和財產的具體範圍，各國的規定卻不盡相同。對物的救助，各國法律和相關救助公約均規定，若救助有效果，則可取得報酬。

對人救助是救助人對海上遇難之人實施的救助。依各國法律和國際公約的規定，船長對海上遇難之人命應當予以救助，否則應承擔公法上的責任直至刑事責任。事實上，自中世紀以來，船長應對其發現的瀕於危險的海上人命予以救助已成為國際慣例，但是基於人道主義和人命無價的觀念，早期海商法均規定船長對獲救之人不得請求救助報酬。但這種規定卻時常導致在財產和人命共處於海上危險中時，救助人為了獲取報酬，首先搶救財產，然后再救人命或採取類似的措施，從而在事實上造成財產價值高於人命的現象。而且，倘若救助人在救助海上人命時對自己造成一定的損失而得不到補償，基於自身利益的考慮，也會在事實上造成救助人怠於救助海上人命的現象。為了更有利於救助海上人命，平衡救助者與被救助者間的利益，許多國家的立法和國際公約正在或已經轉變立場，對人命救助的報酬採取相對肯定態度，即單純救助海上人命時不得請求報酬，但是對人命及船舶或貨物合併救助時，可以參與救助報酬的分配。

(三) 依救助人與被救助人的關係，可將救助分為自行救助與第三人救助

自行救助，是指船舶之船長和船員，在本船遭受海難時，依據雇傭合同的性質和法律的規定，對其工作的船舶、船載貨物或人員施予的救助，因為自行救助是船長、船員正當履行職責的內在要求，除有特殊情況外，一般不得請求救助報酬。

第三人救助，是對他人的船舶、貨物及其他人員施以的救助，除公務救助外，若救助取得效果，有權請求報酬。

第二節　海難救助合同

一、海難救助合同的概念

海難救助合同是指救助人與被救助人在救助開始前或進行中達成的由救助方對被救助方遇難的船舶或其他財產進行救助，而由被救助方支付救助報酬或救助費用的雙方有償合同。在現代各國海商法及相關國際公約中，海難救助合同關係仍是海難救助法律主要或基本的調整對象。

在實踐中，海難救助合同依救助費用的給付原則和方式不同可以分為雇傭救助合同和「無效果，無報酬」救助合同兩種。

雇傭救助合同是救助方對遇險之船舶、貨物或其他財產施以救助而由被救助方依據救助方所付的人力及設備等支付一定救助費用的合同。雇傭救助合同並不以效果原則為基礎，即無論救助方的救助是否成功，被救方均應支付約定的救助費用。因為在雇傭救助合同中，被救助方負責指揮救助作業，且負擔救助作業中發生的一切風險責任，救助方只需按合同約定予以救助即可，即處於從屬地位，故為一種純雇傭性質的合同。國際上通常認為，依據這類合同所提供的勞務僅為一般海上服務，而不為海難救助的法律調整對象。海商法所調整的海難救助合同為貫徹效果原則的「無效果，無報酬」的海難救助合同。

「無效果，無報酬」救助合同是救助方在對被救方遇難之船貨或其他財產救助成功后，即可獲得一定報酬的合同，它一般具有以下特徵：

第一，「無效果，無報酬」救助合同為一種具有風險性質的雙務合同，但與一般雙

務合同不同的是，救助方獲得救助報酬的權利和被救助方支付報酬的義務不是在合同成立時就已存在，該債權債務關係真正建立是於救助有效果之后；

第二，在該救助合同中，救助作業由救助方負責，並對救助作業中的一切風險包括對第三方造成的人身傷亡或財產損失承擔責任；

第三，該合同並不是在雙方當事人完全自願的基礎上訂立的。一方面，往往因救助合同大多在情況危急的情況下訂立，救助方或被救助方一般沒有充分的時間對合同條款予以公平協商；另一方面，作為救助合同重要內容的救助款項往往取決於多種因素，訂立合同時的判斷可能與實際情況不一致，會出現明顯高於或低於合同約定救助款項的情況。為了協商當事人的利益，實現公平救助，法律一般允許當事方對約定的救助款項向法律或仲裁機構申請予以調整變更。

二、「無效果，無報酬」救助合同的訂立與變更

(一)「無效果，無報酬」合同的訂立

依各國海商法和國際公約的規定，「無效果，無報酬」救助合同為諾成合同，只要救助方與被救助方關於救助的意思表示一致，合同即可成立。因此，作為被救方的船東自然可以與救助方訂立救助合同，至於船長是否可以依其身分直接與救助方訂立船舶救助合同，在《1989年國際救助公約》通過以前，各國法律和《1910年救助公約》並未作出明確規定，因而實踐中常常出現船長為了等待船舶所有人的同意而延誤救助的情況。為此，《1989年國際救助公約》明確規定了船長簽訂救助合同的權利。中國《海商法》在第一百七十五條第二款中也作了相同的規定，依該款的規定，遇險船舶的船長有權代表船舶所有人訂立救助合同。遇險船舶的船長或者船舶所有人有權代表船上財產所有人訂立救助合同。該條規定實際上賦予了船長在不徵詢委託人（船舶所有人和貨物所有人）同意的情況下簽訂救助合同的權利。

(二)「無效果，無報酬」救助合同的變更

合同一經成立便對雙方當事人具有法律約束力。當事雙方不得任意解除，也不得隨意變更合同的內容。但對於救助合同而言，其訂立具有特殊性：首先，救助合同往往在遇險開始時簽訂，由於存在緊急危險情況，合同雙方都難以正確及時地掌握有關海難救助的真實情況，也沒有時間詳細商討合同條款，尤其是救助方可能利用優勢作出詐欺、脅迫或乘人之危的行為；其次，救助款項是合同的主要內容，其數額確定取決於多種因素，危急情況下雙方約定的救助款項可能會明顯高於或低於實際提供的救助服務；最后，救助關係的利益雙方通常不在事故現場，難以對有權代表他們訂約的人的行為進行控制或作出指示，但都要對他們的行為甚至是不適當的行為後果負責，顯然不合公平原則。據此，各國法律和相關國際公約均規定了相應的變更規則。如《1989年國際救助公約》第七條規定：「如有以下情況，可以廢止或修改合同或其任何條款：(a) 在脅迫或危險情況下簽訂的合同，且其條款不公平；或 (b) 合同項下的支付款項與實際提供的服務太不相稱，過高或過低。」中國《海商法》第一百七十六條與《1989年國際救助公約》的規定基本一致，只是用語有所變化。

三、海難救助合同標準格式

救助一般發生在比較緊急的情況下，為了避免救助人與被救助人基於救助報酬、

雙方的權利義務、爭議的解決等問題爭論不休而延誤救助，給雙方帶來不應有的經濟損失，各國的有關航運組織均制訂有自己的救助合同格式，其中使用最廣泛的是英國的勞氏救助合同格式（Lloyd's Open Form，LOF）。

（一）英國勞氏救助合同標準格式

勞氏救助合同格式，是典型的「無效果，無報酬合同」，目前在世界上使用最廣，已成國際慣例，對各國海事立法產生了重要影響。該合同格式最初是由英國律師威廉·威爾敦（Willian Walton）於1891年設計的。為了適應海難救助制度發展的需要，該合同格式曾先后於1924年、1926年、1953年、1967年、1972年、1980年、1990年和1995年進行了多次修訂，成為各種救助合同中的最佳格式。該合同格式的主要內容如下：①由遇難船舶船長代表船舶、貨物和運費所有人簽訂救助合同，船舶、貨物、運費所有人有義務保證合同的執行，各負其責；②救助成功，救助方獲取報酬，因救助報酬引起的爭議，或因執行合同而發生的其他爭議，應提交英國勞氏委員會仲裁；③救助方為了達到救助的目的，可合理地免費使用遇難船舶的某些設備，但不應使其遭受不必要的損壞；④救助工作終了後，救助方應立即或盡早通知勞氏委員會，收取擔保金，在收取擔保金之前，救助方對獲救財產享有留置權。

在勞氏救助合同的修訂中，最具有影響力和變化最大的是1980年和1990年的修訂。1980年的重要修訂是，對「無效果，無報酬」原則作了例外規定，救助方在救助遇險油輪時，只要無過失，油輪所有人就應向救助方支付救助費用和不超過該費用15%的附加費，即使救助不成功。同時，它還提出了環境保護的新概念。而1990年的修訂則將特別補償的適用範圍由滿載的油輪擴展到了任何對環境構成污染威脅或損害的船舶或貨物；將補償數額由15%增加至30%甚至100%；將船上任何其他財產納入救助標的的範圍；要求救助方除了防止船舶漏油外，還要防止任何其他污染物質所致的環境損害。

（二）中國貿促會救助合同格式

中國貿促會救助合同格式是由中國國際貿易促進委員會制訂的救助標準格式合同，經雙方協商一致，在標準合同上簽字，該合同即具有約束雙方的法律效力。中國貿促會的救助合同格式與勞氏救助合同的內容基本一致，其主要內容為：

（1）船長的代表權。規定船長得代表船舶所有人、貨主和運費所有人簽訂救助合同。

（2）救助報酬。合同採用「無效果，無報酬」原則，在救助有效果時，應按雙方約定的救助報酬的數額支付。如雙方無約定，則應由海事仲裁委員會確定。

（3）保證金。規定被救船舶所有人應在救助結束後向貿促會海事仲裁委員會提交保證金。在未交付保證金以前，未經救助人或海事仲裁委員會主席的書面同意，獲救船舶和財產不得從停泊地點移走。

（4）仲裁。規定與本合同有關的一切爭議都應提交中國國際貿易促進委員會海事仲裁委員會仲裁解決。

四、海難救助當事人主要義務

（一）救助方的主要義務

救助方的主要義務有：①以應有的謹慎進行救助；②以應有的謹慎防止或者減少

環境污染；③在合理需要的情況下，尋求其他救助方援助；④接受被救助方合理的增加其他救助方的要求；⑤在安全地點如實移交獲救財產。

（二）被救助方的義務

被救助方的義務有：①與救助方通力合作；②以應有的謹慎防止或者減少環境污染損害；③當獲救的船舶或其他財產已經被送至安全地點時，及時接受救助方提出的合理的移交要求；④提供擔保或支付救助款項。

第三節　海難救助款項

海難救助款項是指被救助方依照法律規定或者合同約定，應當向救助方支付的任何救助報酬、酬金和補償金。

一、海難救助報酬

（一）確定救助報酬應考慮的因素

救助報酬的確定是海難救助制度中最為複雜的事項之一。在救助合同無有關報酬約定的情況下，或有關報酬的約定需要由法院或仲裁機構變更的情況下，各國法院或仲裁機構在確定救助報酬時考慮的因素不盡相同。中國《海商法》規定的確定救助報酬應考慮的因素與《1989年國際救助公約》的規定基本一致，依中國《海商法》第一百八十條的規定，確定救助報酬，應當體現對救助作業的鼓勵，並綜合考慮下列各項因素：

（1）船舶或其他財產獲救的價值，即船舶和其他財產獲救後的估計價值或者實際出賣的收入扣除有關稅款和費用後的價值。

（2）救助方在防止或者減少環境污染損害方面的技能和努力。該項環境方面的因素是有關海難救助的最新發展，《1989年國際救助公約》首次對此作出了規定。

（3）救助方的救助成效。救助方的救助成效是「無效果，無報酬」原則的體現，救助人只有真正使遇難的財產獲救了，才能獲得救助的報酬。

（4）危險的性質和程度。

（5）救助方在救助船舶、其他財產和人命方面的技能和努力。

（6）救助方所用的時間、支出的費用和遭受的損失。

（7）救助方或者救助設備所冒的責任風險和其他風險。

救助人所面臨的風險責任越大，財產獲救的價值可能越小，法規通過此項規定來鼓勵救助人對風險大的遇難財產進行救助，以平衡救助人的利益。

（8）救助方提供服務的及時性。

（9）用於救助作業的船舶和其他設備的可用性和使用情況。

（10）救助設備的備用狀況、效能和設備的價值。

第（9）、（10）項主要針對的是專業救助人，專業救助人一般用於救助作業的船舶及設備的價值比一般救助人所用的要高，專業救助人隨時處於備戰狀態下，其救助成本也相應提高，救助報酬也應有所增加。

依各國法律和救助公約的規定，救助報酬不得超過船舶和其他財產的獲救價值，這是確定海難救助的一項基本原則。

(二) 救助報酬的分配

船舶和其他財產的救助方在獲取救助報酬后，應依一定的規則進行分配。若參加海難救助的為單一的救助方，則只發生在同一救助方內部的船舶所有人、船長和船員的救助報酬分配問題；若多方參加救助，那麼救助報酬應首先在共同救助者之間分配，然後在救助方內部分配。

1. 共同救助者之間的救助報酬分配

在多個救助人參加海難救助的場合，依大多數國家和《1910年救助公約》第六條、《1989年國際救助公約》第十五條的規定，救助報酬應由各方協議確定，協商不成，則由受理爭議的法院或仲裁機構裁決。當事方在協商確定其應得的報酬或法院、仲裁機構裁決各方應得的救助報酬時，應由其法律所規定的確定報酬應考慮的因素決定。中國《海商法》第一百八十四條亦作了同樣規定。

2. 救助報酬在同一船舶內部的分配

依《1910年救助公約》第六條第三款、《1989年國際救助公約》第十五條第二款，救助報酬在救助船舶所有人、船長與船員之間的分配一般依船旗國法。船舶所有人在實施救助時雖然不在現場，但船舶所有人提供了救助的船舶及設備，也為船長及船員參與救助提供了機會，因此，一般各國的法律均允許船舶所有人參與救助報酬的分配，而且，船舶所有人所占的比例還較大。

二、特別補償

特別補償制度是隨著現代海難救助作業的發展，為鼓勵救助人從事防止和減少海上環境污染損害的救助而產生的一項新型法律制度，是相對於「無效果、無報酬」原則的一種特殊制度。

(一) 特殊補償權的構成要件

特殊補償權是指救助人對構成環境污染損害危險的船舶或船上貨物進行救助，無論成功與否，均依法享有從船舶所有人處獲取特別補償的權利。依照《海商法》和《1989年國際救助公約》，救助人必須符合兩個條件才能夠獲取特別補償：①救助方須有救助行為；②依「無效果，無報酬」原則未取得相當於特別補償金額的救助報酬。

(二) 特別補償金額的確定與支付

當救助人對構成環境污染損害危險的船舶或船上貨物進行救助，但未取得效果時，可以獲得相當於救助費用的特別補償金額；當救助人對構成環境污染損害危險的船舶或船上貨物進行救助並取得效果時，救助方應獲取的特別補償的金額可以另行增加，增加的幅度一般可至救助費用的30%，最高為救助費用的100%。

在任何情況下，特別補償只有在超過救助方依法能夠獲得的救助報酬時，方可支付，支付金額為特別補償超過報酬的差額部分。

(三) 特別補償的承擔者

特別補償的承擔者為船舶所有人，即使對環境構成污染損害的只是船上的貨物而不是船舶本身，亦由船舶所有人承擔特別補償的支付義務，但在船舶所有人承擔支付特別補償的責任后，有權對貨物所有人進行全部追償。船舶與船上貨物共同對環境構成污染損害的，先由船舶所有人支付全部的特別補償金額，再向貨物所有人追償超過其應承擔的部分。

第四節　有關海難救助的國際公約

有關海難救助的國際公約主要包括《1910 年救助公約》和《1989 年國際救助公約》。

一、《1910 年救助公約》

《1910 年救助公約》由國際海事委員會倡導和制定，於 1910 年在布魯塞爾召開的第 3 屆海洋法會議上簽訂，1913 年 3 月 1 日生效。該公約不僅體現了海難救助的傳統原則，而且在國際上統一了各國有關海難救助的法律和實踐，因而獲得了廣泛的承認和接受。到目前為止，其成員國共有 93 個，包括很少加入國際公約的美國。該公約主要體現了以下原則：

（1）人道主義救助人命原則。公約規定，對於海上遭受危險的人，即使是敵人，每個船長均須施救，只要對其船舶、船員和旅客不致造成嚴重危險。救助人命者對被救助人不得請求報酬，但國內法另有規定者除外。參與救助人命者可以參與因救助船舶、貨物及其附屬品可獲報酬的公平分配。

（2）「無效果，無報酬」原則。公約規定，救助無效果者無權要求任何報酬，救助行為有效果者有權獲得公平的報酬。在任何情況下，報酬不得超過被救助財產的價值。

（3）救助合同的公平原則。公約規定，在危險期間，並在危險威脅下訂立的任何救助合同，經當事人一方請求，如果法院認為合同條款不公平，可以認定合同無效，或變更合同。在任何情況下，如合同存在詐欺或隱瞞，或所付的報酬與救助效果相比，顯然過多或過少，經利害關係人請求，法院可以認定合同無效，或變更該合同。

（4）救助報酬確定的原則。根據公約規定，救助報酬金額由當事人協議確定。協議不成，由法院確定。確定救助報酬時，應考慮救助效果、被救助財產的價值等因素。

《1910 年救助公約》不適用於軍用船舶或專門用於公務的政府船舶，這給公約的適用帶來了不便。於是，國際海事委員會於 1967 年通過了修正公約的議定書，將公約的適用範圍擴大至軍艦或屬於國家或其部門所有、經營、租用的任何其他船舶，不論這些船舶是提供救助，還是接受救助。

二、《1989 年國際救助公約》

《1989 年國際救助公約》是國際海事組織於 1989 年通過的，並於 1996 年 7 月 14 日起正式生效。中國於 1995 年加入該公約。與《1910 年救助公約》相比，《1989 年國際救助公約》對船舶、財產的概念和公約的適用範圍等有了較大的變動，並增設了許多新條款，其中包括最引人注目的特別補償條款。公約的主要內容有：

（1）公約的適用範圍

公約適用於在可航水域或任何其他水域對船舶或任何其他海上財產進行的救助。這裡的船舶是指任何船只、艦筏或任何能航行的構造物，亦即作為救助標的船舶不受形狀、噸位和用途的限制，從而不限於海船或內河船舶。

（2）特別補償條款

這主要體現於公約的第十四條：①救助人如果救助了危及環境的船舶或貨物，根據公約第十三條規定獲得的救助報酬低於救助人所花費用時，救助人有權獲得由船舶所有人支付的相當於其他費用的特別補償，即使救助不成功或效果不明顯，且未能防止或減少環境污染；②救助人的救助作業如果防止或減少了環境污染，船舶所有人向救助人支付的特別補償可增加至救助費用的130％；③法院或仲裁機構如果認為公平合理，並考慮第十三條第一款中所列的有關因素，還可將特別補償增加至200％。

（3）公約增設的其他重要條款

其他重要條款有：①定義條款，公約對「救助作業」、「船舶」、「財產」、「環境損害」和「支付款項」等術語下了明確的定義；②救助當事人的義務條款；③評定救助報酬的標準條款；④船長有權代表財產所有人簽訂救助合同條款等。

知識小百科 8-1　　　　海難救助的請求權時效

有關海難救助的請求權和要求保險賠償的請求權，時效期間均為 2 年，分別自救助作業終止之日起和自保險事故發生之日起計算。

有關船舶碰撞的請求權，時效期間為 2 年，自碰撞事故發生之日起計算；互有過失的船舶碰撞造成第三人的人身傷亡時，負連帶責任而支付賠償超過其過失比例的船舶向其他過失船的追償請求權，時效期間為 1 年，自當事人連帶支付損害賠償之日起計算。

本章小結

海難救助是指在海上或與海相通的可航水域對遇難的人員、船舶和其他財產進行援助、救助的行為。

海難救助合同是指救助人與被救助人在救助開始前或進行中達成的由救助方對被救助方遇難的船舶或其他財產進行救助，而由被救助方支付救助報酬或救助費用的雙方有償合同。

海商法所調整的海難救助合同為貫徹效果原則的「無效果，無報酬」的海難救助合同。「無效果，無報酬」救助合同是救助方在對被救方遇難之船貨或其他財產救助成功后，即可獲得一定報酬的合同。

海難救助合同標準格式使用最廣泛的是英國的勞氏救助合同格式。

海難救助款項，是指被救助方依照法律規定或者合同約定，應當向救助方支付的任何救助報酬、酬金和補償金。

海難救助的國際公約主要包括《1910 年救助公約》和《1989 年國際救助公約》。

基礎訓練

一、單項選擇題

1. 根據中國《海商法》的規定，海難救助合同從（　　）時起開始生效。
   A. 雙方當事人商定　　　　B. 成立
   C. 實施　　　　　　　　　D. 救助結束

2. 根據中國《海商法》的規定，海難救助合同一旦生效，任何一方當事人不得變更、解除、終止合同或宣告合同無效，而只能請求法院或仲裁機構（　　）。
   A. 變更合同內容　B. 宣告解除合同　C. 終止合同　D. 宣告合同無效

3. 既無法定義務又無合同義務的救助人對遇難之船舶或財產實施救助的行為是（　　）。
   A. 純粹救助　　B. 合同救助　　C. 自行救助　　D. 第三人救助

4. 救助人依據其與被救助人所達成的救助合同的規定所實施的救助活動是（　　）。
   A. 純粹救助　　B. 合同救助　　C. 自行救助　　D. 第三人救助

5. 對他人的船舶、貨物及其他人員施以的救助，除公務救助外，若救助取得效果，有權請求報酬是（　　）。
   A. 純粹救助　　B. 合同救助　　C. 自行救助　　D. 第三人救助

二、多項選擇題

1. 根據中國《海商法》的規定，（　　）有權訂立海難救助合同。
   A. 遇難船舶的船長　　　　B. 遇難船舶的光船承租人
   C. 遇難船舶的所有人　　　D. 遇難船舶的船舶經營人

2. 國際上通行的海難救助合同有（　　）。
   A. 雇傭救助合同　　　　　B.「無效果，無報酬」救助合同
   C. 無償救助合同　　　　　D.「無效果，有報酬」救助合同

3. 《1910年救助公約》主要體現了（　　）原則。
   A. 以人道主義救助人命原則　B.「無效果，無報酬」原則
   C. 救助合同的公平原則　　　D. 救助報酬確定的原則

4. 確定救助報酬應考慮的因素有（　　）。
   A. 船舶或其他財產的獲救的價值　B. 救助方的救助成效
   C. 危險的性質和程度　　　　　　D. 救助方提供服務的及時性

5. 海難救助中救助方的主要義務有（　　）。
   A. 以應有的謹慎進行救助
   B. 以應有的謹慎防止或者減少環境污染
   C. 與救助方通力合作
   D. 以應有的謹慎防止或者減少環境污染損害

三、判斷題

1. 海商法上的海難救助行為必須是來自遇難船舶本身或其他財產所有人之內的內

在力量。　　　　　　　　　　　　　　　　　　　　　　　　（　）

2. 海難救助以救助標的實際處於危險之中為前提。　　　　　　（　）

3. 在實踐中，合同救助一般採取「無效果，無報酬」的救助原則，只在環境無污染救助的情況下，才實行「無效果，也給予補償」的原則。　　　　（　）

4. 對人救助是救助人對海上遇難之人實施的救助。　　　　　　（　）

5. 按照各國海商法和國際公約的規定，「無效果，無報酬」救助合同為諾成合同。　　　　　　　　　　　　　　　　　　　　　　　　　　（　）

四、簡答題

1. 簡述海難救助的概念和構成要件。
2. 簡述海難救助的種類。
3. 簡述海難救助合同的概念。
4. 簡述「無效果，無報酬」救助合同的特徵。
5. 簡述確定救助報酬應考慮的因素。

五、技能應用

甲所有的油船在海上發生了事故，救助公司乙應甲的要求進行救助，但對救助報酬未約定。經過救助，乙公司支出救助費用為 50 萬元。請問：①如果沒有獲救財產，但保護了環境，乙能否獲得救助款項？應向誰主張？說明理由。②有船員若干被救，對此能否請求救助報酬？說明理由。③如果獲救財產為 600 萬元，也保護了環境。按后來達成的協議，按獲救財產的 20% 支付了救助報酬，即 120 萬元，那麼按法律規定，乙最多能得到多少救助款項？為什麼？

模擬法庭

一、案例分析

【背景資料】

原告：廣州海上救助打撈局（以下簡稱「救撈局」）

被告：萬富船務有限公司（以下簡稱「萬富公司」）

被告：菊石海運公司（AMMONITE MARINE S.A.，以下簡稱「菊石公司」）

1996 年 8 月 17 日 10:00 時，萬富公司與救撈局聯繫，稱由其經營、註冊船東為菊石公司的洪都拉斯籍「菊石」輪在北緯 26°35′、東經 125°20′附近海域副機發生故障，要求救撈局救助。14:50 時，萬富公司以傳真方式書面委託救撈局，要求救撈局派拖輪並備三天的船員伙食，將「菊石」輪拖到珠海聯大船廠，並確認此次拖輪費用為 50,000 美元。救撈局接受委託后，於 15:10 時通知「穗救 206」輪備好伙食，前往事故地點救助「菊石」輪。「穗救 206」輪接到指令后，於 17:25 時前往救助。19 日 16:00 時，「穗救 206」輪抵達事故地點，並於 18:00 時接拖成功返航。23 日 09:00 時，「穗救 206」輪按照「菊石」輪的要求，將「菊石」輪拖到珠海九洲港聯檢錨地。「菊石」輪船長簽認了完成施工作業的報告單，並承認收到價值人民幣 1278 元的伙食。應「菊石」輪的要求，「穗救 206」輪在抵珠海九洲港聯檢錨地后仍繼續守護「菊石」輪，

直至 24 日 11:15 時。對此，救撈局提出守護費為 1800 美元，萬富公司沒有表示異議。23 日，萬富公司向救撈局支付港幣 80,000 元，但其后未再向救撈局支付任何其他款項。1996 年 9 月 6 日，救撈局向海事法院提出訴前扣押「菊石」輪的申請。7 日，海事法院裁定准許救撈局的申請，珠海聯大船廠扣押了「菊石」輪。「菊石」輪被扣押期間，萬富公司沒有給「菊石」輪的在編船員支付工資，亦沒有向「菊石」輪提供燃油、淡水和船員伙食等費用。10 月 10 日，救撈局向海事院提出公開拍賣「菊石」輪的申請，海事法院准許其申請並刊登了賣船公告，要求與「菊石」輪有關的債權人在規定期限內向海事法院申請登記債權。公告規定期限內，「菊石」輪的在編船員向海事法院申請債權登記，稱萬富公司拖欠實施救助之前 4 個月的船員工資及實施救助之后 2 個月的船員工資；珠海聯大船廠也向海事法院申請債權登記，稱萬富公司拖欠其船舶修理費用。12 月 3 日，「菊石」輪被依法拍賣，拍賣成交價款 67,500 美元。海事法院從拍賣船舶的價款中先支付給「菊石」輪的在編船員 2 個月的船員工資，並於 12 日將「菊石」輪船員全部遣返原籍。救撈局於 1996 年 9 月 25 日向海事法院提起訴訟，請求判令萬富公司和菊石公司支付救助費用 41,610.71 美元及其年利率 10.98% 的利息。

【思考與討論】

請問：① 請分析本案的拖航行為是否屬於「海難救助」？② 請分析本案的法律適用。

二、實訓操作

【實訓內容】

原告：深圳聯達拖輪有限公司（以下簡稱「聯達公司」）

被告：銀河航運企業有限公司（GALAXI SHIPPING & ENTERPRISES CO. LTD. 以下簡稱「銀河公司」）

1994 年 10 月 25 日 0857 時，銀河公司所屬的停靠於蛇口港第 8 號泊位的巴拿馬籍「織女星（VEGASS）」輪在裝載白糖的過程中突然起火。蛇口港公安局消防大隊於 09:08 時接到火警報告后，先后調遣了 10 輛消防車趕赴現場滅火。09:10 時，蛇口招商港務股份有限公司總調度室通知聯達公司到蛇口港第 8 號泊位救火。09:15 時，聯達公司派出「滬救 16」、「青港拖 5」和「青港拖 10」三艘拖消兩用船抵達火災現場，在蛇口港港務監督、公安局消防大隊和船方組成的聯合小組的指揮下，先用船上的泡沫滅火劑封艙滅火，后改用海水灌艙，於 11:30 時將火撲滅。「織女星」輪的保險價值為 300 萬美元，起火時已裝白糖 8674 噸，每噸價格為 376 美元，其中 117.45 噸在火災中被毀，該航次運費預付，運價為每噸 28 美元。在滅火過程中，「滬救 16」船共用了 8 噸價值為 110,800 元人民幣的泡沫滅火劑。「青港拖 5」和「青港拖 10」二船所用的泡沫滅火劑已過期，聯達公司沒有就其價值提供證據。聯達公司屬企業法人，經營範圍為港口拖輪拖帶作業、水上交通、船舶租賃、水上過駁作業、船舶維修、船舶供應、垃圾回收和船員服務等。1994 年 4 月 11 日，蛇口港公安局和港務監督聯合發出船舶火災應急指南，其中規定：在蛇口港尚未配備消防船的情況下，海上航行、停泊在錨地或碼頭的船舶起火，由聯達公司和其他公司的拖消兩用船協助公安局消防大隊進行撲救工作。聯達公司向海事法院提起訴訟，認為：其滅火行為屬《海商法》規定的海難救助，且救助獲得了成功，獲救財產的價值為人民幣 7456 萬元，其中包括船舶價值 3000 萬元、貨物價值 4250 萬元和運費 206 萬元。請求判令銀河公司支付救助報酬 450 萬元。銀河

公司答辯認為：依蛇口港公安局和港務監督聯合頒布的火災應急指南，聯達公司的拖消兩用船是港口公安局消防大隊的輔助力量，其滅火行為只是履行《中華人民共和國消防條例》等行政法規所規定的義務，因而聯達公司只能依有關行政法規收取一定的消防費用，不能依《海商法》收取救助報酬。

【實訓目標】

加深學生對海難救助的認識和理解，培養其解決實際問題的能力；分析聯達公司的滅火行為是否屬於海難救助行為。蛇口港公安消防大隊是否有權獲得救助報酬，為什麼？

【實訓組織】

將學生分為若干組，以小組為單位，扮演原告和被告，就實訓目標中的海難救助行為和海難報酬進行探討。

【實訓成果】

1. 對案例中海難救助的理解是否有法律依據；
2. 對於是否能獲得海難救助報酬，說明理由。

評價考核標準	分值
對案例中海難救助的理解	40
對海難救助的構成要件是否闡述明確	20
對海難救助報酬涉及的因素是否考慮全面	20
學生是否積極參與以及團隊合作意識如何	20
合計	100

第九章
共同海損

【本章概要】
　　共同海損是海商法中一種特有的法律制度。其歷史悠久，源遠流長。國際上對此沒有國際公約，所適用的是著名的約克·安特衛普規則。該規則不具任何拘束力，只有在雙方當事人約定使用時才對雙方當事人有拘束力。約克·安特衛普規則經過數次修訂，目前廣泛使用的是《1974年約克—安特衛普規則》，最新的修訂本是《1994年約克—安特衛普規則》。

【學習目標】
　　1. 瞭解：共同海損的概念；共同海損的法律與慣例的《約克—安特衛普規則》《北京理算規則》；
　　2. 熟知：共同海損犧牲和費用；共同海損的過失責任；
　　3. 理解：共同海損與單獨海損的區別；
　　4. 掌握：共同海損的構成要件；共同海損理算方法。

【技能目標】
　　1. 能夠在具體案件中運用共同海損的構成要件；
　　2. 能夠對具體案件的共同海損犧牲和費用進行分析和計算。

【先導案例】
　　某載貨船舶在航行過程中突然觸礁，致使部分貨物遭到損失，船體個別部位的船板產生裂縫，急需補漏。為了船貨的共同安全，船長決定修船，為此將部分貨物卸到岸上並存艙，卸貨過程中部分貨物受損，事後統計：這次事件造成的損失有：①部分貨物因船觸礁而損失；②卸貨費、存倉費及貨物損失。從以上各項損失的性質來看，屬於什麼海損？

【知識精講】

第一節　共同海損概述

一、共同海損的概念

　　共同海損（General Average）是指載貨船舶在海上運輸中，遭遇自然災害、意外事

故或其他特殊情況時，為了使船舶、貨物免遭共同危險，有意地採取合理措施而引起的特殊犧牲或支出的額外費用，應由各受益方共同分攤損失的一種法律制度。

所謂自然災害是指自然力造成的災害，即我們通常講的不可抗力或天災給船舶、貨物所造成的損壞，如惡劣氣候、地震、海嘯、流冰、雷電等。意外事故是指船舶在航行中遭遇突然的、外來的、意料之外的事故。如船舶擱淺、觸礁、碰撞、機器失靈和火災等。特殊情況既不是自然災害，又不是意外事故，但它的出現又足以威脅船舶和貨物的共同安全。如船舶在逆風中航行、燃料消耗完畢，若不及時補救，船舶將無法繼續航行。

與共同海損相對應，並非為了大家的共同利益而作出的犧牲，而是因自然災害或意外事故等其他原因直接造成的船舶或貨物的損失被稱為單獨海損。

共同海損的犧牲和費用都是為了使船舶、貨物和運費方免於遭受損失而支出的，因而應該由船舶、貨物和運費各方按最后獲救價值的比例分攤，這種分攤叫共同海損的分攤。

二、共同海損的構成要件

根據公平原則，只有那些屬於共同海損的損失才由受益各方分攤。因此，共同海損的構成必須具備一定的要件：

（一）船舶、貨物和其他財產必須是共同的、真實的危險

所謂共同的危險，是指這種危險對船舶和貨物都構成威脅，僅僅危及船舶或貨物單方的危險不會造成共同海損。如天氣悶熱而船上的冷凍設備損壞，可能導致貨物腐敗變質而船舶本身不受影響，就不是共同危險。所謂真實的危險，是指危險必須是客觀存在的，僅僅是主觀臆測的危險不會造成共同海損。

（二）採取的措施必須是有意的、合理的

所謂有意採取措施，指船長或船上其他有權負責船舶駕駛和管理的人員在主觀上明知採取某種措施會導致船舶或貨物的進一步損失，但是為了船貨的共同安全，而故意地採取行動。所謂合理，指一個具有良好船藝的船長或船上其他負責船舶駕駛和管理的人員考慮了當時的客觀情況、各種應急措施的可行性和客觀效果等因素后，選擇的能以較小的犧牲或費用獲取共同安全的措施。

（三）犧牲和費用的支出必須是特殊的

所謂特殊，是指由於共同危險，為了船貨共同安全，船長或船上其他負責船舶駕駛和管理的人員採取措施所造成的犧牲、費用的支出或損失超出了正常範圍之外的損失。如船舶擱淺，為使船舶得以脫淺，反覆使用快進車、快倒車，以使船舶松動，最終得以脫淺。由於採取該措施而導致船舶主機受到損害，應列入共同海損。

（四）措施必須要有效果

所謂效果，是指船方所採取的措施達到了全部或部分地保全船舶、貨物或其他財產的目的，否則，沒有獲救財產的價值，共同海損也就失去了賴以存在的基礎。換句話說，沒有獲救財產，就無所謂分攤損失。要有效果，並不說財產全部獲救，只要有部分財產獲救，就不影響共同海損的構成，就可以使共同海損的分攤有其財產來源。

三、共同海損與單獨海損的區別

海損就其損失的后果可分為單獨海損和共同海損。單獨海損是指因自然災害、意

外事故或駕駛人員等的航海過失直接造成的船舶或貨物的損失。這部分損失不能要求航海中各利害關係人來分攤，只能由各受害方自行承擔，或按運輸合同的有關規定進行處理。

共同海損不同於單獨海損：其一，損失發生的原因不同。單獨海損完全是由於意外事故、自然災害或一方可免責的過失等原因直接造成的損失；而共同海損則是由於船舶和貨物遭遇共同危險之后，為了船舶和貨物的共同安全，有意地、合理地採取某種措施而造成的損失。其二，承擔損失的責任不同。單獨海損由各受害方自行承擔，如果是因某一方不可免責的過失造成，損失由責任方承擔；共同海損的損失是為了船貨共同安全而人為地、有意地造成的，所受損失應由受益方按照受益財產的比例進行分攤。

【法律課堂9-1】

某貨輪從天津新港駛往新加坡，在航行中船艙貨物起火，大火蔓延至船艙，船長為了船貨的安全決定採取緊急措施，往艙中灌水滅火，火被撲滅，但由於主機受損，無法繼續航行，於是船長決定雇傭拖輪，將貨船拖回新港修理，檢修后，重新駛往新加坡。事後調查，這次事件造成的損失有：①1000箱貨物被燒毀；②600箱貨由於灌水滅火受到損失；③主機和部分甲板被燒壞；④拖船費用；⑤額外增加的燃料和船長、船員的工資。從上述情況和各項損失的性質來看，哪些屬單獨海損，哪些屬共同海損，為什麼？

法律精析：

（1）以上各項損失，屬於單獨海損的有①③；屬於共同海損的有②④⑤。

（2）本案例涉及海上損失中部分損失的問題，部分損失分兩種，一種是單獨海損，一種是共同海損。所謂單獨海損，指損失僅屬於特定利益方，並不涉及其他貨主和船方。所謂共同海損，是指載貨船舶在海上遇到災害、事故，威脅到船貨等各方面的共同安全，為了解除這種威脅，維護船、貨的安全使航行得以繼續，船方有意識地、合理地採取措施，造成某些特殊損失或支出額外費用。構成共同海損必須具備以下條件：①共同海損的危險必須是實際存在的，或者是不可避免而產生的，不是主觀臆測的；②消除船、貨共同危險而採取的措施，必須是有意的和合理的；③必須是屬於非正常性質的損失；④費用支出是額外的。

（3）結合本案例，①③損失是由於貨船火災導致，屬意外事故，故其為單獨海損；②④⑤損失是船長為避免實際的火災風險而採取的有意的、合理的避險措施，屬於非正常性質的損失，費用支出也是額外的，故其屬於共同海損。

第二節　共同海損犧牲和費用

一、共同海損犧牲

共同海損犧牲（General Average Sacrifice），是指由於共同海損措施直接造成的船舶或貨物或其他財產在形態上的滅失或損壞。這種犧牲包括船舶、貨物、運費及船舶所載其他財產的犧牲。

（一）船舶犧牲

由於採取共同海損措施給船舶或船用物料造成的損失通常有以下幾種情況：

（1）撲滅船上火災

船舶發生火災，如危及船貨的共同安全，為了解除船貨的共同危險而必須採取噴水、灌水滅或者使失火船舶擱淺等滅火措施。該措施必然導致船舶遭受損失，這一損失應列入共同海損。

（2）切除殘損物

船舶發生事故后，船舶上的某部分已經損壞，但未離船，為了共同安全對這些殘損部分的切除。如遭遇海難已損壞的舷牆、桅杆等殘損物或其他部位的破損物，若原封不動地放置在原處，有可能威脅航行安全，切除殘損物是為了航行的安全。切除這種已經損壞的殘損物不作為共同海損處理，即使殘損物還有一定的使用價值。但是，因切除殘損物所造成貨物的損失或船舶的進一步破損，以及切除殘損物引起的費用是共同海損。

（3）有意擱淺

為了解除船貨的共同危險，船長有意將船舶駛往比較安全的淺灘而使之擱淺的措施。因有意擱淺給船舶或貨物造成的損失，應列入共同海損。

（4）船機的損失

在船舶擱淺並有危險的情況下，如經證明的確是為了共同安全，有意使機器、鍋爐冒受損壞的危險而設法起浮船舶，由此造成任何機器和鍋爐的損壞，應列入共同海損。但船舶在浮動狀態下因使用推進機器和鍋爐所造成的損失，在任何情況下不得作為共同海損受到補償。

（5）屬具、船用材料和物料的犧牲

在遭遇危險時，為了共同安全而卸下擱淺船舶的貨物、船用燃料和物料時，其減載、租用駁船和重裝（如果發生）的額外費用和由此造成共同航程中的財產的任何滅失或損壞，都應認作共同海損。

（二）貨物犧牲

由於採取共同海損措施而引起船上所載貨物的滅失或損害主要有以下情況：

（1）拋棄貨物

如在船貨遭遇共同危險的緊急情況下，將貨物部分拋入海中以減輕船舶載重量。拋貨原是共同海損中最重要、最典型的一種措施，此種情況在現代海運中已不多見，但鑒於海上情況的複雜性，仍有保留的必要。被拋棄貨物如在甲板上，只要符合航運習慣，裝載於甲板上的貨物如生鐵、木材等均應列入共同海損。未經申報或謊報的貨物被拋棄，不能列入共同海損，但這些貨物獲救時，應分攤共同海損。

（2）貨物的濕損

船舶遭遇意外事故后，在搶救船舶和貨物過程中，貨物被湧入或滲入貨艙的海水浸濕，或在滅火過程中未被火燒的貨物受到水濕而引起的損失等，均屬共同海損犧牲。

（3）其他共同海損措施所引起的貨物損失

船舶自動擱淺、切除殘損貨物、為修理船舶而將貨物駁卸，在駁卸過程中部分貨物落入水中受到的損失以及貨物儲存、搬運和重裝等所引起的貨物的犧牲和費用，均應列入共同海損。

（三）運費犧牲

運費是船方的收入，當運費是「到付」運費，也稱待收運費或有風險的運費時，如果貨物途中受到犧牲不能運到目的港，船方應收的運費也隨之犧牲。如犧牲的貨物被認作共同海損時，運費也應被認作共同海損。

二、共同海損費用

共同海損費用（General Average Expenditure），是指為了解除船舶貨物的共同危險而採取的措施所引起的額外費用。共同海損費用通常有在避難港等地發生的額外費用、救助費用和代替費用等。它與共同海損犧牲的區別在於：共同海損犧牲是船舶或貨物本身的滅失和損壞，而共同海損費用不牽涉船舶和貨物的實際損失。

（一）在避難港發生的額外費用

中國的《海商法》第一百九十四條規定，船舶因發生意外、犧牲或其他特殊情況而損壞時，為了安全完成本航程，駛入避難港、避難地點或者駛回裝貨港口、裝貨地點進行必要的修理，在該港口或地點額外停留期間所支付的港口費用、船員工資、給養，船舶所消耗的燃料、物料，為修理而卸載、儲存、重裝或者搬移船上貨物、燃料、物料以及其他財產所造成的損失、支付的費用，應當列入共同海損。

（二）代替費用

代替費用是指當船舶遭受意外事故時，為了共同利益和安全，船方為節省原應列入共同海損的費用而支出的另一筆較小的額外費用。代替費用本身雖然不直接具備共同海損費用的條件，但由於支付了該項費用，卻可以節省或避免一項或幾項原應列入共同海損的費用，這樣的費用是為各受益方所歡迎的。因此，該費用可以列入共同海損。中國《海商法》第一百九十五條規定，為代替可以列為共同海損的特殊費用而支出的額外費用，可以作為代替費用列入共同海損；但是，列入共同海損的代替費用的金額，不得超過被代替的共同海損的特殊費用。

（三）救助費用

船舶遭遇海難，無法自行脫險，請求第三方進行救助，救助成功，應按獲救的財產價值支付給救助方救助報酬。如果救助的對象是船舶和貨物，則各自合理支付的報酬可以列入共同海損。即航程中各有關方所支付的救助費用，不論救助是否根據合同進行，都應認作共同海損，但以使在同一航程中的財產脫離危險而進行的救助為限。

知識小百科 9-1　　　　不能列入共同海損的損失

依《海商法》第一百九十三條第二款，在任何情況下，無論在航程中或者在航程結束後發生的船舶或者貨物因遲延所造成的損失，包括船期損失和行市損失以及其他間接損失，均不得列入共同海損。

依《海商法》第二百條，未申報的貨物或者謊報的貨物，應當參加共同海損分攤；其遭受的特殊犧牲，不得列入共同海損。不正當地以低於貨物實際價值作為申報價值的，按照實際價值分攤共同海損；在發生共同海損犧牲時，按照申報價值計算犧牲金額。

三、共同海損的過失責任

船舶和貨物面臨共同危險，船長為了船貨的共同安全採取的共同海損行為所導致的共同海損的特殊犧牲和特殊費用，應由各受益方按各自財產的比例進行分攤。但在實踐中，還有許多共同海損又是由於承運人的過失所引起的。根據中國《海商法》第一百九十七條規定，引起共同海損特殊犧牲、特殊費用的事故，可能由航程中一方的過失造成的，不影響該方要求分攤共同海損的權利；但是非過失方或者過失方可就此項過失提出賠償請求或者進行抗辯。這裡過失又分為承運人可以免責和承運人不可免責的過失。所謂承運人可以免責的過失，是指承運人雖有過失，但根據海上貨物運輸合同和有關法律的規定又是可以免除賠償責任的。《海牙規則》規定了17項承運人免責條款。對此，各國的航運和司法實踐並未提出異議。所謂不可免責是指按海上貨物運輸合同和有關法律規定的免責範圍以外的過失。如引起共同海損特殊犧牲、特殊費用的事故，確實是由於航程中一方的不可免責的過失造成時，那麼，該過失方不但要對全部共同海損負責，同時還要對其他方由此事故而引起的一切損失負責賠償。

如果不能確定是哪方的過失時，可以先在推定航程中的各方均無過失的情況下進行共同海損理算，然後，在決定共同海損分攤之時或之前，再確定該共同海損事故是否為航程中一方的不可免責的過失引起的，如果是，其他非過失方就無須參與分攤共同海損，如果不是，則其他非過失方應按照中國《海商法》中有關共同海損的其他條款規定參與分攤共同海損。在此期間，非過失方或者過失方可以就此項過失提出賠償要求或者進行抗辯。

此規定主要用於航程中有關方的過失處於不確定的狀態時，將共同海損與共同海損分攤、提出賠償請求以及進行抗辯等分開處理，其目的在於避免共同海損各當事方因共同海損事故責任爭執不下導致財產損失的擴大及不必要的延遲，從而有利於共同海損事故的解決。

第三節　共同海損理算

一、共同海損理算概述

共同海損理算，是指具有一定專業水平的機構和人員，按照理算規則，對共同海損損失的費用和金額進行確定，就各受益方應分攤的價值以及各受益方應分攤的共同海損金額進行的審核和計算工作。

根據中國《海商法》第二百零三條規定，在進行共同海損理算時，應遵循的原則是：①如果合同明確約定據以進行理算的理算規則時，則按該理算規則理算。②如果合同未作約定時，則適用中國《海商法》第十章的規定進行理算。該章的規定是非強制性的，對第十章未約定事項或規定不明確的，最好在合同中約定解決，中國《海商法》保護這種約定的效力。③如遇合同未作規定，海商法也無此規定時，則依照其他相關法律，特別應參照國際上通行慣例——《約克—安特衛普規則》來進行理算。

（一）共同海損理算人

海損理算人（Adjuster）是指專門從事共同海損理算的機構或人員（理算師）。中

國進行海損理算的機構是中國國際貿易促進委員會海損理算處。凡是在運輸合同中規定共同海損在中國理算的，均由該理算處進行理算。

目前，世界上主要的海運國家都設有海損理算機構，英國的海損理算機構在國際上影響最大，英國在世界許多國家和地區設有海損理算分支機構，因此，許多國家都願意請英國的理算人進行共同海損理算。

(二) 共同海損理算程序

進行共同海損理算應先由申請人提出委託，然后由理算人進行調查研究，確定哪些項目屬於共同海損，哪些屬於單獨海損。在此基礎上，確定共同海損損失的項目和金額；計算出各受益方應分攤的價值和分攤的金額；制定各受益方應收付的金額和結算辦法；最后由理算人編製出共同海損理算書。

(三) 共同海損理算的時間和地點

共同海損理算的時間和地點直接關係到各方當事人的經濟利益，因此，各國海商法及有關法律對此都作了明確規定。《1974 年約克—安特衛普規則》中規則 G 規定：「共同海損損失和分攤的理算，應以航程終止的時間和地點的價值為基礎。」

二、共同海損理算方法

(一) 共同海損犧牲金額的確定

共同海損犧牲金額是按照採取共同海損措施給船舶、貨物或其他財產所直接造成的特殊犧牲和支付的特殊費用的總和來確定的。中國《海商法》第一百九十八條詳細規定了船舶、貨物和運費的共同海損犧牲金額的確定方法。

1. 船舶共同海損犧牲金額的確定

確定船舶犧牲金額需要從以下幾方面進行考慮：

(1) 船舶受損后進行修理的，按照實際支付的修理費減除合理的以新換舊的扣減額計算。所謂實際支付的修理費，應是實際合理的修理和更新的費用。所謂以新換舊，是指在修理時，用新材料、新部件或新設備更換了船舶因共同海損犧牲或受損的舊材料、舊部件、舊設備。以新換舊的準則是以合理為原則，否則將構成不當得利。

(2) 船舶受損后尚未進行修理的，按照船舶犧牲造成的合理貶值計算，但不得超過估計的修理費。所謂估計修理費，應和實際支付的修理費一樣，按標準進行確定。

(3) 船舶發生實際全損或者修理費用超過修復后的價值的，共同海損的損失金額按該船在完好狀態下的估計價值減除不屬於共同海損損壞的估計的修理費和該船受損后的價值的余額計算。

2. 貨物共同海損犧牲金額的確定

貨物滅失的，按照貨物在裝船時的價值加保險費加運費，減除由於損失而無須支付的運費計算。貨物損壞的，在就貨物損壞程度達成協議前出售的，按貨物在裝船時的價值加保險費和運費，與出售貨物淨得的差額計算。出售受損貨物的淨值為出售貨物的貨價減去為出售該貨物所支付的費用。

3. 運費共同海損犧牲金額的確定

由於採取共同海損措施，貨物被拋棄，或在駁卸過程中部分落入水中，而運費又是到付的情況下，承運人自然收不到運費。這種運費的犧牲應確定為共同海損。運費損失金額的確定應按照貨物遭受犧牲造成的運費的損失金額，減去為取得此運費本應

支付但由於犧牲而無需支付的營運費用來計算。

（二）共同海損的分攤價值

船舶、貨物和運費的共同海損分攤價值，是指船舶、貨物和運費的所有人，因共同海損措施而分別受益的價值與因遭受共同海損而獲得補償的財產金額的總和。共同海損的分攤價值應以全部受益財產抵達目的港或航程終止港時的實際價值為基礎，再加上共同海損的補償額。凡因共同海損而受益的財產，都必須參加損失分攤。某些財產因共同海損措施而犧牲，但其中有一部分將從其他受益方得到補償，這種補償也應計算在分攤價值中。

1. 船舶共同海損分攤價值

船舶共同海損分攤價值，按照船舶在航程終止時的完好價值，減除不屬於共同海損的損失金額計算，或者按照船舶在航程終止時的實際價值，加上共同海損犧牲的金額計算。

2. 貨物共同海損分攤價值

貨物分攤價值按照貨物在裝船時的價值加保險費加運費，減除不屬於共同海損的損失金額和承運人承擔風險的運費計算。如果說貨物是在抵達目的港之前出售，應按出售淨得的數額，加上作為共同海損應得到的補償數額參加分攤。

3. 運費共同海損分攤價值

運費分攤價值，按照承運人承擔風險並於航程終止時有權收取的運費，減除為取得該項運費而在共同海損事故發生後，為完成本航程所支付的營運費用，加上共同海損犧牲的金額計算。

（三）共同海損分攤金額

共同海損分攤金額，系指因共同海損而受益的船舶、貨物、運費等，按其各自分攤價值的大小，應承擔的共同海損損失的數額。在理算時，首先以共同海損損失總額除以共同海損分攤價值的總額，再乘以百分之百，得出共同海損百分率，然后以船舶、貨物、運費的分攤價值分別乘以共同海損百分率，即可得出每一項財產的分攤金額。

簡言之，各受益方應分攤的共同海損金額可按下列公式計算：

（1）共同海損百分率（損失率）＝ 共同海損損失總金額÷共同海損分攤價值總額；
（2）船舶共同海損分攤金額 ＝ 船舶共同海損分攤價值×共同海損百分比（％）；
（3）貨物共同海損分攤金額 ＝ 貨物共同海損分攤價值×共同海損百分比（％）；
（4）運費共同海損分攤金額 ＝ 運費共同海損分攤價值×共同海損百分比（％）。

第四節　共同海損的法律與慣例

國際上通行的理算規則是《約克—安特衛普規則》（York-Antwerp Rules）。該規則具有國際慣例的性質，可供各國立法機關和理算機構參考。國內的理算規則即中國國際貿易促進委員會制定的《北京理算規則》。

一、《約克—安特衛普規則》

1860年，由英國社會科學促進會發起的英國格拉斯哥共同海損會議上，與會的理

算師、保險界和航運界的代表制訂了有 11 條關於共同海損理算的格拉斯哥決議。該決議是根據各國的共同海損的立法與習慣比較相一致的地方制定的。此后，又於 1864 年和 1877 年在英國的約克城和比利時的安特衛普城開會，修改並增訂了格拉斯哥決議，增加了第十二條，正式命名為《約克—安特衛普規則》。其后，為了進一步滿足理算規則的要求，國際上對規則進行了調整，形成了《1890 年約克—安特衛普規則》。該規則列舉出了共同海損的項目，但並未規定共同海損的定義和基本原則。

隨著航運事業和保險業的迅速發展，科學技術的進步，該規則又經過數次修訂，先后出抬了 1924 年規則、1950 年規則、1974 年規則，這些規則同時並存，供各方自由選用。其中 1924 年規則首次將規則條文劃分為字母規則和數字規則。字母規則共 7 條，按英文字母順序排列，規定了共同海損的原則。數字規則共 23 條，按羅馬數字順序排列，規定了共同海損的項目和具體辦法。但兩部分規則的內容又有不吻合之處，1924 年規則並未明確規定在理算中到底先適用哪部分規定，實踐中因此發生了很多爭議。因而 1950 年對 1924 年規則進行修改時，單列了一條解釋規則來明確字母規則和數字規則的關係。其規定，共同海損的理算適用字母規則和數字規則，凡與這些規則相抵觸的法律和慣例都不適用。同時還規定，除數字規則已有規定外，共同海損應按字母規則理算。簡言之，數字規則優先於字母規則，只有在數字規則沒有具體規定的情況下，才適用字母規則。

1974 年規則對 1950 年規則進行的修改和完善，主要是簡化了兩項確定共同海損損失的方法，即火烤和蒸熏造成的損失不得列入共同海損，以及不論船舶是否將擱淺，只要是為了共同安全有意擱淺，其損失可以作為共同海損得到補償。目前普遍適用的是 1974 年規則。

《1994 年約克—安特衛普規則》是在《1974 年約克—安特衛普規則》基礎上修改而成的，目前也已生效。其主要修訂表現在：

首先，增加了「首要規則」，其規定：犧牲或費用，除合理作出或支付者外，不得受到補償。首要規則優先於數字規則和字母規則。

其次，在「字母規則」有關不屬於共同海損的規定中，規則 C 進一步明確規定：環境損害或因同一航程中的財產漏出或排放污染物所引起的滅失或損害或費用不得列入共同海損。在有關提出共同海損的內容中，增加了有關時效的內容。

最后，在數字規則中增加了有關環境損害救助費用的具體內容，規則十一規定，可以列入共同海損的為了防止或減輕環境損害採取措施引起的費用有：①為了共同安全而請求第三方救助產生的救助報酬；②船舶駛入駛出避難港或避難地點產生的費用；③船舶為了安全地完成航程而在避難港或避難地點額外停留期間合理產生的船長、高級船員和一般船員的工資、給養、所消耗的燃料、物料及港口費用。但如實際已有污染物漏出或排放，則為了防止或減輕污染或環境損害而採取任何額外措施的費用不得作為共同海損受償。

二、《北京理算規則》

《北京理算規則》是《中國國際貿易促進委員會共同海損理算暫行規則》的簡稱，是由中國國際貿易促進委員會制定的，於 1975 年 1 月 1 日起施行。它是中國國際貿易促進委員會海損理算處進行共同海損理算的依據。

該規則有 8 條和 1 個前言。其內容是：制訂理算規則的目的；共同海損的範圍；共同海損理算的原則；共同海損損失金額的計算；共同海損的分攤；利息和手續費；共同海損擔保；共同海損時限和共同海損理算的簡化。和《約克—安特衛普規則》相比，《北京理算規則》有自己的特點，一是規則不在共同海損定義中承認所謂的安全續航。因此，共同海損成立的前提是存在共同危險，目的是求得共同安全。共同海損不包括為恢復續航能力而產生的費用和損失。但是，規則為了適應國際慣例，規定由於本航程中的意外事故，為了安全完成航程必須進行修理時，船舶在修理港合理停留期間所產生的某些額外費用和損失，也可以列入共同海損。二是簡化了共同海損理算程序。它的不足之處是過於簡單，對理算中遇到的許多問題都難以解決。理算人權利很大，在理算中極易出現偏差。隨著中國海運事業的迅速發展，對《北京理算規則》的修訂已勢在必行。

有鑒於此，中國國際貿易促進委員會於 1994 年在 1975 年的《北京理算規則》基礎上，參照《1994 年約克—安特衛普規則》，並結合中國《海商法》，制定了《1994 年北京理算規則》。該規則由前言和 12 條規定組成，其中的規定幾乎都與《1994 年約克—安特衛普規則》內容相同，只是更為簡要。該規則條文清楚，措詞得當，內容新穎，符合國際理算實際需要。

本章小結

共同海損是載貨船舶在海上運輸中，遭遇自然災害、意外事故或其他特殊情況時，為了使船舶、貨物免遭共同危險，有意地採取合理措施而引起的特殊犧牲或支出的額外費用，應由各受益方共同分攤損失的一種法律制度。

共同海損犧牲是由於共同海損措施直接造成的船舶或貨物或其他財產在形態上的滅失或毀壞。這種犧牲包括船舶、貨物、運費及船舶所載其他財產的犧牲。

共同海損費用是為了解除船舶貨物的共同危險而採取的措施所引起的額外費用。共同海損費用通常有在避難港等地發生的額外費用、救助費用和代替費用等。

共同海損理算是具有一定專業水平的機構和人員，按照理算的規則，對共同海損損失的費用和金額進行確定，就各受益方應分攤的價值以及各受益方應分攤的共同海損金額進行審核和計算工作。國際上通行的理算規則是《約克—安特衛普規則》；國內的理算規則是《北京理算規則》。

基礎訓練

一、單項選擇題

1. 目前國際上普遍適用的共同海損理算規則是（　　）。
　　A.《北京理算規則》　　　　　　　　B.《約克—安特衛普規則》
　　C.《倫敦規則》　　　　　　　　　　D.《國際理算規則》
2. 不可抗力或天災給船舶、貨物所造成的損壞是（　　）。
　　A. 自然災害　　B. 意外事故　　C. 一般外來風險　　D. 特殊外來風險

3. 船舶擱淺、觸礁、碰撞、機器失靈和火災是（　　）。
   A. 自然災害　　B. 意外事故　　C. 一般外來風險　　D. 特殊外來風險
4. 船舶發生事故后，船舶上的某部分已經損壞，但未離船，為了共同安全對這些殘損部分的切除是（　　）。
   A. 切除殘損物　　　　　　　B. 有意擱淺
   C. 船機的損失　　　　　　　D. 屬具、船用材料和物料的犧牲
5. 船舶或貨物本身的滅失和損壞是（　　）。
   A. 共同海損犧牲　　　　　　B. 共同海損費
   C. 共同海損的分攤　　　　　D. 以上都不對

二、多項選擇題

1. 共同海損犧牲包括（　　）。
   A. 船舶犧牲　　　　　　　　B. 貨物犧牲
   C. 運費犧牲　　　　　　　　D. 船舶所載其他財產犧牲
2. 共同海損費用包括（　　）。
   A. 保險費用　　　　　　　　B. 在避難港發生的額外費用
   C. 代替費用　　　　　　　　D. 救助費用
3. 在進行共同海損理算時，應遵循的原則有（　　）。
   A. 如果合同明確約定據以進行理算的理算規則時，則按該理算規則理算
   B. 如果合同未作約定時，則適用中國《海商法》第十章的規定進行理算
   C. 如果合同未作規定，海商法也無此規定時，則依照《約克—安特衛普規則》來進行理算
   D. 如果合同未作規定，海商法也無此規定時，則依照《北京理算規則》來進行理算
4. 確定船舶犧牲金額考慮的因素有（　　）。
   A. 船舶受損后進行修理的，按照實際支付的修理費減除合理的以新換舊的扣減額計算
   B. 船舶受損后尚未進行修理的，按照船舶犧牲造成的合理貶值計算，但不得超過估計的修理費
   C. 船舶發生實際全損或者修理費用超過修復后的價值的，按該船在完好狀態下的估計價值
   D. 船舶發生實際全損或者修理費用超過修復后的價值的，共同海損的損失金額按該船在完好狀態下的估計價值，減除不屬於共同海損損壞的估計的修理費和該船受損后的價值的余額計算
5. 共同海損金額的計算公式正確的有（　　）。
   A. 共同海損百分率（損失率）= 共同海損損失總金額×共同海損分攤價值總額
   B. 船舶共同海損分攤金額 = 船舶共同海損分攤價值×共同海損百分比（%）
   C. 貨物共同海損分攤金額 = 貨物共同海損分攤價值×共同海損百分比（%）
   D. 運費共同海損分攤金額 = 運費共同海損分攤價值×共同海損百分比（%）

三、判斷題

1. 拋貨原是共同海損中最重要、最典型的一種措施。　　　　　　　　　　（　　）

2. 船舶遭遇意外事故后，在搶救船舶和貨物過程中，貨物被湧入或滲入貨艙的海水浸濕，或在滅火過程中未被火燒的貨物受到水濕而引起的損失等，不屬共同海損犧牲。
（　）

3. 運費是船方的收入，當運費是「到付」運費，也稱待收運費或有風險的運費時，如果貨物途中受到犧牲不能運到目的港，船方應收的運費也隨之犧牲。（　）

4. 中國《海商法》第一百九十五條規定，為代替可以列為共同海損的特殊費用而支出的額外費用，不可以作為代替費用列入共同海損。
（　）

5. 航程中各有關方所支付的救助費用，不論救助是否根據合同進行，都不得計入共同海損。
（　）

四、簡答題

1. 簡述共同海損的概念和構成要件。
2. 簡述共同海損與單獨海損的區別。
3. 共同海損的犧牲包括哪些？
4. 共同海損的費用包括哪些？
5. 共同海損分攤金額如何計算？

五、技能應用

某船（價值600萬元），載雜貨500萬元進行遠洋運輸。收貨人分別為甲（貨物價值200萬元）、乙（150萬元）、丁（50萬元）。船舶到目的港后，船長宣布丙貨物（100萬元）為共同海損。請問：①何謂共同海損？②假定沒有其他損失，也沒有節省的費用，此共同海損如何分攤？③如果此共同海損的原因是由船員的過失所造成，是否影響共同海損分攤？

模擬法庭

一、案例分析

【背景資料】

Makis 輪在法國波爾多港裝貨時前桅斷裂，損及船舶，為了保證安全出海航行，在開航前進行了必要的修理，發生了修理費、檢驗費、船員工資、伙食費、燃料消耗以及貨物的裝卸費、港口費等。該輪修理完畢后駛往英國卡的夫港，但在航行途中推進器被海底殘損物纏住，不得不改駛法國瑟堡港修理，又發生了同樣的費用。租船合同和船舶保險單均訂明共同海損按《1924年約克—安特衛普規則》理算。船舶保險人對於兩次事故中產生的修理費及船舶檢驗費均同意作為單獨海損予以賠償。但船東與船舶保險人對於在港口發生的其他費用應否認作共同海損產生爭議。對於在瑟堡港所產生的費用，船舶保險人認為，由於從船舶被海底殘損物纏住直至船舶抵達瑟堡港期間，船舶從未面臨任何緊迫的危險，因此，改駛瑟堡港不是共同海損行為，因此而產生的費用不能認作共同海損。Roche 法官判決認為：構成共同海損行為之「危險」，並非必須是緊迫的危險；船舶無須處於或近乎處於危險所帶來的災難中（方可採取共同海損行為），如果船長非要等到有急迫危險，以證明其所採取的措施應被認為是共同海損行

為，這將是一件極為糟糕的事情；船舶推進器損壞後，雖然當時沒有緊迫的危險，但如果船舶停留在海上，遲早會遭受危險。船舶駛往瑟堡港是為了解除船舶和貨物的共同危險，在該港支付的費用可以列為共同海損。

【思考與討論】

請根據案例背景資料，分析船舶駛往瑟堡港，在該港支付的費用可以列為共同海損嗎？為什麼？

二、實訓操作

【實訓內容】

糖菸酒公司 A 向某糖廠購糖，同時租 B 船進行海運，並投保海上貿易運輸保險水漬險。保險合同載明標的為一級白砂糖 17,000 件，計 850 噸，保險金額 365.5 萬元。運單上「特約事項欄」未註明托運人同意白砂糖配置甲板上，但 B 船船東在裝船時，將部分白砂糖配載在甲板上。在航行途中，B 船遭遇了八級大風巨浪，船身劇烈橫擺，配載在甲板上的白砂糖歪至一邊。為了使船能保持平衡並繼續航行，船東作出決定，將甲板上的白砂糖部分拋至海中，結果到港後，白砂糖只有 14,040 件，同時還有部分白砂糖受潮，包裝受損、短量，於是糖菸酒公司 A 向保險公司提出索賠。經調查，本案中承運的 B 船由漁船改裝，噸位為 910 噸，抗風等級為八級，但其初檢適航證書已過有效期，在本次航程前未做檢查。

【實訓目標】

加深學生對共同海損認識和理解；學會分析問題、解決問題，提高團隊合作意識。

【實訓組織】

教師將學生分為二組，共同辯論：B 船船東將部分白砂糖拋入海中造成的損失是否屬於共同海損？被保險人糖菸酒公司 A 所租 B 船不具適航性是否意味著被保險人履行告知義務有過失？

【實訓成果】

1. 考核和評價採用個人評價和整隊評價相結合的方式；
2. 評分採用學生和老師共同評價的方式。

評價考核標準	分值
辯論的具體內容能否體現案例的核心要點	40
辯論結果是否有法律依據	20
對相關法律規定是否理解準確	20
學生是否積極參與以及團隊合作意識如何	20
合計	100

第十章
船舶污染損害賠償

【本章概要】

　　船舶事故是造成海洋環境污染的重要方面，船舶污染海洋包括船舶污染、船舶燃油污染和船舶載運有害物質污染海洋環境。海上油污損害在海商法領域是一種特殊的海上侵權行為。隨著海上運輸事業和海上石油開採業的發展，海上油污損害頻繁發生，損害後果日益嚴重，對於海洋環境構成重大威脅。這引起了世界各國和國際社會的重視，從20世紀60年代以來在國內法、國際公約、民間協定中出現了有關防止船舶污染及其損害責任的規定，形成了海上油污損害賠償這一新的法律制度。中國政府亦頒布了一系列防止海洋污染的法律規範，中國於1969年加入《國際油污損害民事責任公約》。

【學習目標】

1. 瞭解：船舶污染的概念及特徵、分類、性質；
2. 熟知：船舶污染的危害性；
3. 理解：有關防止海上污染的立法；
4. 掌握：有關海上污染民事責任與賠償的立法。

【技能目標】

1. 能夠充分理解和應用海上污染民事責任與賠償的立法，解決海事糾紛案件；
2. 能夠初步掌握分析海上污染案件。

【先導案例】

　　2011年6月，距山東龍口海岸約38千米處的蓬萊19-3油田B、C平臺兩次漏油事故造成附近海域嚴重污染，油田附近840千米的海水從一類水質惡化為四類水質。此案行政罰款20萬元人民幣，階段性和解賠償漁民損失10億元人民幣。請問：如何認定鑽井平臺油污的責任主體。鑽井平臺溢油污染，其損害賠償範圍如何確定？

【知識精講】

第一節　船舶污染的基本法律問題

一、船舶污染的概念及特徵

海洋環境污染由多方面原因造成，就污染源而言，主要有陸源污染、船舶污染、海洋石油勘探與開發污染、海岸工程污染、傾倒廢物和大氣污染。其中，船舶污染是最重要的類型之一。

船舶污染是指船舶溢漏或排放污染物於海洋，產生損害海洋生物資源、危害人體健康、妨害漁業和其他海上經濟活動、損害海水使用質量、破壞環境優美等有害影響。根據這一概念，船舶污染有四個方面的基本特徵：

第一，船舶污染必須是船舶溢漏或排放污染物於海洋，而不是通過船舶專門將陸上有害物質傾倒於海洋。這一特點強調污染物是從船舶中排放或溢漏，亦即污染物來自於營運過程中的船舶，有別於通過船舶將陸上產生的污染物傾倒於海洋的行為。所謂溢漏是指自船體慢慢地溢出。

第二，船舶污染的污染物質通常是運輸中的有害物質和船舶清除垃圾、船上人員生活污水，但主要是油類物質。石油污染是海洋環境的主要敵人，而石油污染主要來自船舶。據估計每年由於石油運輸活動排放到海洋中的石油高達100多萬噸，而由於人類其他活動泄入海洋中的石油僅為此數字的十分之一。

第三，船舶污染是一種特殊的海上侵權行為，屬於環境侵權行為。在這種侵權行為關係中，與污染船舶有關的當事人為侵權人，包括船舶所有人、經營人、承租人和對環境污染事件負有直接責任的人員，如船長、船員。但在通常情況下，侵權人為船舶所有人，由船舶所有人承擔責任。污染受害人為沿海國家、當地政府、居民、漁民和企業。船舶污染侵權行為的后果往往是損害海洋生物資源、危害人體健康、妨害包括漁業在內的各種海上活動、損害海水使用質量、破壞自然環境景物等。侵權人承擔侵權責任的基礎為無過失責任原則，換言之，船舶所有人對其船舶溢出或排放的油類所造成的損害，無論其本人、船長、船員或其他受雇人員是否有過錯，均須承擔賠償責任。

第四，船舶污染具有跨國性或國際性，容易引發複雜的國家管轄問題。這一特點是船舶的移動性和海洋的自然流動性所決定的。如船舶污染行為發生在船舶上，應歸船旗國管轄，而當船舶航行於另一國領海、專屬經濟區或停泊在另一國港口時，其污染行為或后果又會處於該國管轄範圍內，這樣就容易發生國家之間的管轄權衝突。

二、船舶污染的分類

船舶污染的分類標準較多，但在法律上較有實質意義的分類則是按船舶污染海域的途徑、方式與污染物的標準進行劃分的。

（一）依污染途徑與方式可分為事故性污染和排放性污染

事故性污染是指運載有毒有害物質的船舶在航行過程中因過失或疏忽或不可抗力、意外事故等原因導致發生觸礁、碰撞、擱淺、爆炸、起火等海上危難事故后，船載有

毒有害物質溢漏進入海洋造成的污染。此種類型的船舶污染雖在所有船舶污染事件中所占比例較少，但因發生的時間地點及危害集中，影響很大。據統計，自1967—1996年，世界上萬噸以上的溢油事故就發生了54起。其中，1989年在美國發生的一起事故，造成的損失高達80億美元，其對環境所造成的不利影響預計要持續幾十年才能消除。

排放性污染亦稱操作性污染，是指船舶有意識地將船舶污染物排放於海洋，它分為正當排放和不正當排放兩種。所謂正當排放是指船舶排放的污染物未超過防污標準或排放行為不被禁止或限制的輕微船舶污染行為。不正當排放是指船舶排放的污染物超過防污標準，或在禁排區內排放污染物而造成的污染。在不正當排放中，大量污染行為是排放油輪或油槽的壓艙水、洗艙水以及艙底含油污水。據有關統計資料顯示，目前全世界每年以壓艙水、洗艙水及艙底污水排入海洋中的石油約55萬～100萬噸。由於船舶排放性污染發生的時間和地點極為分散，因而往往被人們所忽視，但實際上，它在排放到海洋的油類總量中占的比例最大，約為70%左右。

（二）依污染物可分為油污和其他有毒有害物質污染

油污是指船舶溢出或排放油類後，除船舶本身以外而對沿海或內陸水域或與其毗連區域的人類健康或海洋生物或資源造成實質性損害的污染行為。在海洋油類污染中，船舶是最重要的油類污染源。根據英國的一項研究報告顯示，每年由船舶流入海洋的油類總數在100萬～200萬噸的範圍以內。

有毒有害物質涉及的範圍很廣，包括危險性的化學品、散裝液體有害物質、散裝液化氣體等，按已生效的有關國際公約中列出的所有危險和有毒物質計，約有幾千種。應當說，有毒有害物質的海上運輸量要遠小於油類貨物的運輸，但另一方面，有毒有害物質的毒害性要比油類貨物大得多，主要表現為：①火災的危險性；②對人體健康的危險性；③對水域的污染性；④對空氣的污染性；⑤有毒有害物質與水、其他化學品的反應危險性。

三、船舶污染的性質

船舶溢漏或排放污染物造成海域污染、人身傷亡及其他經濟損失，是一種海上侵權行為。這種海上侵權行為有別於一般的民事侵權行為，一方面體現為其表現形式不同，如船舶污染的發生地域在海上，污染所造成的損害後果極其嚴重；另一方面，也是最重要的一方面，在於船舶污染的構成要件與一般侵權行為有所不同。

傳統的民法理論認為，侵權行為的構成要件有四個，即損害事實的客觀存在、致害行為的違法性、侵權行為與損害事實之間具有因果關係以及致害人的過錯。但是，船舶污染所造成的損害後果往往是受害者不堪承擔的，因此，國際公約和各國立法一般對船舶污染採用無過錯責任原則，即規定：船舶所有人，對船舶溢出或排放的污染物造成的污染損害，除少數依法可免責的情形外，不論其本人、船長、船員或其他受雇人員是否有過錯，均須承擔賠償責任。換言之，船舶污染侵權行為的構成要件有三個：

（1）船舶污染行為具有違法性。對行為的違法性不能作片面的理解，不能僅歸之於違反排污標準。

（2）船舶污染造成的損害事實。船舶污染的損害事實是指船舶溢漏或排放污染物質，致使他人的人身或財產因污染而遭到損壞或滅失的客觀事實。對污染損害事實的

認定，是一項複雜的系統工程，須借助對污染源、地理環境、海況、生物資源、漁業生產、旅遊服務業等狀況的調查。至於哪些才屬於賠償責任範圍內的污染損害，根據有關的國際公約，一般包括船舶溢出或排放的污染物直接造成的財產損失或人身傷害；為防止或減輕污染損害而採取合理措施的費用；以及採取補救措施所造成的進一步滅失或損害。

（3）損害行為與船舶污染的因果關係。這種因果關係應是一種直接的因果關係，即損害是非法侵害的直接後果。例如，油污事件損害了某地的旅遊資源，那麼作為對旅遊資源恢復而產生的費用以及旅遊業主要使用價值（如沙灘海岸風景點等）減少的經濟補償，油污責任者應加以賠償。至於旅遊資源損害，從而導致旅遊業衰敗，造成旅客客源減少，亦使鐵路、航空公司營業收入降低，雖然這也是經濟損害，但與油污畢竟沒有內在的直接因果關係，所以不能列為油污責任者的賠償範圍。

四、船舶污染的危害性

船舶污染海洋的危害性，尤其是油輪和載有有毒化學物品的船舶因海上事故污染海洋的危害性，不僅涉及物質財富損失，而且給海洋生物資源、海洋環境、居民健康帶來了嚴重危害。

（一）巨大的經濟損失

船舶污染尤其是油污所造成的物質財富的直接損失與防止和減輕污染損害所花費的間接費用相當驚人，除對人體健康、水生資源的存活與繁衍、旅遊資源和生態平衡有嚴重破壞外，更大的損失是流入海洋的油貨本身及政府當局為清除損害採取行動花費的費用。

【法律課堂 10-1】

1967年3月在英吉利海峽、錫利群島合地角觸礁的12萬噸利比亞籍的「托利·堪庸號」油輪因船體斷裂，船上所載117,000噸原油約有8萬噸流入海中。為清除油污，英國動用了42艘船舶，1400多人，並使用了10萬噸清潔劑。即使不計流入海中的原油，僅清污費和受害人的損失兩項就合計3000萬美元。1978年3月比利亞籍的「阿莫科·卡迪兹」輪在法國西岸布列塔尼半島附近觸礁，使其所載輕原油220,000噸、燃料油4000多噸全部流入海中，溢油是1967年「托利·堪庸號」的兩倍，使法國當地400多千米海岸及沿岸水域受到污染。據說對受害人的損失賠償金額超過了2.5億美元。上述「托利·堪庸號」事件使英吉利海峽形成長5英里、寬2英里、厚2英吋的油帶，油帶隨風漂流，擴及英格蘭南岸東岸、法國北岸、荷蘭西南部海岸，致使英、法、荷當地旅遊業急遽下降，飯店、海濱浴場關門，英國旅遊勝地康沃爾海濱污染100多英里，旅遊業因此受到了嚴重打擊。

（二）破壞海洋生物及其生存環境

船舶污染對各種海洋生物的影響可能是災難性的，在發生船舶污染后，有些海洋生物喪失或改變其肢體器官功能和繁殖能力；還有些海洋生物數量銳減，面臨滅絕的危險。據估計，北海和北大西洋的船舶污染每年造成15萬~45萬隻海鳥的死亡。此外，由於海水一旦污染后很難恢復，海洋生物的生存環境也遭到了極大的破壞。

(三）給沿海旅遊業帶來負面影響

海岸地區通常為旅遊勝地，環境優美，一旦發生嚴重的船舶污染，尤其是油污，就會出現影響美觀的泡沫、浮污或極噁心的氣味，因而破壞優美的自然景觀，降低或失去旅遊觀光價值。

（四）對人體健康的危害與威脅

船舶污染會對污染地區居民的身體健康造成嚴重的危害。危害性主要表現在：船舶污染物質中的有毒物被海洋生物攝取後，富集在食物鏈中，人食用了這些海洋生物後，其中的有毒物質就可能損害人的身體健康。此外，污染導致污染區水質惡化，再加上海洋生物死亡后腐爛、惡臭，也會使當地居民的身體健康受到影響。

第二節　船舶污染的國際法管制

由於船舶污染具有國際性，因而要有效地防止船舶污染，準確地確定污染責任，必須在一個國際的水平上採取行動。自二戰之後，尤其是自20世紀70年代始，在國際海事組織等國際組織的推動下，國際上陸續出現了一系列有關防止船舶污染的國際公約。目前，有關船舶污染（本章主要涉及船舶油污）的國際公約大致分為三類：一類涉及防止污染的技術性內容，另一類著重規定污染肇事者和有關人員的責任，還有一類涉及污染事故發生后，如何防備、反應和合作的問題。此外，出於對防止海洋污染問題的重視，國際上還產生了一些關於承擔油污責任的民間協定。

一、有關防止海上污染的立法

有關這部分的國際海事立法，主要是從技術角度對船舶的構造以及船舶排放油類或油水混合物的數量、時間、地點等提出相應的要求，並且由締約國對其所屬的和進入其海域的船舶進行統一的監督和管理。就性質而言，這部分立法屬於公法的範疇，各國通過海運行政立法對船舶及其活動進行監督和控制，以防止海上污染事故的發生。

（一）《1954年防止海洋油污國際公約》

《1954年防止海洋油污國際公約》（International Convention for the Prevention of Pollution at Sea by Oil, 1954），簡稱《1954年倫敦油污公約》，於1954年4月26日至5月12日在倫敦召開的防止石油污染國際會議上通過，1958年7月26日生效。該公約是第一個以環境保護為目的的防止海洋石油污染的國際公約，標誌著國際法律保護海洋環境的開始。截至1983年，有20個國家參加該公約。

《1954年倫敦油污公約》的主要內容有以下幾個方面：①公約適用的船舶為在締約國登記的在海上航行的一切船舶，但500噸以內的非油輪、臨時性捕鯨船、美加五大湖航行的船舶除外，軍用船艦予以豁免。②禁排區。公約要求在一些限定區域和離岸50海里的範圍內禁止排放含油量在100PPM以上的油類或油水混合物。③禁排的例外。按照公約，下列情形可以排放油類：為保證船舶安全，防止船舶或貨物受損或救助人命；船舶受損后無法避免的滲漏。④締約國的義務。締約國應保證懸掛其國旗的一切船舶堅持將油類的排放記入油類記錄簿。公約生效一年後，改進船艙設施防止油類與污水相混合進入海洋。建立污水接受設施，當局檢查油類記錄簿。⑤船旗國管轄。

一切違法行為按船旗國法懲處。締約船旗國有權從他國獲取該國船舶違反公約的證據。

此后，該公約為適應形勢的變化，先后於 1963 年、1969 年、1971 年進行了修訂。1963 年修訂的主要內容有：①擴大公約的適用範圍，在締約國領域內登記和未登記但具有該締約國國籍的船舶和 150 噸以上的油輪適用該公約。②擴大禁排區，按照該修正案，禁油區從原來的 50 海里擴大到 100 海里，而油類混合物的標準提高到含油量在百萬分之一百或以上的混合物。該修訂議定書於 1967 年 5 月開始實施。

1969 年修訂的直接原因是 1967 年「托利·堪庸號」事件，修訂的主要內容為：①取消禁排區，實行全部海域全面禁排。②實行油輪在接受一定條件下保持頂裝制度。③關於排放量，任何船舶不得在海中排放油類和油類混合物，除非滿足公約規定的全部條件。此種條件非常苛刻：油輪只能在航行途中，在距領海基線 50 海里以外的地點排放，排放總量不超過載油總容積的 1/1.3 萬；非油輪只能在航行途中盡可能遠離陸地的地點排放，排放物的含量必須小於 1/1 萬。該次修訂文本於 1978 年 1 月 20 日生效。

1971 年修正案集中討論了因海上意外事故造成的油污的處理，同時將油輪壓艙航行時所允許的漏油數量縮小至載油總量的 1/3 萬。1971 年修正案尚未生效。

《1954 年倫敦油污公約》及其 1962 年、1969 年、1971 年三次修正案，由於各締約國沒有嚴格遵守該公約，同時該公約規定只有船旗國才有司法管轄權，而當時方便旗盛行，方便旗國未能做到以公約規定的標準，懲處造成油污的船舶；加上該公約沒有涉及對發生在公海上的事故造成油輪所載原油的泄漏的處理，因此該公約收效欠佳。在「托利·堪庸號」油污事件後，1969 年政府間海事協商組織著手起草並制定了《國際干預公海油污事件公約》。

(二)《1969 年國際干預公海油污事件公約》

《1969 年國際干預公海油污事件公約》（The International Convention Relating to Intervention on the High Seas in Case of Oil Pollution Casualties, 1969 Intervention Convention，簡稱《干預公約》）於 1969 年 11 月 29 日在布魯塞爾簽訂，1975 年 5 月 6 日生效。中國於 1990 年 2 月 23 日加入，從 1990 年 5 月 24 日起，該公約對中國生效。

該公約主要規定了兩項內容：

(1) 當船舶在公海遭遇「重大的和緊急的危險，有理由預料會導致重大有害情形」時，沿海國可以採取干預行動。但在採取干預行動之前，必須與受事故影響的其他國家，尤其是肇事船船旗國進行協商，並且有義務向所有利害方通報將要採取的和已經採取的行動。同時，沿海國所採取的干預措施，應與實際造成的損害或即將發生的損害相適應，對超過必要限度造成他方損失時，應負賠償責任。

(2) 由政府間海事協商組織設立一個清除公海油污帶的專門小組，由各沿岸國派代表參加。如果油污事件因自然災害或不可抗力而造成，船方可免責，那麼清除公海油污的費用由各成員國按比例分攤，這一比例以每次油污事件發生地點與會員國海岸距離及會員國海岸線的長短為計算基礎。如果船方被確定為有責任，應由肇事船承擔處理油污所支付的全部費用和油污損害所引起的費用。

1973 年 11 月，在政府間海事協商組織於倫敦召開的國際防止船舶造成污染會議上，通過了 1969 年干預公約的議定書，將沿岸國在公海上採取干預措施的權利擴大到造成非油類物質污染的海損事故。該議定書於 1983 年 3 月 30 日生效。

（三）《1973年國際防止船舶造成污染公約》

《1973年國際防止船舶造成污染公約》（International Convention for the Prevention of Pollution from Ships, 1973；簡稱 MARPOL 1973）。

由於1954年倫敦油污公約及其修正案已不能適應形勢的發展要求，政府間海事協商組織於1973年在倫敦通過了 MARPOL 公約。該公約適用於除軍艦及政府公務船舶以外的所有船舶，包括水霧船、氣墊船、潛水船、水上船艇和固定式或移動式工作平臺，並對一切商業用途船舶規定了嚴格的技術要求。該公約有5個技術附件：附件Ⅰ，防止油污規則，主要保留了《1954年倫敦油污公約》及其1969年修正案的大部分內容；附件Ⅱ，控製散裝有毒液體物質污染規則；附件Ⅲ，防止海運包裝、集裝箱或可移動罐櫃裝載有害物質造成污染規則；附件Ⅳ，防止船舶生活污水污染規則；附件Ⅴ，防止船舶垃圾污染規則。其中附件Ⅲ、Ⅳ、Ⅴ為任選規則。由於該公約對各締約國要求較高，因此引起眾多爭議。為使各國普遍接受該公約，政府間海事協商組織於1978年召開會議對該公約進行修訂，通過了《1973年國際防止船舶造成污染公約的1978年議定書》，即《73/78防污公約》（MARPOL 73/78）。

1978年議定書規定了更加嚴格的檢查、檢驗和發證制度，並對不同類型和不同等級的油輪的專用壓載艙、清潔壓載艙和原油洗艙的要求作了適當的調查。該議定書成為該公約的組成部分，參加議定書即意味著參加公約。議定書認為該公約附件Ⅱ要求運輸化學品的船舶必須有特別的裝備和達到一定的排放要求，很多國家難以達到此要求，所以附件Ⅱ生效日期推遲到公約生效之日后兩年。該議定書於1983年10月2日起生效。

由於《1973年國際防止船舶造成污染公約》及其1978年議定書依然採用船旗國管轄原則，而當時盛行的方便旗國仍沒能做到以該公約及其議定書的標準來要求懸掛方便旗的船舶，並且該公約規定的科技標準過於嚴格，實施費用昂貴，所以儘管該公約內容全面系統，可以說是目前防止船舶造成污染的一個最重要的國際公約，但也未能真正起到防污的作用。

二、有關海上污染民事責任與賠償的立法

這部分海事立法在於解決由於海上事故引起污染損害的賠償責任問題，其性質屬於私法範疇。這部分立法比較完善，並且獲得了國際社會的廣泛接受。可以說，到目前為止，海洋環境污染損害賠償責任機制已經基本形成。構成該機制的國際公約主要有：《1969年國際油污損害民事責任公約》（International Convention on Civil Liability for Oil Pollution Damage, 1969；以下簡稱《1969年CLC公約》）及其議定書，《1971年設立國際油污損害賠償基金國際公約》（International Convention on the Establishment of an International Fund for Compensation for Oil Pollution Damage, 1971；以下簡稱《1971年FUND公約》）及其議定書，《1996年關於海上運輸有害有毒物質損害責任和賠償的國際公約》（International Convention on Liability and Compensation for Damage in Connection with the Carriage of Hazardous and Noxious Substances by Sea, 以下簡稱《1996年HNS公約》），《2001年國際燃油污染損害民事責任公約》（以下簡稱《2001年燃油公約》）。《1969年CLC公約》和《1971年FUND公約》使海洋環境污染受害者在遭受船載散裝油類貨物的污染時，能得到及時、充分的賠償，《1996年HNS公約》明確規定了在運

輸有毒有害物質過程中發生海事事故，進而引起海洋污染損害的賠償責任問題，而《2001年燃油公約》則旨在建立船用燃油泄漏或卸載造成的海洋環境污染的國際賠償機制。其中，后二者是以前者為基礎和藍本建立起來的。三者共同在國際上構築起了海洋環境污染損害賠償的責任機制。

（一）《1969年CLC公約》及《1971年FUND公約》

《1969年CLC公約》是1969年11月29日由國際海事協商組織主持在布魯塞爾召開的海上污染損害法律會議上通過的，於1975年6月19日生效。中國於1980年1月30日交存核准書，同年4月29日對中國生效。

公約的主要內容為：

（1）適用範圍

公約適用於在締約國登記的載運2000噸以上散裝油類貨物的任何類型的海運船舶和海上船艇，但軍艦或其他為國家所有或經營，且在當時僅用於政府非商業性服務的船舶除外。油類指任何持久性油類，如原油、燃料油、重柴油、潤滑油和鯨油。適用的地域為締約國領土（包括領海）。

（2）責任主體

責任主體為船舶所有人，船舶所有人的代理人或工作人員對油污損害不負賠償責任。船舶所有人包括以下公司和人員：登記為船舶所有人的人；沒有登記的，只擁有該船舶的人；船舶為國家所有，而由在該國登記為船舶經營人的公司所經營的，船舶所有人為這種公司。

（3）民事賠償責任與例外

只要有關船舶溢出或排放油類並污染了締約國領域，船舶所有人即應負賠償責任。多船溢出或排放的油類而造成損害時，有關船舶所有人應對不能合理區分的損害承擔連帶責任。船舶所有人承擔油污損害賠償責任的範圍包括在締約國領土或領海上發生的污染所造成的滅失或損害，採取補救措施的費用以及由於採取補救措施而造成的進一步滅失或損害。船舶所有人證明損害是由於下列原因造成的，不負賠償責任：戰爭行為、敵對行為、內戰、武裝暴動，或特殊的不可避免的和不可抗拒的自然現象；完全由第三人故意的作為或不作為造成的；負責燈塔或其他助航設施管理的政府或其他主管當局履行其職責時的疏忽或過失造成的。

此外，如果損害是由受害人的故意或疏忽行為造成的，則船舶所有人對故意引起的損害不負責任，對疏忽引起的損害可全部或部分免責。

（4）責任限額與限制基金

船舶所有人有權將其對任何油污事故的賠償總額限定為按船舶噸位計算每噸2000金法郎，但這種賠償總額在任何情況下不得超過21,000萬金法郎。船舶所有人實際過失或私謀造成損害的，無權享受責任限制。船舶所有人為取得責任限制權，應向任何油污發生地的締約國法院或其他主管當局設立相當於責任限制總額的基金。

（5）強制保險與保證

締約國登記載運2000噸以上的散裝油類貨物的船舶所有人必須進行保險或取得其他財務保證，以便履行公約規定的其對油污損害應負的責任。締約國應向每一船舶簽發證書以證明其已進行保險或取得其他財務保證。對油污損害的任何索賠，可直接向保險人或財務保證人提出。

儘管《1969 年 CLC 公約》規定船東對油污損害承擔嚴格責任，而且在此基礎上還規定了較高的責任限額《1969 年 CLC 公約》規定的船東對油污損害的責任限額是《1957 年船舶所有人責任限制公約》中規定的一般海損賠償限額的兩倍），但對於危害性極強的油污而言，仍然顯得不夠，正是在這種情形下，《1971 年 FUND 公約》應時而生。

《1971 年 FUND 公約》的主要內容為：

（1）賠償基金的目的與法律地位

設立基金的目的是：①在《1969 年 CLC 公約》不能對受害人提供充分保護時，提供污染損害賠償；②對《1969 年 CLC 公約》加給船舶所有人的額外經濟負擔提供補償，但這種補償必須滿足保證符合海上安全和其他公約規定的條件。

賠償基金在各締約國應被認為是法人，能按照該國法律享受權利承擔義務，並能在該國法院的訴訟中作為一方當事人，基金及其資產在締約國享受稅收減免、豁免。

（2）基金攤款

賠償基金的款項由締約國中在其領土內的港口或油站接受海運石油總計 15 萬噸以上的任何人攤款組成。

（3）賠償與補償

賠償基金對遭受油污損害的人因下列原因不能按照《1969 年 CLC 公約》的規定得到全部或足夠的損害賠償時給予賠償：依照《1969 年 CLC 公約》不產生損害賠償責任；船舶所有人無力履行依據《1969 年 CLC 公約》承擔的義務，或者他的保險所得以及/或者財務保證本身是不充分的；損害價值超過了船舶所有人依據《1969 年 CLC 公約》承擔的責任限額。

基金對每一油污事件應付的賠償金合計金額予以限制，即該合計金額加上按《1969 年 CLC 公約》對締約國領土上造成的油污損害所實際付出的賠償金額，包括賠償基金依本公約補償給船舶所有人的余額在內，不應超過 4.5 億法郎。由於特殊的不可避免的和不可抗拒性質的自然現象而造成的油污，賠償基金應付的賠償金合計金額不應超過 4.5 億法郎。由於已發生的事故造成的損失額變化與幣值變化，基金大會可以決定變更上述 4.5 億法郎，但變更后的金額不能超過 9 億法郎或低於 4.5 億法郎。

基金對船舶所有人及其保證人進行補償的部分的限額為：超過相當於按船舶噸位每噸 1500 金法郎計算的金額，或者總額 1.25 億金法郎，以兩者中較小者為準，不超過相當於按船舶噸位每噸 2000 金法郎計算的金額，或總額 2.1 億金法郎，以較小者為準。當致損原因中含有船東的有意識的不當行為時，基金不須給予補償。

基金不予承擔賠償義務的情形有：油污損害是由戰爭、敵對行為、內戰或者武裝暴動造成的，或者是因軍艦或政府所有的非商用船舶溢漏或排放油類造成的；索賠人無法證明損害是由油污事故造成的，不論該事故涉及一船或者多船。

《1969 年 CLC 公約》與《1971 年 FUND 公約》一起，有力維護了油污受害人的合法權益，共同構築起了油污損害賠償領域國際法的基礎。但隨著海上活動的日益複雜和多樣化，特別是隨著人們對自身生存環境的日益重視，公約需要不斷修訂，兩公約均於 1976 年、1984 年及 1992 年制定出了議定書。兩公約的 1984 年議定書均未生效，現行有效的是 1992 年議定書。與《1969 年 CLC 公約》相比，《1992 年 CLC 公約》規定的損害賠償範圍更廣，責任限額更高。根據公約，油污損害不僅包括污染直接造成

的滅失或損害，還包括為避免或減少可能因溢漏或排放油類導致損害發生的嚴重威脅而採取合理措施的費用以及由於採取此種措施而導致的損害。就責任限額而言，根據《1992 年 CLC 公約》規定，油污損害的責任限額為：對於不超過 5000 總噸的船舶，每次事故的限額為 300 萬特別提款權；對於超過 5000 總噸的船舶，限額為在 300 萬特別提款權基礎上，每超過一噸，增加 420 特別提款權，但最高不超過 5970 萬特別提款權。此外，與更高的限額相適應，打破限額以及船東被剝奪這一有價值的權利的條件也發生了改變，索賠者剝奪船東享有的責任限制的權利相比過去而言要困難得多。回顧《1969 年 CLC 公約》中關於船東享有責任限額的例外的規定，為實際過失或知情，而《1992 年 CLC 公約》則規定為船東的故意或疏忽的作為或不作為；以及明知可能導致污染損害的作為或不作為。應當說，1992 年議定書規定的責任限額與公約的最初規定相比，有了很大的提高。然而，面對 1997 年發生在日本沿海的 Nakhodka 事故與 1999 年 12 月發生在法國沿岸的 Erika 事件帶來的災難后果，現有的賠償限額仍顯得救濟乏力。2000 年 10 月，國際海事組織提出議定書修正案，將責任限額提高了 50%。具體而言，5000 總噸以下（含 5000 總噸）的船舶，賠償限額為 451 萬特別提款權；5000 總噸以上的船舶，每增加 1 噸，增加 631 特別提款權，但最高不超過 8977 萬特別提款權。值得注意的是，此次提高責任限額沒有採取單獨議定書的形式，而是以 1992 年議定書修正案的形式提出的。如果在 2003 年 11 月 1 日以前，沒有 1/4 的締約國表示反對，這項修正案將生效，並將約束所有締約國，包括表示反對的國家，除非該國退出 1992 年議定書。與《1971 年 FUND 公約》相比，《1992 年 FUND 公約》的實質性變化亦主要在於賠償限額的提高：一次油污事件的責任限額為 1.35 億特別提款權，其中包含了依據《1992 年 CLC 公約》償付的金額。無論何時，只要三個公約締約方國內的貨油企業經銷油類總量的總和在前一日曆年度達到或超過 6 億噸，那麼一旦發生基金負有義務的污染事件，最高限額可以提高到 2 億特別提款權。

自《1969 年 CLC 公約》、《1971 年 FUND 公約》及其議定書生效以來，在國際上獲得了廣泛的接受，截至 1998 年 1 月 1 日，已有 100 個國家參加了《1969 年 CLC 公約》，其船舶噸位占世界船舶總噸位的 88.55%；56 個國家加入了《1969 年 CLC 公約》的 1976 年議定書，其船舶噸位占世界總噸位的 67.26%；30 個國家參加了《1969 年 CLC 公約》的 1992 年議定書，其船舶噸位占世界總噸位的 50.46%。在 100 個參加《1969 年 CLC 公約》的國家中，已有 75 個國家參加了《1971 年 FUND 公約》，其船舶噸位占世界總噸位的 62.03%；《1971 年 FUND 公約》的 1976 年議定書，參加國家達 35 個，其船舶噸位占世界總噸位數的 57.00%；其 1992 年議定書，締約國數已達 28 個，其船舶噸位占世界總噸位的 50.14%。

（二）《1996 年 HNS 公約》

《1996 年 HNS 公約》是於 1996 年 4 月 15 日至 5 月 3 日召開的倫敦外交大會上通過的，並於 1996 年 10 月 1 日至 1997 年 9 月 30 日在倫敦開放並供簽字，此后繼續開放供加入。目前尚未生效。

1. 適用範圍

《1996 年 HNS 公約》對包括石油在內的有害有毒物質予以調整，有害有毒物質裡幾乎包括了已經生效的有關公約列出的所有有害有毒物質，具體而言，是指作為貨物裝載於船上的下列任何物質、材料和物品，即：①經修正的《73/78 防污公約》附則

Ⅰ附錄Ⅰ所列散裝運輸的油類；②經修正的《73/78 防污公約》附則Ⅱ附錄Ⅱ所提及的散裝液體有害物質，和按附則Ⅱ規則 3（4）的規定，暫時歸類為 A、B、C 或 D 類的污染類物質和混合物；③經修正的《1993 年國際散裝運輸危險化學品船舶的構造與設備規則》第十七章所列散裝運輸的危險液體物質和按該規則 1.1.3 款的規定，已由主管機關及港口管理機關確定為初步適合運輸條件的危險品；④經修正的《國際海運危險貨物規則》所涉及的帶包裝的危險的有害物質、材料和物品；⑤經修正的《1983 年國際散裝液化氣體運輸船舶的構造與設備規則》第十九章所列明的液化氣體和按規則第 1.1.6 款的規定，已由主管機關及港口管理機關確定為初步運用運載條件的產品；⑥閃點不超過 60℃的散裝運輸的液體物質；⑦經修正的《固體散裝貨物安全操作規則》附錄 B 所涉及的有化學危害的固體散裝材料，而在以包裝形式運輸時，這些物質還要符合國際海上危險貨物規則的規定；⑧以前運輸上述物質的殘余物。

在制定公約時因多數國家反對，本公約未將煤炭和一些危害性較小的散裝物質包括在 HNS 範圍內，因而本公約不適用於這些物質。此外，公約不適用於特定放射性材料造成的損害，也不適用於《1969 年 CLC 公約》及其議定書所確定的污染損害。

2. 賠償責任基礎

HNS 公約就有害有毒物質的損害賠償，對船舶所有人實行嚴格責任制。發生事故的船舶所有人應當對海運有害有毒物質造成的損害承擔賠償責任，但如果事故包括由同一原因引起的一系列事故，則由首家發生事故的船舶所有人承擔責任。

船舶所有人如能證明損害系下列原因之一造成的，則不承擔責任：①損害是由於戰爭、敵對行為、內戰、武裝暴動或特殊的不可避免的和不可抗拒的自然現象所引起的；②完全是由於第三人有意造成損害的作為或不作為所引起的；③完全是由於負責燈塔或其他助航設備的政府或其他主管當局在履行職責時的疏忽或其他過失所引起的；④托運人或任何其他人未提出有關所托運物質的有害有毒性質造成全部或部分損害或導致船舶所有人未作強制保險，船舶所有人或其雇傭人員或代理人都無法瞭解所承運物質的有害有毒性質。

經船舶所有人證明，損害完全或部分是由於受損方有意造成損害的作為或不作為引起的，船舶所有人可以全部或部分免除對受損方的賠償責任。

3. 賠償範圍

賠償範圍包括：①在運輸有害有毒物質的船上或船外由這類物質造成的人身傷亡和財產損失；②由運輸有害有毒物質造成的環境污染引起的滅失或損害，但對環境損害的賠償，除這種損害造成的盈利損失外，應限於已經實際採取或將要採取的合理復原措施的費用；③預防措施費用和由預防措施造成的進一步的滅失或損害；④在無法將有害有毒物質造成的損害與其他因素造成的損害合理分開時，除油類和放射性物質所造成的損害外，所有此種損害應視為是有害有毒物質造成的。

4. 船舶所有人的責任限額

船舶所有人享有責任限制權，對每一事故的賠償責任限額為：① 2000 總噸以下的船舶，為 1000 萬特別提款權；② 2000 總噸以上至 5000 總噸的船舶，每增加 1 噸，增加 1500 特別提款權；③ 超過 5000 總噸的船舶，超過部分，每增加 1 噸，增加 360 特別提款權。但是，經說明，損害是由於船舶所有人的故意或明知可能造成損害而輕率地作為或不作為造成的，船舶所有人喪失責任限制權。

5. 賠償機制

《1996 年 HNS 公約》採用了雙層賠償機制的方法，類似於處理油污責任的《1969 年 CLC 公約》和《1971 年 FUND 公約》的賠償制度，但 HNS 公約的不同之處在於將兩層賠償機制包括在一個公約內。其中，第一層賠償機制採取《1969 年 CLC 公約》模式，由船舶所有人對遭受損害的受害人進行賠償，並對船舶所有人運輸有害有毒物質的船舶實行強制性保險；第二層賠償機制採取《1971 年 FUND 公約》模式，設立有害有毒物質賠償基金，要求有害有毒物質的托運人購買有害有毒物質證書，所繳納的證書費作為賠償基金的資金。設立賠償基金的目的在於，當船舶所有人按第一層賠償機制的規定進行賠償而受害人得不到足夠賠償時，不足部分由賠償基金給予賠償。船舶所有人為防止或減輕損害而自願支付的合理費用和作出的合理犧牲，也可由賠償基金賠償。由船舶所有人進行的賠償和基金進行的賠償的總和，或者由賠償基金單獨賠償的總額，不應超過 2.5 億特別提款權。

《1996 年 HNS 公約》之所以做出這樣的規定，是吸取了之前的經驗教訓。像油污損害賠償方面的國際立法，許多國家僅參加了《1969 年 CLC 公約》及其議定書，這樣第二層賠償機制——《1971 年 FUND 公約》及其議定書，就不能很好地發揮作用，不利於污染受害方獲得充分的賠償。另外 HNS 公約採用這樣一種新的賠償機制，還便於協調兩層賠償機制的賠償限額之間的關係。

(三) 2001 年燃油公約

《2001 年燃油公約》是《2001 年國際燃油污染損害民事責任國際公約》的簡稱，於 2001 年 3 月 19 日在倫敦國際海事組織總部召開的外交大會上審議並通過，中國參加了該次會議。

1. 適用範圍

《2001 年燃油公約》所指的「船舶」除任何類型的海船外，還包括從事海上運輸的任何類型的艇筏。與《1992 年 CLC 公約》相比，后者所指的「船舶」僅包括裝運散裝油類貨物的遠洋船舶和海上艇筏。可見，《1992 年 CLC 公約》的適用範圍小於《2001 年燃油公約》。

「燃油」是指任何用來或者可以用來操縱和推進船舶的烴類礦物油，包括潤滑油以及這些油的殘渣，它並未限定在持久性油類的範圍內，而《1992 年 CLC 公約》強調「油類」僅指持久性油類。可見，「燃油」與《1992 年 CLC 公約》中的「油類」範圍不一樣。總之，《2001 年燃油公約》與《1992 年 CLC 公約》是兩個相互平行、獨立的公約，二者不能相容。

2. 責任主體

責任主體為船舶所有人，包括船舶登記所有人、光船租船人、船舶經營人和管理人。船舶登記所有人是指登記為船舶所有人的人，如果沒有登記，則是指擁有船舶的人；但是船舶為國家所有並由在該國登記為船舶經營人的公司所經營的，「船舶登記所有人」則是這種公司。與《1992 年 CLC 公約》相比，《2001 年燃油公約》中的「船舶登記所有人」與《1992 年 CLC 公約》中的「船舶所有人」是同一概念。可見，《2001 年燃油公約》擴大了污染賠償責任主體的範圍。

3. 賠償責任基礎

《2001 年燃油公約》為船舶所有人規定了嚴格責任的歸責原則。也就是說，在事

故發生時，船舶所有人應對事故引起的任何由於船上裝載的或者來源於船舶的燃油所造成的污染損害負責。但是，存在以下四種情形的，船舶所有人可以免責：①損害是由於戰爭行為、敵對行為、內戰或者武裝暴動，或特殊的、不可避免的和不可抗拒的自然現象而引起；②損害完全是由於第三者故意作為或不作為（不包括過失）而造成；③損害完全是由於負責燈塔或其他助航設備的維修、保養的政府或其他主管當局在執行其職責時的疏忽或者其他過失行為而造成；④損害完全或者部分是由於受害者的故意作為或者不作為，或其疏忽行為而引起，船舶所有人可全部或者部分免除對該人所負的責任。

4. 責任限額

《2001年燃油公約》在規定嚴格責任制度時，相應地規定船舶所有人和提供保險的人對污染損害可以享受責任限制的權利。但令人遺憾的是，該公約沒有明確規定責任限制辦法，而只在第六條規定，該公約不影響船東和提供保險或財務擔保的人根據任何國內法或國際機制，比如《1976年海事索賠責任限制公約》及其議定書應享有的責任限制權利。這種原則性的規定比較模糊，實踐中容易產生困惑。如：在因一起海事事故引發的賠償訴訟中，當既有燃油污染索賠，又有貨損貨差索賠時，所有上述索賠是否均應包括在船舶所有人根據《1976年海事索賠責任限制公約》設定的責任限制基金之內？換言之，船舶所有人此時為享受燃油污染賠償責任限制，在為貨損貨差索賠設立了一個海事賠償責任限制基金的同時，是否必須專門另行設立一個燃油污染賠償責任限制基金。在燃油公約的整個起草過程中，各國在責任限制問題上有一個默契，即燃油污染損害的索賠應當包括在根據《1976年海事索賠責任限制公約》（簡稱LLMC 1976）建立的責任限制基金之內。但是，從燃油公約中的措施和LLMC 1976中的規定來看，我們又可能得到相反的答案。原因在於LLMC 1976沒有明確規定適用於燃油污染責任。LLMC 1976第二條（c）項規定公約適用於「對財產滅失或損壞的索賠」以及適用於與船舶或救助有關的因侵權造成的損失。LLMC 1976的第三條還明確規定公約不適用於「根據油污損害民事責任公約中規定的油污損害索賠」。因此，《2001年燃油公約》第六條的規定給人以模糊的印象。同時，我們不妨再看一下其中第七條的規定，該條要求提供的保險或擔保數額「等於根據適用的國內法或國際機制規定的責任限制額」。所以，將這些規定結合一起看，似乎燃油公約要在所有其他索賠的責任限制基金之外單獨建立這一個燃油賠償責任限制基金，或者說如果一起事故造成包括燃油污染在內的多種損害賠償，那麼會出現兩個責任限制基金，一個是燃油限制基金，另一個是其他索賠限制基金，也可以理解為，船東或其保險人將面臨兩個責任限制。

5. 強制保險

根據規定，船舶登記所有人在一締約國內登記擁有1000總噸以上的船舶，必須進行強制保險或取得合適的經濟擔保；保險和擔保的數額應當等於被適用的國內法或國際法律制度所規定的賠償責任限額，但是不得超過經修訂的《1976年責任限制公約》所規定的限額。船舶在進行保險或取得其他經濟擔保後，締約國的主管當局應當向船舶頒發一份證明保險或其他經濟擔保的有效證書。

綜上所述，《1969年CLC公約》及其議定書、《1996年HNS公約》和《2001年燃油公約》共同構築起了海洋環境污染損害賠償責任機制。它們，尤其是《1969年CLC公約》及其議定書，是20世紀國際海事立法的重要成果，對於有效保護海洋環境，充

分維護受害人的合法權益發揮著非常重要的作用。從以上介紹不難看出，有關海洋污染民事責任與賠償的上述立法有以下兩方面的特點：

（1）對船東實行嚴格責任，並實行高額的賠償責任限額，同時強制要求船東進行保險或取得其他相應的財務保證。

嚴格責任是污染損害賠償責任中的基本歸責原則，它以污染損害事實作為構成責任的充分條件，而不論行為人主觀上是否有過錯。船舶所有人對其船舶溢出或排放的油類以及運輸的有害有毒物質所造成的損害，無論其本人、船長、船員或其他受雇人員是否有過錯，均須承擔賠償責任。船舶污染損害賠償之所以實行嚴格責任制，是因為船舶污染損害往往非常嚴重，為了合理地分配這種損害後果，出於公平的考慮，對船舶所有人實行嚴格責任制，以迫使其盡可能採取一切措施防止海上污染事故的發生。

嚴格責任常常有賠償責任限額的規定，船舶所有人對其船舶產生的污染損害責任限額通常大大高於一般的海損責任限額。以油污損害賠償為例，《1969年CLC公約》規定船東的損害賠償責任限額為：對每一事故的賠償額，按船舶噸位計算，為每噸2000金法郎，但賠償總額不超過21,000萬金法郎。該責任限額是《1957年船舶所有人責任限制公約》中規定的一般海損賠償的兩倍，且該限額在其以後的議定書中不斷提高。1976年的議定書將其改為每一船舶噸位113特別提款權，總額不超過1400萬特別提款權；1984年的議定書和1992年的議定書大幅度地提高了油污損害責任限額，5000總噸以下（包括5000總噸）的油船限額為300萬特別提款權，超過5000總噸的，每總噸增加420特別提款權，最高不超過5970萬特別提款權；而根據2000年修正案，5000總噸以下（含5000總噸）的油船限額為451萬特別提款權，超過5000總噸的，每總噸增加631特別提款權，最高不超過8977萬特別提款權。

為了保證船舶污染損害賠償制度的貫徹實施和受害人在發生污染後能夠得到充分的補償，立法上須對船舶所有人實行強制保險制度。船舶所有人須對其承擔的污染損害賠償責任進行保險，或者取得其他財務保證。

（2）船東與貨主共同分擔污染損害

貨主參與分攤污染損害是海上污染損害賠償制度的特點之一，其目的是為了能減輕船舶所有人的經濟負擔，使污染損害的受害人能夠得到充分的賠償。《1971年FUND公約》採取國際基金性質的補償措施，以保證重大油污事故的受害人能得到充分的賠償，減輕《1969年CLC公約》加給船舶所有人的額外經濟負擔，至此確立了貨主參與分攤油污損害的制度。公約中所規定的基金是通過對海上石油運輸的最大受益者——石油進口公司的攤款而設立。因此，在發生重大油污損害事件後，除根據《1969年CLC公約》及其議定書的規定，船舶所有人對受害人遭受的油污損害承擔民事責任外，受害人根據該公約無法得到全額賠償的損害可以從基金中得到補償。而船舶所有人根據公約所承擔的油污損害賠償責任也可以從基金中得到部分補償。該基金是由作為貨主的石油進口公司的攤款構成，因此對遭受油污損害受害人的賠償，實際上是由船東和貨主共同分擔的。《1996年HNS公約》，仿效《1971年FUND公約》，設立有害有毒物質賠償基金，由有害有毒物質的托運人分擔由海運有毒有害物質造成的損害。

貨主參與分攤污染損害制度，從某種程度上體現了石油和其他有害有毒物質的使用和運輸的受益方共同分擔受害人的污染損害的公平精神，不失為一種合理的制度。

三、有關船舶油污損害賠償的民間協定

對於 1967 年「托利·堪庸號」事件，油船船東和石油企業迫於壓力，不得不制訂計劃通過一系列民間協定的方式得以實施，如《1969 年油船所有人自願承擔油污損害責任的協定》和《1971 年油船油污損害責任暫行補充協議》以及此后的逐次修正案。

（一）1969 年油船所有人自願承擔油污損害責任的協定

《1969 年油船所有人自願承擔油污損害責任的協定》（Tanker Owners Voluntary Agreement Concerning Liability for Oil Pollution, 1969；簡稱 TOVALOP 1969），於 1969 年 1 月 7 日由英美七大石油運輸公司簽訂，1969 年 10 月 6 日生效。該協定在海上油運界影響很大，吸引了許多國家的油輪及船舶所有人加入，在其生效時，參加該協定的油輪噸數為世界油輪總噸位的 50%，而到 1992 年，全世界油輪總噸位的 97% 以上的船東都已接受和加入了這個協定。中國從 1979 年 12 月起分別有 19 艘船舶（總登記噸位 55 萬噸）加入此協定。

1. 適用範圍

協定適用於油輪，即為載運散裝油類貨物而設計建造的任何種類的海船。即使這些船舶實際未載有油類，協定也適用。油類主要是指持久性油類，但不包括鯨油。

2. 責任主體

協定規定的責任主體為油輪所有人，包括光船油輪承租人。

3. 賠償責任與賠償範圍

凡參加協定的船舶所有人所屬的油輪或其承租的光船油輪，無論在何國海域、港口發生油污事件而污染了任何國家的海域或港口，都應主動承擔因此而引起的損害賠償責任，包括因採取合理措施消除油污威脅所支付的合理費用。

4. 賠償限額

油輪所有人對油輪在空載航次中的污染和載貨航次中的污染損害予以賠償，對每一油污損害事故的賠償限額為每噸 160 美元，最高賠償額為 1680 萬美元。

油輪所有人限制責任的權利不可侵犯，不論其有無實際過失或是否知情，都不受影響。

協定曾進行過兩次修訂，分別發生在 1978 年和 1987 年，1978 年議定書旨在使 TOVALOP 變得更能反應《1969 年 CLC 公約》的精神，同時保留后者所不具備的特徵。比如，議定書適用於光船承租人，適用於各種油輪而不論其是否裝載油貨，還適用於出現有溢漏威脅的情勢，而並不要求溢漏實際發生。修訂的目的還在於使此協定被視為一個短期自願的方案，從而繼續鼓勵主權國家接受 CLC 公約設立的體制。TOVALOP 的責任限額經提高后與 CLC 公約的標準一致。

1987 年議定書的主要內容是提高油輪所有人的賠償責任限額：5000 總噸以下的油輪，責任限額為 350 萬美元；5000 總噸～140,000 總噸的油輪，責任限額為每噸增加 437 美元；140,000 總噸以上的，最高賠償責任限額為 7000 萬美元。

（二）《1971 年油類油污損害責任的暫行補充協議》

《1971 年油類油污損害責任的暫行補充協議》（Contract Regarding on Interim Supplement to Tankers Liability for Oil Pollution, 1971；簡稱 CRISTAL 1971），於 1971 年 1 月 4 日由西方 38 家石油公司簽訂，作為 TOVALOP1969 的補充。其目的在於設定一項基金，

在 TOVALOP 或者 CLC 公約限制基金不足以提供全部賠償以及基金不予賠償的情況下向遭受油污損害的政府和第三方提供補充賠償，將油污損害賠償責任的一部分轉移到貨主身上。

CRISTAL 只適用於油輪載運持久性油類的情況，而且，不同於 TOVALOP 的是，CRISTAL 不適用於空載航程。但是，油類可以是從船舶燃料艙中溢漏的，只要油輪裝載的油貨屬於上述持久性油類。

基金設立之初，只向油污受害人賠償，賠償方式為充分賠償。從 1972 年開始，對油輪所有人進行補償。1978 年修訂補充協定后，基金對受害人實行限額賠償。包括基金對油輪所有人的補償金額在內，基金對受害人的賠償限額為 3600 萬美元，並通過對油輪所有人的補償，將油輪所有人的賠償責任限額減至每噸 120 美元或總額 1000 萬美元，以較小者為準。

應指出的是，既然以上兩協定均為民間協定，故而不具有國際立法的性質，亦即它們沒有普遍的約束力，任何一國政府都不能強迫本國油船船舶所有人執行或加入，但另一方面，由於國際立法很複雜，要經過繁瑣的程序和漫長的等待時間，民間協定正好能夠彌補國際立法的缺憾。

根據這兩個協定及其議定書的規定，兩個民間協定已於 1997 年 2 月失效，完成了它們的歷史使命。但在給予船舶油污事件受害者賠償國際機制的形成與發展中，它們曾經起過的重要作用，不應為我們所忘記。

四、反油污協助方面的立法

1989 年 3 月，美國埃克森石油公司所屬的「埃克森‧瓦丁迪茲號」油船在阿拉斯加附近海域擱淺，由於處理不當，造成了極其嚴重的污染。這一事故的處理表明，溢油事故發生后，快速有效的反應非常重要。實現這一目的離不開油污反應方式的預先良好準備，而國際上正缺乏這種能預先作出良好準備的有效油污防備、反應和合作體制。要想減少重大油污事故和避免重大災難，就有必要建立一個國家、地區和全球性的有效防備和反應系統。因此，IMO 開始著手擬訂一項國際公約，根據美國提交的國際油污防備和反應公約草案，IMO 召開了幾次會議，並於 1990 年 11 月在倫敦召開的外交大會上通過了《1990 年國際油污防備、反應和合作公約》及其他一些決議。

《1990 年國際油污防備、反應和合作公約》要求締約國單獨或聯合對油污事故採取一切適當的防備和反應措施，以達到共同保護環境的目的。公約由正文和附件組成，於 1995 年 5 月 13 日正式生效，截至 1996 年 10 月，共有 43 個締約國。

1. 公約的適用範圍

公約適用於在海上營運的任何類型的船舶，包括水翼船、氣墊船、潛水器和任何類型的浮動航行器；適用於近海裝置，即從事天然氣或石油勘探、開發或生產活動或石油裝卸的任何固定或浮動裝置以及具有油污事故風險的設施，包括海港、油碼頭、管道和其他石油裝卸設施。公約適用的油類包括原油、燃料油、油泥、油渣和油煉制產品。

2. 締約國的責任

公約要求締約國應盡以下幾個方面的責任：

（1）要求懸掛其國旗的船舶，船上備有符合國際海事組織規定的油污緊急計劃，

並接受其他締約國管轄的港口或碼頭官員的檢查；要求由其管轄的近海裝置的經營人備有符合國家主管當局規定的油污緊急計劃，以及要求由其管轄的海港和石油裝卸設施的當局和經營人備有符合國家主管當局規定的油污緊急計劃。

（2）要求懸掛其國旗的船舶的船長或其他人員和負責近海裝置的人員，將其船舶和近海裝置發生或可能發生的排油事件及時向船舶最近的沿海國和管轄該近海裝置的沿海國報告；要求海港和設施負責人員將排油或出現油跡的事件及時向國家主管當局報告。

（3）締約國收到油污報告後，應對事件作出評估，如果斷定油污事件已發生，則應對油污事件的性質、範圍和后果作出評估，並將該污染信息連同評估詳細情況和已經或準備採取處理該事故的措施告知已經受到或可能受到污染影響的有關國家。

（4）締約國應建立對油污事故採取迅速和有效的反應行動的國家系統。至少包括：負責油污防備和反應工作的國家主管當局；國家行動聯絡點；有權代表國家請求援助或決定按請求提供援助的當局。此外，締約國家應制訂國家防備和反應應急計劃。

3. 締約國間的合作

公約要求締約國在發生嚴重油污事故，並受到或可能受到油污事故影響的締約國的請求時，應根據自己的能力和具備的資源，為油污事故的反應工作進行合作，並提供諮詢服務、技術支持和設備。

五、CMI 油污損害指南

《1969 年 CLC 公約》和《1971 年 FUND 公約》得到了國際社會的廣泛認同，建立了國際油污損害賠償機制，並為建立國際統一的油污損害賠償責任制度創造了條件。但是，到了 20 世紀 90 年代，隨著國際社會與各國對油污責任問題的日益關注，各國加強國內立法，並在油污損害賠償標準與數額問題上，採取了與以往不同的法律規定。如《美國 1990 年油污法》所規定的油污損害賠償數額及範圍就遠遠超出了上述兩公約的規定，這無疑直接影響了兩公約的統一適用。為了制訂油污損害賠償責任的國際統一法律規範，在《1969 年 CLC 公約》和《1971 年 FUND 公約》基礎上建立一套符合現代要求的統一的油污損害賠償標準，在既考慮各國法律與實踐認可的賠償範圍，又適當考慮國際油污賠償基金所確定的標準，國際海事委員會於 1994 年 10 月 2 日至 8 日在悉尼召開的第 35 屆國際會議上通過了《國際海事委員會油污損害賠償指南》（以下簡稱《CMI 油污損害指南》）。

該指南由三部分內容組成，即序言與總則、經濟損失和預防措施、清除及復原費用。

1. 序言與總則

在序言中，闡明了制定本指南的原因、背景、通過情況、涉及的事項和目的，指出本指南有關油污損害賠償請求的認可與計算，不涉及人身傷亡的請求。總則部分闡述在國際上保持對油污損害賠償請求的統一處理的重要性，規定應當對未採取合理措施以避免或減輕滅失、損害或費用的油污損害賠償請求人的賠償予以減少或拒絕。

2. 經濟損失

指南規定的經濟損失包括后繼經濟損失（consequential economic loss）和純經濟損失（pure economic loss）。后繼經濟損失也稱附屬損失，是指請求人因油類污染造成財

產的有形滅失或損害而遭受的資金損失。純經濟損失是指請求人因財產的有形滅失或損害以外的原因而遭受的資金損失。后繼經濟損失原則上應當予以賠償。純經濟損失的賠償須符合一定的條件即該項損失是由污染本身所引起的，但僅證明該項損失與引起油污的事故之間有因果關係是不夠的，還必須證明污染與損失之間存在合理程度的近因。指南具體規定了在判定是否存在近因時應當考慮的因素，如請求人的活動與污染區之間在地理上的距離、請求人在經濟上依賴於受損的自然資源的程度等。

請求人為避免或減輕經濟損失而採取合理措施所支出的費用可以得到賠償，某項措施是否合理應依據指南規定的標準判斷。

3. 預防措施、清除和恢復原狀費用

預防措施費用與清除費用的賠償原則是：預防（包括清除與處理）措施本身和支付的費用在當時的情況下是合理的。恢復措施費用的賠償原則是：環境污染損害賠償（利潤損失除外）應限於實際採取的或將要採取的合理復原措施的費用，根據理論模型計算的抽象的損害賠償數額的請求不予賠償。合理復原措施所產生的費用不限於清除溢油的費用，可以包括促使受損環境恢復原狀或有助於環境自然恢復的適當措施費用。在此基礎上，指南具體規定了判定措施是否合理的標準和各項措施的具體賠償項目。

與《1969 年 CLC 公約》及其議定書相比，《CMI 油污損害指南》的規定具有兩方面的特點：①指南明確規定對純經濟損失予以賠償，純經濟損失是一種性質特殊的損失，普通法系國家將它解釋為一種不是伴隨著物質損害的經濟損失。大陸法系國家不將純經濟損失當做一種區別於其他類型損失的獨立損失。無論是普通法系國家，還是大陸法系國家，多數國家都不主張賠償此類損失。適應油污損害賠償範圍逐漸擴大的立法趨勢，CMI 油污損害指南已經規定了只要是油污染本身引起的純經濟損失就可以得到補償。可以預見，今后國際公約和各國國內法規有可能在經過一些探討后，將純經濟損失列入油污損害受償的範圍。②指南規定的賠償種類既有較大的確定性，又有充分的靈活性。如指南規定對預防措施、清除和恢復原狀費用賠償的原則是相關的措施或費用是合理的，這種規定顯然具有一定的彈性，能夠適應賠償種類在未來可能擴大的需要，但另一方面，指南又對如何判定某項措施或費用是否「合理」提供了可供遵循的標準，從而使規定具有較強的操作性。

第三節　中國防治船舶污染海洋環境的相關立法

中國作為一個海洋大國，早在 20 世紀 70 年代就開始注重和防止船舶污染和保護海洋環境，並以法律形式調整環境侵權關係。至今，中國已初步形成了一個保護海洋環境和防止海域污染的法律體系。但是隨著形勢的變化和法律法規本身存在的缺陷等原因，在某些方面它已經不能適應中國海洋事業可持續發展、防治船舶污染保護海洋環境的需要了，尤其是關於船舶污染的一些法律法規至今沒有制定出來，不少問題無法可依、無章可循。而已經制定的法規由於在內容和形式上均有不足，缺乏嚴格的規範性，亦需要修訂和完善。因此，加強中國船舶防治污染立法，建立和完善中國的海洋環境體系，仍是一項迫切而重要的任務。

一、中國防治船舶污染的立法現狀

如上所述，中國在管制船舶污染海洋環境方面，已基本上形成了一個法律體系，該法律體系是一個包括憲法、單行法規、行政法規和國際公約在內的多層次的法律體系。

1982年8月頒布的《中華人民共和國海洋環境保護法》（以下簡稱《海洋環境保護法》）是中國現有與防止船舶污染有關的一部專門性法律。該法作為中國保護海洋環境的基本法，其中專設一章（第二章）對防止船舶對海洋環境的污染損害作出了規定。后來，該法適應形勢的變化，於1999年12月25日經第九屆全國人大常委會第十三次會議修訂，並自2000年4月1日開始施行。

為了配合《海洋環境保護法》的實施，更有效地保護海洋環境，國務院頒布了一系列行政法規，如《防治船舶污染海域管理條例》《船舶污染物排放標準》《國家海域使用暫行規定》等。

此外，中國還參加了許多防止船舶污染的國際公約，如《1969年國際干預公海油污事故公約》《1972年防止傾倒廢物及其他物質污染海洋的公約》《1973年國際干預公海非油類物質污染議定書》《1978年國際防止船舶造成污染公約》和最能反應當代船舶油污損害賠償責任法律制度的《1969年國際油污損害民事責任公約》及其1992年議定書、《1990年國際油污防備、反應和合作公約》等。另外，中國還參加了有關油污損害民事賠償責任的國際民間協定，如廣州、天津遠洋運輸公司從1979年12月起分別將其所屬的19艘油輪加入《1969年油船所有人自願承擔油污責任協定》。

綜觀上述法律、法規和公約，其內容主要涉及三方面：防止船舶污染、船舶污染損害賠償、污染應急計劃與反應。在防止船舶污染方面，中國已基本形成一套比較系統的體系，問題是對船舶結構和船舶排污行為的要求較低，與國際上的規定有較大差距。在油污損害賠償方面，中國參加了《1969年CLC公約》，而且《海商法》第十一章將油污損害賠償規定為非限制性債權，不受一般海損賠償限額的約束。但是，中國沒有加入基金公約，也沒有建立國內基金，因此，還沒有一個完整的油污損害賠償體系。與油污損害相比，中國目前有關有毒有害物質的損害賠償方面的立法，缺陷比較明顯。首先，中國沒有加入《1996年HNS公約》，因而HNS污染損害賠償問題，目前可適用的法律只有《海商法》，而且根據《海商法》的規定，HNS污染損害賠償請求，屬於限制性債權，因而船舶所有人承擔的賠償限額是較低的。這既不利於保護中國的海洋環境，也不利於維護污染受害方的合法權益。在船舶油污應急計劃與反應方面，中國加入了OPRC90（中國由交通部牽頭，會簽國家環保局和國家海洋局，於1998年3月加入了OPRC90，該公約已於1998年6月30日對中國生效），問題是國內尚無配套立法出抬，而且防油污染設施極其匱乏，有關HNS污染的迅速應急機制，國內尚無規定。

二、加強與完善中國船舶污染防治立法的設想

（一）加強與完善中國船舶污染防治立法應當遵循的原則

相關原則主要包括：①以船舶污染問題和海洋環境管理的實際情況為事實依據，正確處理現狀與發展趨勢關係的原則；②堅持船舶污染防治立法和中國整個環境法律

體系特別是海洋環境法律體系的統一性，正確處理船舶污染防治立法與相關海洋環境法的共性和特性的關係原則；③堅持在全面系統審查現有船舶防治立法的基礎上進行必要的修改和補充，將重點立法和一般立法結合起來的原則；④廣泛聽取各有關行政管理部門、中央部門和地方政府、公眾和專家意見，堅持綜合考慮、統籌兼顧、協調發展的原則；⑤認真研究有關船舶污染防治國際立法，特別是中國已經締約和參加的國際條約，搞好國內立法和國際立法相協調和接軌的原則；⑥學習和借鑑外國船舶污染防治立法的先進經驗和行之有效的管理辦法，採用各國通行的船舶污染防治和海洋環境保護制度和措施的原則。

(二) 加強與完善船舶防治立法的具體舉措

(1) 加強行政管理立法，並結合中國的技術條件和實力，適當提高對船舶結構和船舶排污行為的要求，並加強船員的管理和培訓，保護中國的海洋環境。

從法律體系上看，雖然目前中國的海上污染立法側重於行政立法，但仍需進一步加強。主要原因在於：中國雖然出抬了一些相關行政法規，但與最新國際海事立法的要求尚有差距，有些國際公約中國尚未參加，有些中國雖已經參加，但尚未及時轉化為國內法，因此其中一些先進的內容，在中國目前的國內立法中還沒有得到體現。如《1954年國際防止海洋油污染公約》及其議定書中關於地區性控製排油的規定，《73/78防污公約》對船舶結構和設備上的要求。因而，依據已參加公約的規定，加緊制定或修改相應的國內法規，是擺在我們面前的一項艱鉅任務。

同時，應指出的是，在立法時應結合中國目前的技術條件和實力，因為與發達國家相比，中國的船隊中老齡船、舊船佔有相當大的比重，如果完全按照發達國家推行的標準，中國的許多船舶將無法營運，中國船隊在世界航運市場中將處於不利的地位，會嚴重阻礙中國航運事業的發展。因此，應考慮中國的國情，適當參加一些先進的國際海事公約，並將其規定轉化為相應國內法，以保護中國的海洋環境。

(2) 加強關於海上污染損害賠償的民事法律規定，建立和完善油類、化學品、核物質等污染損害的責任制度、賠償制度、強制保險制度以及基金分攤制度。

在油污損害賠償方面，中國雖然參加了《1969年CLC公約》，然而到目前為止，在中國法律體系中還沒有建立相對完善的有關油污損害的民事責任制度及強制保險制度和基金分攤制度。關於油污損害的民事責任，除了依照《海洋環境保護法》等專門法律法規中的有關規定外，主要還是參照《民法通則》中關於侵權行為的原則性規定。然而海上油污法中的關於責任主體的認定、責任基礎、責任限額以及免責等具有其特殊性，缺乏這方面的規定及相應的制度將無法公正、合理地解決油污損害賠償糾紛。中國尚未加入與《1969年CLC公約》相配套的《1971年FUND公約》，也沒有建立國內基金，這些不能不說是中國目前船舶油污民事立法中的一大缺陷，因此，當務之急是建立油污損害賠償的各項制度，完善中國海上油污損害的民事立法。

就其他有毒有害物質的損害賠償而言，由於中國未加入《1996年HNS公約》，因而目前可適用的法律只有《海商法》，而海商法又將有毒有害物質損害賠償請求認定為限制性債權從而給予很低的賠償額，難以有效維護受害人的利益。因而，中國一方面應論證加入《1996年HNS公約》的可行性，同時，鑒於其目前尚未生效，更緊迫的是應修改現行《海商法》，將有關有毒有害物質污染損害賠償的請求規定為非限制性債

權,同時制定相應的 HNS 污染損害賠償法規。

(3) 加緊制訂關於污染應急計劃及反應機制方面的法律規範,提高處理污染事故的能力。

具體而言,抓緊制定與 OPRC90 相配套的國內立法,建立對油污事故採取快速和有效反應行動的國家系統,制訂國家應急計劃、地方應急計劃等。同時,可參照油污損害應急機制,建立 HNS 污染應急機制。

本章小結

船舶污染是船舶溢漏或排放污染物於海洋,產生損害海洋生物資源、危害人體健康、妨害漁業和其他海上經濟活動、損害海水使用質量、破壞環境優美等有害影響。

船舶污染的損害事實是指船舶溢漏或排放污染物質,致使他人的人身或財產因污染而遭到損壞或滅失的客觀事實。損害行為與船舶污染的因果關係,這種因果關係應是一種直接的因果關係,即損害是非法侵害的直接後果。

有關防止海上污染的立法有:《1954 年國際防止海洋油污染公約》、《1969 年國際干預公海油污事故公約》、《1973 年國際防止船舶造成污染公約》。

有關海上污染民事責任與賠償的立法有:《1969 年 CLC 公約》及《1971 年 FUND 公約》、《1996 年 HNS 公約》、《2001 年燃油公約》。

有關船舶油污損害賠償的民間協定有:《1969 年油船所有人自願承擔油污損害責任協定》《1971 年油船油污損害責任的暫行補充協議》。

基礎訓練

一、單項選擇題

1. 根據《1969 年國際油污損害民事責任公約》的規定,油污損害民事責任的主體為( )。
   A. 船舶所有人   B. 船舶所有人的代理人
   C. 船舶工作人員   D. 船長
2. 船舶污染必須是( )。
   A. 船舶溢漏   B. 陸上有害物質
   C. 有害物質和船舶清除垃圾   D. 船上人員生活污水
3. 船舶污染的污染物質通常主要是( )。
   A. 海上微生物   B. 油類物質   C. 遊客排泄物   D. 以上都對
4. 船舶污染是一種特殊的( )。
   A. 海上侵權行為   B. 道德侵權行為   C. 文化侵權行為   D. 違法行為
5. 船舶有意識地將船舶污染物排放於海洋是指( )。
   A. 排放性污染   B. 事故性污染
   C. 油污   D. 有毒有害物質污染

二、多項選擇題

1. 《1969年國際油污損害民事責任公約》適用的船舶是指（　　　　）。
   A. 載運散裝油類貨物的任何類型的海上船艇
   B. 載運散裝油類貨物規定的特定類型的海上船艇
   C. 軍艦、國有的公務船舶
   D. 載運桶裝油類貨物或空載的油輪
2. 船舶所有人證明損害是（　　　　）因造成的，不負賠償責任。
   A. 戰爭行為、敵對行為
   B. 完全由於第三人故意的作為或不作為
   C. 對燈塔或其他助航設施管理的政府及其主管當局在履行職責時的疏忽或過失
   D. 受害人的故意或過失行為
3. 《1969年國際油污損害民事責任公約》適用的油類是指（　　　　）。
   A. 原油　　　　B. 燃料油　　　　C. 潤滑油　　　　D. 汽油
4. 海上油污損害賠償責任的範圍包括（　　　　）。
   A. 油污造成受害人財產的直接減少或人身傷害
   B. 採取預防措施的費用
   C. 油污直接造成的可得利益損失
   D. 採取預防措施而導致的進一步滅失或損害
5. 海上油污損害賠償訴訟的管轄地為（　　　　）。
   A. 油污損害事故的發生地　　　　B. 原告所在地
   C. 防止或減輕油污損害措施的所在地　D. 被告所在地

三、判斷題

1. 溢漏是指自船體慢慢地溢出。（　　）
2. 船舶污染行為不具有違法性。（　　）
3. 《1969年國際干預公海油污事故公約》標誌著國際法律保護海洋環境的開始。（　　）
4. 責任主體為船舶所有人，包括船舶登記所有人、光船租船人、船舶經營人和管理人。（　　）
5. 《海商法》是中國保護海洋環境的基本法。（　　）

四、簡答題

1. 簡述船舶污染的概念及特徵。
2. 簡述船舶污染的性質。
3. 簡述船舶污染侵權行為的構成要件。
4. 簡述海上污染民事責任與賠償的立法及其內容。
5. 簡述船舶油污損害賠償的民間協定。

五、技能應用

原告利津縣海鑫水產品養殖有限責任公司訴稱，2005年12月2日，中石化勝利油田分公司海洋採油廠一號採油平臺至海三站直徑325MM海底輸油管道在正常輸油過程

中發生破損，溢出大量原油進入原告的養殖區。原告共遊養殖水域3000畝，全部位於污染區內，溢油事件造成原告養殖水域內嚴重污染，大量養殖物死亡。經鑒定，造成原告經濟損失23,3972.67元。原告訴請被告賠償其經濟損失。被告勝利油田辯稱，本案的海底輸油管道洩露完全是由於犯罪分子打孔盜油所致，責任主體應該是犯罪分子。請對此案例進行分析。

模擬法庭

一、案例分析

【背景資料】

原告：河北省黃驊市南排河鎮470名漁船合夥人

被告：石油（中國）某有限公司天津分公司

原告等470名漁民是黃驊市南排河鎮16個自然村182只漁船的合夥人。他們長期在黃驊南排河鎮附近海域從事漁業捕撈生產，維持生活。2002年3月6日，原告等人發現該水域被石油嚴重污染，捕撈環境遭到嚴重破壞，給原告等人造成了巨大的經濟損失。他們懷疑是被告在海上作業的平臺溢油所致，於是反應到南排河鎮政府、黃驊市政府，要求政府出面協調解決。

2002年3月13日，黃驊市支油辦給被告有關部門打電話，通報了海上石油污染情況，請求調查落實。被告接報後極為重視，即於3月14日組織有關部門人員前往受污染現場進行察看和調查，並要求附近的渤海各平臺檢查是否發生溢油事故。經檢查，各平臺生產正常，防污設備運行正常，均沒有發生溢油事故。認為黃驊海域的石油污染不是被告所屬平臺溢油所致，遂將以上調查情況向黃驊市政府進行了通報。后來，原告代表及南排河鎮政府有關人員來被告處進行協商，被告堅持認為沒有自己的責任，沒有協商余地。原告於2002年12月向天津海事法院起訴主張自己的權利。

【思考與討論】

根據案例背景資料，請分析被告在本案中所處的地位及面臨的風險？法院如何判決？

二、實訓操作

【實訓內容】

原告：中華人民共和國菸臺海事局

被告：延成海運公司（Yun Sung Marine Corp.）

被告：日本船主責任相互保險協會（The Japan Ship Owners' Mutual Protection & Indemnity Association）

「金盛」輪，英文名稱「JIN SHENG」，國籍聖文森特，船籍港金斯敦，船長113米，型寬19米，型深8.5米，總噸4822，淨噸2476，載重噸6833，船型集裝箱船，建造日期1996年3月，該輪屬金盛船務有限公司（以下簡稱「金盛船務」）所有。

「金玫瑰」輪，英文名稱「GOLDEN ROSE」，國籍韓國，船籍港濟州，船長105.6米，型寬16.31米，型深8.4米，總噸3892，淨噸2394，載重噸6542，船型雜貨船，建造日期1982年1月1日，該輪屬被告延成海運公司（以下簡稱「延成海運」）所有。

2007年2月20日，延成海運為「金玫瑰」輪向被告日本船主責任相互保險協會（以下簡稱「互保協會」）投保，保險期間自2007年2月20日21:00時至2008年2月20日21:00時，承保範圍包括「與污染有關的責任」，包括由於入會船舶泄漏或排放燃料油或由於該等泄漏或排放威脅而造成或引起的責任、費用和支出。

2007年5月12日03:08時許，金盛船務所有的「金盛」輪與被告延成海運所有的「金玫瑰」輪在大約38°14′.405N/121°42′.05E位置發生碰撞。03:11時許，「金玫瑰」輪在附近海域沉沒。因「金玫瑰」輪發生溢油，事發附近海域遭受污染。

事故發生后，原告對該船舶溢油事故採取強制清污措施。並於事故當天向菸臺碧海海上發展有限公司（以下簡稱「菸臺碧海」）發出委託書，委託該公司組織實施海上溢油圍控、清除與監視監測工作；向交通部北海救助局（以下簡稱「北海救助局」）發出委託書，委託該局立即組織力量參與應急清污行動，配合菸臺碧海行動，費用按照菸臺碧海標準收取。

2007年5月12日至6月21日，原告、菸臺碧海、北海救助局共同展開涉案應急反應作業。經過四十多天的清污作業，「金玫瑰」輪事故所泄漏的浮油得到清除，事故現場的污染基本得到解決。清污結束后，菸臺碧海和北海救助局確認因參加上述溢油應急行動產生的所有費用由原告統一索賠。

原告提供的2006年溢油應急中心出具的《收費標準》和2007年菸臺碧海《溢油、清污、應急搶險收費標準》載明了各項費用的收費標準。根據實際投入力量和前述收費標準計算，本次事故發生應急反應費用為：船舶費用6,824,160元、清污設備和器材費用5,512,862元、清污人員費用1,797,435元、車輛費用181,000元、預測分析費108,460元、廢棄物處理費30,000元、雜費164,000元，合計人民幣14,617,917元。

清污結束之後，2008年12月8日，原告作為甲方與二被告及扶光航運有限公司作為乙方簽訂了《先期付款協議》，針對原告向青島海事法院索賠的因本次碰撞事故引起的溢油應急反應費用，乙方向甲方預先支付人民幣200萬元。被告已履行了該付款行為。第一次庭審後二被告向青島海事法院遞交《「金玫瑰」輪海事賠償責任限制基金代位受償申請書》，要求二被告從其設立的基金中代為受償該人民幣200萬元。青島海事法院向二被告發出《通知》，告知其該人民幣200萬元預付款於「金玫瑰」輪海事賠償責任限制基金分配時予以處理。

上述船舶碰撞事故發生后，因原告金盛船務有限公司訴被告延成海運公司、被告扶光航運有限公司船舶碰撞損害賠償糾紛一案，青島海事法院於2010年5月12日作出（2007）青海法海事初字第405號民事判決，認定「金盛」輪承擔55%的碰撞責任，「金玫瑰」輪承擔45%的碰撞責任，並且被告沒有喪失責任限制的情形，可以享受責任限制。該判決已經發生法律效力。

原告認為，因「金盛」輪與「金玫瑰」輪發生碰撞，導致「金玫瑰」輪沉沒並發生溢油污染，為了控製和減輕污染損害，原告立即組織安排專業力量前往事故現場進行清污應急搶險、實施溢油圍控與清除，期間，實際發生溢油應急反應費用人民幣14,617,917元；因本次清污行動系民事行為，所有參與本次清污行動的主體包括原告、菸臺碧海、救助局，均可依據或參照菸臺碧海的《收費標準》收取管理費，管理費數額為上述實際發生費用的15%，即2,192,688元；依據《防止船舶污染海域管理條例》第四十二條，交通部和國家環保總局2000年發布的《中國海上船舶溢油應急計劃》以

及《北方海區溢油應急計劃》的規定，原告有權就本次行動收取海事管理費，費用數額為上述實際發生總費用的10%，即1,681,060元。所有溢油應急反應費用總額為人民幣18,491,665元。二被告對本次事故負有責任，應對上述費用承擔賠償責任。請求法院：①判令被告賠償原告溢油應急反應費用人民幣18,491,665元及利息；②確認原告溢油應急反應費用享有優先受償權，在被告所設海事賠償責任限制基金及利息中優先受償訴訟請求中的第①、③項全部款項及費用；③被告承擔本案全部訴訟費用。

第一次庭審時原告當庭明確，所主張利息自2007年6月21日清污結束開始，按照同期銀行的貸款利率計算；第二次庭審時，原告以「金玫瑰」輪應承擔的碰撞責任比例為45%為由，變更訴訟請求第1項為「判令被告賠償原告溢油應急反應費用人民幣8,321,249元及利息」。

被告辯稱：①原告索賠的部分清污費缺乏依據、部分費用金額不合理。②清污費用屬於限制性債權，被告可以享受責任限制。根據《海商法》第二百零七條、《最高人民法院關於審理船舶油污損害賠償糾紛案件若干問題的規定》第五條、第九條、《第二次涉外商事海事審判紀要》第一百四十二條、第一百五十條的規定，涉案債權性質應當為《海商法》第二百零七條第一款第（4）項規定的限制性債權，被告可以享受責任限制。③被告與原告曾於2008年12月8日簽署先期付款協議，被告預先支付原告清污費人民幣200萬元，被告實際支付了該款項，因此，法院最終認定的清污費債權自被告設立的海事賠償責任限制基金中受償時，應扣除被告已支付的人民幣200萬元。④兩被告應按照碰撞責任比例承擔45%的清污費進行賠償。⑤海事局的清污費用索賠不具有優先受償性，應與其他債權在基金中一起按比例受償。

第一次庭審后，二被告提出就答辯意見第三條中的200萬元，其有權依據《最高人民法院關於審理船舶油污損害賠償糾紛案件若干問題的規定》從「金玫瑰」輪的海事賠償責任限制基金中代位受償。

【實訓目標】

加深學生對船舶污染損害賠償的認識和理解；學會分析問題、解決問題，提高團隊合作意識。

【實訓組織】

根據學生選擇將學生分為原告和被告兩組（如果某隊人數較多，可以適當協調一下），每組選定2名負責人組織本組成員進行實訓。（注意：教師應提出活動前的要求和注意事項，同時隨隊指導）

【實訓成果】

1. 考核和評價採用個人評價和整隊評價相結合的方式；
2. 評分採用學生和老師共同評價的方式。

評價考核標準	分值
法庭辯論的具體內容	40
辯論結果是否對己方有利	20
相關法律規定是否理解準確	20
學生是否積極參與以及團隊合作意識如何	20
合計	100

第十一章
海事索賠責任限制

【本章概要】
　　海事索賠責任限制制度是海商法所特有的、古老的法律制度。它不同於民法中的一般民事賠償責任及於民事違法行為造成的全部損害，而是將海事賠償人的海事賠償責任限制在一定範圍之內，超出該範圍的海事損害，海事賠償責任人不承擔賠償責任。該制度的目的在於減低海上運輸的經營風險，維持海上運輸事業的正常發展。

【學習目標】
　　1. 瞭解：海事賠償責任限制的概念；
　　2. 熟知：關於海事索賠責任限制的國際公約；
　　3. 理解：海事索賠責任限額；
　　4. 掌握：海事索賠責任限制的主體範圍；債權範圍。

【技能目標】
　　1. 能夠充分應用海事索賠責任限制制度的基本條款解決具體的海事糾紛；
　　2. 能夠學會判斷海事索賠責任限制的主體範圍、債權範圍。

【先導案例】
　　某年12月14日凌晨6時許，佛山外運所屬「佛山8號」輪（總噸位940）在深圳赤灣港入口海面處與廣西北海海運總公司（下稱北海海運）經營的「安順達」輪發生碰撞，「安順達」輪船載850噸豆粕隨船一併沉入大海。該事故可能導致佛山外運承擔396萬元的損害賠償責任，其中包括約為210萬元「安順達」輪的損失和850噸豆粕約為186萬元的損失。為此，佛山外運向深圳法庭申請設立海事賠償責任限制基金。最終，深圳法庭裁定準予佛山外運設立海事賠償責任限制基金，基金數額為240,480 SDR。這意味著儘管佛山外運造成的損失是396萬元，但其賠償責任限額約折合人民幣264萬元。
　　請問：本案的處理是否正確？中國《海商法》對此是怎樣規定的？

【知識精講】

第一節　海事賠償責任限制概述

一、海事賠償責任限制的概念

海事賠償責任限制是指在發生重大海損事故時，對事故負有責任的船舶所有人、救助人或其他人，依照法律的規定，對於受害人提出的損害賠償請求，在沒有主觀故意造成的情況下，只在法律規定的最高限度內，承擔損害賠償的責任制度。海事賠償責任限制制度是海商法一項特有的制度，與民法中的損害賠償制度頗有差異。在民事損害賠償責任下，無論責任人是侵權還是違約，也不管其主觀上是故意還是過失，只要對受害人造成損害，就應全額賠償。海商法允許船舶所有人（包括船舶經營人、承租人等）、救助人把自己的損害賠償責任限制在特定的範圍內，若超出該範圍，其不再賠償。另外，海事賠償責任限制與海上貨物運輸合同中的承運人的責任限制也存在區別。前者是一種綜合責任限制，其針對的責任可以是人身傷亡的責任，也可以是財產損害的責任，此種賠償請求可以是依合同關係提出的，也可以是依侵權關係提出的；而后者則只適用於海上貨物運輸合同的承運人對提單項下每一件或每一單位貨物的賠償責任限制。

二、海事賠償責任限制制度的形成和發展

海事賠償責任限制由來已久，但具體始於何時，無史料可尋。不過可以確知在古羅馬時期規定船東債務及侵權行為要負無限責任，而13世紀義大利巴塞羅那《海事法匯編》（Consulat de la Mar）明確規定了船舶共有人以其所認繳的股份為限度承擔民事責任，這就是責任限制制度的例證。此后，各國的近代海事立法逐步正式確立了這一制度。近現代各國海商法，依據其具體國情和經濟政策，對船舶所有人的責任限製作出了各具特色的規定，總的來說主要有以德國為代表的執行制度、以法國為代表的委付制度、以英國為代表的金額制度和以英美為代表的船價制度。

（一）法國的委付制度

法國的委付制度，又稱拉丁制度，是指船舶所有人對船舶所產生的債務的清償責任原則上與一般債務相同，應以船舶所有人的全部財產承擔無限清償責任，但在法定條件下，可以將船舶和本航次運費委付給債權人，不再承擔清償責任。該制度最早規定於法國《海事條例》中，后被拿破崙商法典採納。

鑒於委付制度存在諸多缺點，法國現已放棄委付制，採納以船價制度和執行制度為主、以金額制度為輔的綜合制。現今，只有希臘、羅馬尼亞、日本、墨西哥以及除巴西以外的中南美國家採納委付制度。

（二）德國的執行制度

德國的執行制度，又稱物的執行制度，依該制度，船舶所有人的債務和船舶的債務被明確分開，對於因船舶所發生的債務，債權人只能對船舶所有人的海上財產請求強制執行，對船舶所有人的其他財產則無強制執行請求權。德國早在《1644年漢撒敕令》（The Hansetic Ordinance of 1644）就對船舶所有人的責任限製作出了規定：「貨主

對經過售船之后的債，無權再訴。」德國商法典將其進一步發展為執行制度。

執行制度下，債務的清償範圍只能以船舶所有人的海上財產為限，因此船舶所有人明確其責任範圍，債權人亦預先知道其債權的擔保範圍。但執行制不利於保護債權人的利益，因而德國於1957年簽署船舶所有人責任限制統一公約，拋棄執行制度，採納金額制度。

(三) 英美的船價制度

船價制度，是船舶所有人以船價和運費的金額之和限制其賠償責任的制度。其中英國的船價制度是事故主義，船舶所有人據此承擔的有限賠償責任，適用於船舶遭遇的某一特定事故產生的各種損失。美國採取的船價制度則是航次主義。據美國《1851年船舶所有人責任法》的規定，無論為美國船舶還是非美國船舶，在遭受海難而發生人身或財產損害時，船舶所有人應以本航次終了時的船舶價值和運費為限，對債權人承擔有限賠償責任。

在船價制度下，債權人和船舶所有人在對船價評估上極易引起爭執和糾紛，不利於法律關係的穩定。因此，英國后來變船價制度為金額制度，美國則採用合併了船價制度和金額制度的綜合制度。

(四) 英國的金額制度

金額制度，又稱噸數制度，是船舶所有人對於每次發生的海上事故，均以船舶登記之淨噸位乘以每一船噸的賠償額為船舶所有人賠償之最高限額。英國首開金額制度之先河，《1894年英國商船法》首次把海難造成的人身傷亡請求列入責任限制範圍內，並把對人的損害和對物的損害分開，規定不同的賠償限額。

金額制度較其余三種制度具有明顯的優越性，已為多數國家所接受。

三、海事賠償責任限制制度的意義

海事賠償責任限制制度作為海商法中的一項特有的制度，對於海上運輸業及其相關產業的正常發展發揮了重要的保障作用：

(一) 它有利於保障海運業的穩定發展

雖然隨著現代航海通訊工具的發展和應用，海上運輸的風險已大大降低。但海上的危險仍是陸上運輸所無法比擬的，尤其是海上油污、核擴散等新風險的不斷出現，從而，通過海事賠償責任限制制度來限制船舶所有人、經營人的賠償責任，可以使投入海運的資本得到保護。在此基礎上，對於保持本國商船隊的發展，維護本國海運市場的穩定，促進國家的政治、經濟及軍事等都具有重要意義。

(二) 符合「公平原則」的要求

在海運實踐中，基於船舶所有人、經營人與船長、船員實際佔有和駕駛船舶相分離的情況，處理船舶營運中致人損害的后果，是一個複雜的問題。如果僅讓船長、船員負賠償責任，對受害人來說是不公平的。但若要求作為被代理人或雇主的船舶所有人或經營人負無限賠償責任，尤其是因船長、船員個人的疏忽或過失導致的損失則也未必公平，因此，限制海事賠償責任是一種公平合理的解決方案。

(三) 有利於鼓勵海上救助

海上救助是建立海上正常運輸秩序的必要措施，為此，根據海事賠償責任限制的規定，救助方在救助作業中，也可以享受責任限制，從而，可以鼓勵海上救助的實施。

（四）適應著海上保險的發展要求

海上保險，尤其是船舶責任保險的產生和發展，與海事賠償責任制度的存在和完善不可分離。通過海上保險，船舶所有人或經營人將海事賠償責任轉移給保險人，使受害人的索賠有可靠保障。顯然，若沒有海事索賠責任限制，船舶責任保險也就無所依存。

第二節　海事索賠責任限制制度的基本內容

一、海事索賠責任限制的主體範圍

海事索賠責任限制的主體是指依海商法規定享受賠償責任限制權利的人。對此問題，相關國際公約和各國國內立法的規定不盡相同，但一個總的趨勢是責任限制主體的範圍逐步擴大。按照中國《海商法》的規定，責任限制的主體包括船舶所有人、承租人、經營人、救助人以及上述主體對其行為、過失負有責任的人和責任保險人。

1. 船舶所有人

在海上營運中，當船舶所有人作為承運人時，其船舶造成海損事故，船舶所有人作為合法所有權人自然應當針對受害人的海事賠償請求承擔賠償責任。故其應依法享受責任限制。

2. 船舶承租人和船舶經營人

在現代海運市場上，船舶所有權與船舶經營權相分離的情況是比較普遍的，即船舶所有人並不直接從事海上營運，而是由船舶承租人或船舶經營人對船舶行使營運權，成為海上營運中的承運人，從而，他們基於這一身分應對其經營或承租的船舶造成的損害承擔賠償責任，故《海商法》確立其為責任限制主體。這裡的船舶承租人是指光船租賃、定期租船和航次租船或以其他合法方式進行租賃的承租人。經營人則包括承運人、經紀人、多式聯運人等。

3. 救助人

救助人在海上對遇難船舶施行救助，有利於建立正常的海運秩序，但由於救助過程中的情況複雜，可能會因救助人的過失行為致使被救助船舶遭受更大的損失。為此，救助人應針對被救助人提出的賠償請求，承擔賠償責任。所以，為了鼓勵海上救助行為，法律應當保護善意救助人的合法利益，將其列入責任限制的主體範圍。

4. 船舶所有人、承租人、經營人、救助人對其行為、過失負有責任的人員

這些人員具體包括船長、船員及其受雇於船舶所有人、承租人、經營人或救助人的其他服務人員。基於上述人員與船舶所有人、承租人、經營人、救助人之間的雇傭關係，他們的過失責任最終將由船舶所有人等承擔。將上述人員納入責任限制主體的範圍，可以避免海事請求人避開船舶所有人等責任限制的規定，轉而向其雇傭人提出賠償請求，從而更充分地保護船舶所有人、救助人等的合法權益。

5. 責任保險人

通過責任保險，船舶營運人（所有人、承租人、經營人等）可以將因發生海損事故而承擔的賠償責任的風險轉移給保險人。既然被保險人可以享受責任限制，那麼實際承擔海事賠償的保險人自然也應享受。

知識小百科 11-1　無船承運人能否成為海事賠償責任限制主體

2002 年 1 月 1 日，《中華人民共和國國際海運條例》（以下簡稱《海運條例》）正式實施。該條例首次以立法的形式規定了「無船承運業務經營者」即「無船承運人」的概念，即「無船承運業務經營者以承運人身分接受託運人的貨載，簽發自己的提單或其他運輸單證，向托運人收取運費，通過國際船舶運輸經營者完成國際海上貨物運輸，承擔承運人責任」。這標誌著無船承運人正式成為中國海運市場的主體。截至 2005 年 8 月 8 日，在交通部註冊的無船承運業務經營者即無船承運人達到了 1650 家。隨後，在海損事故中，無船承運人能否成為海事賠償責任限制主體，成為航運界和司法界爭議的熱點。

根據中國《海商法》第二百零四條「船舶所有人、救助人，對本法第二百零七條所列海事賠償請求，可以依照本章規定限制賠償責任。前款所稱的船舶所有人，包括船舶承租人和船舶經營人」、第二百零五條「本法第二百零七條所列海事賠償請求，不是向船舶所有人、救助人本人提出，而是向他們對其行為、過失負有責任的人員提出的，這些人員可以依照本章規定限制賠償責任」、第二百零六條「被保險人依照本章規定可以限制賠償責任的，對該海事賠償請求承擔責任的保險人，有權依照本章規定享受相同的賠償責任限制」的規定看，中國雖未加入《1976 年國際海事索賠責任限制公約》，但除經理人外，在責任限制主體方面借鑑了該公約的規定。其海事賠償責任限制的主體僅指船舶所有人（包括船舶承租人和船舶經營人）、救助人及其雇傭人、責任保險人，並不包括無船承運人。

二、海事索賠責任限制的債權範圍

海事索賠責任限制的主體只有在法定範圍內享有責任限制的權利，而非對所有的海事賠償請求都能以責任限制予以對抗。其中責任主體可以享受責任限制的海事賠償請求權稱為限制性債權，責任主體不能享受責任限制的海事請求權為非限制性債權。

中國《海商法》規定了四類限制性債權：

（1）在船上發生的或者與船舶營運、救助作業直接相關的人身傷亡或者財產的滅失、損壞，包括對港口工程、港池、航道和助航設施造成的損壞，以及由此引起的相應損失的賠償請求；

（2）海上貨物運輸因遲延交付或者旅客及其行李運輸因延遲到達造成損失的賠償請求；

（3）與船舶營運或者救助作業直接相關的，侵犯非合同權利的行為造成其他損失的賠償請求；

（4）責任人以外的其他人，為避免或者減少責任人依本章規定可以限制賠償責任的損失而採取措施的賠償請求，以及因此項措施造成進一步損失的賠償請求。

同時，中國《海商法》也規定了責任人不得援引責任限制的非限制性債權：

（1）對救助款項或者共同海損分攤的請求；

（2）中華人民共和國參加的國際油污損害民事責任公約規定的油污損害的賠償請求；

（3）中華人民共和國參加的國際核能損害責任限制公約規定的核能損害的賠償請求；

（4）核動力船舶造成的核能損害的賠償請求；

（5）船舶所有人或者救助人的受雇人提出的賠償請求，根據調整勞務合同的法律，船舶所有人或者救助人對該類賠償請求無權限制賠償責任，或者該項法律作了高出本章規定的賠償限額的規定。

海商法之所以把油污損害和核能損害的賠償責任列入非限制性債權，是因為此類責任產生的損害后果損失面廣，損失數額計算較為複雜，且又適用不同的規則條件和免責要求；而將救助報酬和勞務報酬認定為非限制性債權，則是基於二者涉及受益人利益的保護和對勞務合同及其相關法律的承認，同時也表明法律保護善意債權人的善意行為。

三、海事索賠責任限額

海事索賠責任限額，即責任主體依法對限制性債權承擔的最高賠償金額。對此，各國立法和國際公約的規定不盡相同。其中多數國家採用噸位金額制，並對人身傷亡的賠償請求和非人身傷亡的賠償請求適用不同的計算方法。具體來講，中國《海商法》規定了 300 總噸以上船舶的賠償限額：

1. 關於人身傷亡的賠償請求：

（1）總噸位 300 噸~500 噸，賠償限額為 333,000 計算單位（SDR）；

（2）總噸位超過 500 噸的船舶，500 噸以下適用上述規定，500 噸以上的部分，應當增加下列數額：①501 噸~3000 噸部分，每噸增加 500 計算單位；②3001 噸~30,000 噸的部分，每噸增加 333 計算單位；③30,001~70,000 噸部分，每噸增加 250 計算單位；④超過 70,000 噸的部分，每噸增加 167 計算單位。

2. 關於非人身傷亡的賠償請求：

（1）總噸位 300 噸~500 噸，賠償限額為 167,000 計算單位；

（2）總噸位超過 500 噸的船舶，500 噸以下適用上述規定，500 噸以上的部分，應當增加下列數額：①501 噸~30,000 噸部分，每噸增加 167 計算單位；②30,001~70,000 噸部分，每噸增加 125 計算單位；③超過 70,000 噸的部分，每噸增加 83 計算單位。

因同一事故產生的人身傷亡和非人身傷亡的賠償請求，依人身傷亡的賠償限額不足以支付全部人身傷亡請求的，其差額應當與非人身傷亡的賠償請求並列，從非人身傷亡的賠償限額中按比例受償。

在不影響支付人身傷亡賠償請求的情況下，就港口、港池、航道和助航設施損害的賠償請求，應當優先於其他賠償請求受償。

不以船舶進行救助作業或者在被救船舶上進行救助作業的救助人，其責任限額按照總噸位為 1500 的船舶計算，當然如果救助人以自己所有、租賃或經營的船舶進行救助的，則按救助船舶總噸位適用上述規定。

至於總噸位不滿 300 噸的船舶，從事中華人民共和國港口之間運輸的船舶以及從事沿海作業的船舶的賠償限額，《海商法》授權國務院交通主管部門——交通部予以規定。具體規定參見交通部制定，1994 年 1 月 1 日施行的《關於不滿 300 總噸船舶及沿海運輸、沿海作業船舶海事賠償限額的規定》。

旅客運輸人身傷亡賠償不同於貨物運輸損害賠償，它有其特有的計算限額的方法。

具體規定可參見有關旅客運輸的部分內容。

第三節　關於海事索賠責任限制的國際公約

為了統一各國有關海事索賠責任限制的法律，國際社會先后制定了三個公約。

一、《1924年關於統一海上船舶所有人責任限制若干規則的國際公約》

該公約是國際海事委員會制定，於1924年在布魯塞爾舉行的外交會議上通過的。公約在船東責任限制上採用船價制、執行制和金額制並用制度。該公約對一些國家的海商法有所影響，但並未能為主要海運國家所接受。並且由於公約適用不同的制度，會導致賠償過程中的矛盾，並未能統一責任限制和金額計算，故迄今未生效。

二、《1957年船舶所有人責任限制國際公約》

該公約系國際海事委員會起草，於1957年10月在布魯塞爾召開的第十屆海洋法外交會議上通過，現已生效，至今已有近50個參加國。

公約是國際上有關船東責任限制方面第一個生效的國際公約，它使船舶所有人責任限製作為一項法律制度，在國際上得到了初步統一。公約採用單一的金額制，並且，以與黃金掛勾的金法郎作為計算單位。責任限額按船舶噸位計算，責任限制以事故次數為標準，同一航次有數次事故的，亦須按次數負責任。同時，公約明確了責任限制的適用主體，其範圍較1924年的國際公約更為廣泛，具體擴大為兩類：第一類為船舶所有人和承租人、經理人、經營人，但是，在「實際過失或知情」的情況下，不能享受責任限制；第二類為船長、船員及為船舶所有人、承租人、經理人或經營人服務的其他船上人員。

三、《1976年國際海事索賠責任限制公約》

該公約系國際海事組織制定，於1976年11月在倫敦召開的外交會議上通過，該公約於1986年12月1日起生效。

與1957年公約相比，該公約的變化在於：①將救助人和責任保險人納入責任限制主體範圍內。②明確了對於船長、船員或船舶經營人、承租人作為責任人的起訴，其與船東一樣，享有責任限制。從而，使船東責任限制制度演變為今天的海事賠償責任限制制度。③將1957年公約規定的責任限制構成條件——一般過失不享受責任限制改為重大過失或故意不享受責任限制，更有利於保護船東。④採用特別提款權作為責任限額的計算單位以及按船舶噸位「超額遞減金額制度」。但是，如果締約國為非國際貨幣基金組織成員國而本國法又不允許使用特別提款權時，仍可採用與金法郎等值的貨幣單位，每一貨幣單位相當於純度為100%的65.5毫克的黃金。⑤大幅度提高了責任限額。

本章小結

　　海事賠償責任限制制度是海商法特有的而且歷史悠久的法律制度，它不同於民法的民事賠償責任及於民事違法行為造成的全部損害的性質，而是將海事賠償責任人的海事賠償責任限制在一定範圍之內，超出該範圍的海事損害，海事賠償責任人不承擔賠償責任。

　　為了統一各國有關海事索賠責任限制的法律，國際社會先後制定了三個公約：《1924年關於統一海上船舶所有人責任限制若干規則的國際公約》《1957年船舶所有人責任限制國際公約》《1976年國際海事索賠責任限制公約》。

基礎訓練

一、單項選擇題

1. 海事賠償責任限制是一種（　　）。
　　A. 單一責任限制　B. 網狀責任限制　C. 分類責任限制　D. 綜合責任限制
2. 首開金額制度之先河的國家是（　　）。
　　A. 英國　　　　B. 法國　　　　C. 德國　　　　D. 美國
3. 海事索賠責任限制的（　　）是指依海商法規定享受賠償責任限制權利的人。
　　A. 主體　　　　B. 客體　　　　C. 對象　　　　D. 內容
4. （　　）是指光船租賃、定期租船和航次租船或以其他合法方式進行租賃的承租人。
　　A. 船舶承租人　B. 船舶出租人　C. 船舶代理人　D. 船舶經營人
5. 海商法把油污損害和核能損害的賠償責任列入（　　）。
　　A. 限制性債權　B. 普通債權　　C. 非普通債權　D. 非限制性債權

二、多項選擇題

1. 海事索賠責任限制的主體有（　　）。
　　A. 船舶所有人　B. 船舶的承租人　C. 船舶的經營人　D. 船舶的救助人
2. 中國《海商法》規定的非限制性債權有（　　）。
　　A. 對款項或者共同海損分攤的請求
　　B. 中華人民共和國參加的國際油污損害民事責任公約規定的油污損害賠償請求
　　C. 中華人民共和國參加的國際核能損害責任限制公約規定的核能損害賠償請求
　　D. 核動力船舶造成的核能損害的賠償請求
3. 為了統一各國有關海事索賠責任限制的法律，國際社會先後制定了（　　）公約。
　　A.《1924年關於統一海上船舶所有人責任限制若干規則的國際公約》

B.《1957年船舶所有人責任限制國際公約》
C.《1976年國際海事索賠責任限制公約》
D.《海牙規則》

4. 中國《海商法》規定的限制性債權有（　　　　）。
   A. 在船上發生的或者與船舶營運、救助作業直接相關的人身傷亡或者財產的滅失、損壞，包括對港口工程、港池、航道和助航設施造成的損壞，以及由此引起的相應損失的賠償請求
   B. 海上貨物運輸因遲延交付或者旅客及其行李運輸因延遲到達造成損失的賠償請求
   C. 與船舶營運或者救助作業直接相關的，侵犯非合同權利的行為造成其他損失的賠償請求
   D. 責任人以外的其他人，為避免或者減少責任人依本章規定可以限制賠償責任的損失而採取措施的賠償請求，以及因此項措施造成進一步損失的賠償請求

5. 對船舶所有人的責任限製作出了規定的有（　　　　）。
   A. 以德國為代表執行制度　　　　B. 以法國為代表的委付制度
   C. 以英國為代表的金額制度　　　　D. 以英美為代表的船價制度

三、判斷題

1. 海事賠償責任限制制度是海商法一項特有的制度，與民法中的損害賠償制度沒有差異。（　　）
2. 海商法允許船舶所有人、救助人把自己的損害賠償責任限制在特定的範圍內，若超出該範圍，其不再賠償。（　　）
3. 不以船舶進行救助作業或者在被救船舶上進行救助作業的救助人，其責任限額按照總噸位為1000的船舶計算。（　　）
4.《1957年船舶所有人責任限制國際公約》在船東責任限制上採用船價制、執行制和金額制並用制度。（　　）
5. 關於非人身傷亡的賠償請求中，總噸位300噸~500噸，賠償限額為176,000計算單位。（　　）

四、簡答題

1. 簡述海事賠償責任限制的概念。
2. 簡述海事賠償責任限制制度的意義。
3. 簡述海事索賠責任限制的主體範圍。
4. 簡述海事索賠責任限制的債權範圍。
5. 簡述海事索賠責任限制的法律公約。

五、技能應用

甲船（責任限額為100萬計算單位）與乙船（責任限額為200萬計算單位）因各負50%過失責任發生碰撞，致使甲船受損1800萬計算單位，乙船受損400萬計算單位。此時應如何計算賠償責任限額？

模擬法庭

一、案例分析

【背景資料】

申請人：（韓國）興亞航運有限公司（HEUNG-A SHIPPING CO. LTD.）

住所地：Heung-A Building, Munjeong-Dong 57, Songpa-Gu, Seoul, 138-200, Korea

異議人：（中國）榮成市海宇漁業有限公司（住所地：山東省榮成市石島鎮）

申請人興亞航運有限公司（以下簡稱「申請人」）於2004年8月5日向本院申請設立海事賠償責任限制基金，法院受理后，向有關的利害關係人發出通知，並於2004年9月1日至9月3日連續三日在《人民日報》發布公告。異議人榮成市海宇漁業有限公司（以下簡稱「異議人」）於2004年9月2日向法院提出異議。法院據此舉行了聽證會，由申請人和異議人舉證並發表意見。

申請人稱：其所屬「興亞東京」（HEUNG-A TOKYO）輪於2004年7月11日凌晨在韓國水域與「榮大洋2」號輪發生碰撞。「榮大洋2」號輪沉沒，「興亞東京」輪也因碰撞造成損失在韓國修理。「榮大洋2」輪的船舶所有人榮成市海宇漁業有限公司於2004年7月12日在青島海事法院提起訴訟，要求申請人賠償損失3000萬元人民幣。同年7月14日，青島海事法院應上述公司的申請在天津港扣押了「興亞東京」輪。申請人為釋放該船舶，由中國再保險公司向榮成市海宇漁業有限公司提供了400萬美元的信譽擔保。申請人認為，根據《中華人民共和國海商法》和《中華人民共和國海事訴訟特別程序法》（以下簡稱《海事訴訟特別程序法》）的有關規定，申請人作為「興亞東京」輪的船舶所有人，有權就該次碰撞事故所產生的或與之有關的海事賠償請求享受責任限制。該申請人向本院請求：①確認其對該次碰撞事故有權享受責任限制；②為「興亞東京」輪因碰撞引起的非人身傷亡賠償請求設立責任限制基金。該船的登記噸位為4914噸，其責任限額應為903,971特別提款權，約合1,326,090美元。

為證明其請求符合法律規定，申請人向法院提供了以下證據：①「興亞東京」輪的國際噸位證書、船舶國籍證書，證明該船的總噸位4914噸；②榮成市海宇漁業有限公司的民事訴狀，證明有關的債權人已向其提起訴訟；③青島海事法院民事裁定書、扣押命令，證明該船曾在天津港被扣押；④中國再保險公司向「榮大洋2」輪船舶所有人或光船承租人出具的擔保函，證明其擔保的金額為400萬美元；⑤國際貨幣基金組織網站公布的2004年8月20日特別提款權對美元的匯率，證明每個特別提款權相當於1.473,49美元；⑥中國銀行網站2004年1月19日公布的「小額外幣存款利率表」，證明美元的存款利率為：三個月，年息為0.4375%；6個月，年息為0.5000%。

異議人稱：船舶碰撞事故發生後，申請人所屬「興亞東京」輪在自身沒有任何危險的情況下，沒有採取任何救助措施是造成異議人所屬「榮大洋2」輪沉沒的直接原因。「興亞東京」輪是一艘總噸位4914噸的較大型船舶，事故發生後，雖經「榮大洋2」號輪多次求救，且「興亞東京」輪本身並無任何危險，但該輪未採取任何救助措施，致使「榮大洋2」輪沉沒。在發生如此重大事故的情況下，該輪的船舶所有人應

當能夠獲得船方的通報。受害船舶多次呼救，申請人的船舶未採取任何救助行為這一事實本身足以表明，申請人沒有指示「興亞東京」輪對受害船舶施救，未履行其法定義務，其已喪失了責任限制的權利，亦無權設立責任限制基金。申請人的責任限額應當是 904,138 特別提款權，而非 903,971 特別提款權，其申請的責任限額不符合法律規定。異議人請求本院駁回申請人設立海事賠償責任限制基金的申請。異議人認為：①《海商法》是實體法，《海事訴訟特別程序法》是程序法，程序法是為實體法服務的，因此，責任人是否有權享受責任限制，決定了責任人是否能夠設立基金。②根據最高人民法院「關於適用《中華人民共和國海事訴訟特別程序法》若干問題的解釋」第八十三條的規定，利害關係人對設立責任限制基金提出異議的，「海事法院應當對設立基金申請人的主體資格、事故所涉及的債權的性質和申請設立基金的數額進行審查」。在這三項中，只要有一項不符合法律規定，法院就應當駁回申請人的申請。③本案所涉債權不屬於限制性債權。申請人見死不救，屬該條規定的「不作為」，其無權限制賠償責任，由此造成的船舶沉沒損失不屬於限制性債權。由於該船沉沒而產生的清除沉船及油污等費用也不應屬於限制性債權。④若允許申請人設立責任限制基金，最終確認責任人無權享受責任限制，將會導致異議人得不到足額賠償的后果。現申請人已經提供擔保，駁回其申請不會給其造成任何損失。

為證明其異議成立，異議人向法院提供了下列證據：①榮成漁港監督對「榮大洋 2」號輪船長的詢問筆錄，證明申請人知悉碰撞事故，但一直未採取任何救助措施；②青島市科學技術諮詢服務中心出具的「技術諮詢報告」，證明只要申請人對該船實施救助，該船舶不可能沉沒；③「榮大洋 2」號輪的有關船舶證書和船員證書，證明在發生事故時該船舶適航。

綜上所述，雙方當事人對申請人所述的船舶碰撞事故並導致異議人的船舶沉沒這一事實沒有爭議；對法院管轄和適用中華人民共和國法律以及申請人提出的設立責任限制基金有關的匯率、利息等問題，異議人也未提出任何異議。雙方當事人有爭議的是，申請人是否有權享受責任限制以及在實體問題判決之前申請人是否可以設立海事賠償責任限制基金。對設立責任限制基金問題，雙方爭議的焦點有三個：①在法院判決認定申請人是否有權限制賠償責任之前，申請人是否有權設立該基金；②異議人的債權的性質。若債權人的債權不屬於限制性債權，是否允許申請人設立該基金；③本案基金的數額。如果申請人申請設立的基金數額計算有誤，是否應當駁回其申請。

【思考與討論】

請根據案例背景資料，對此案例做出判決。

二、實訓操作

【實訓內容】

2003 年 5 月 28 日，內貿船「華頂山」輪在臺灣海峽南碇島附近發生火災，隨后返回廈門港要求救助，並在救助中沉沒。當時船上載有 143 個集裝箱，箱中貨物皆隨船沉入海中。蒙受巨大損失的貨主紛紛向船方提起索賠訴訟，形成「華頂山」輪系列案。

事故發生后，船方主動向廈門海事法院申請設立了責任限制基金，並意圖通過申請海事賠償責任限制，依中國《海商法》的相關規定將其賠償責任限制在責任限制基金的限度內。如果船方的海事賠償責任限制申請獲得確認，因「華頂山」輪沉沒而遭

受損失的 70 多名貨主將只能在責任限制基金的範圍內按比例獲得賠償，其所獲賠償將不及其損失的 1/10。

鑒於海事賠償責任限制是法律賦予船方的特權，並鮮有被打破的先例，各貨主雖心有不甘，卻也只能按照法定程序先申報債權，后向法院提起確權之訴，以期在責任限制基金的範圍內獲得賠償，盡量減少損失。

就在案件審理進入確權訴訟階段，船方的責任限制申請即將因無人異議而獲得批准的關鍵時刻，代表多位貨主的陳律師在調閱廈門海事局的事故調查原始記錄時，捕捉到了非常重要和關鍵的信息，從而據理力爭，力挽狂瀾，扭轉了案件的結果，為眾多貨主挽回了損失，亦使得該案成為中國國內第一個由確權訴訟轉為普通程序的海事訴訟，以及少有的打破海事賠償責任限制的先例。

原來，中國《海商法》雖然賦予了船舶所有人、經營人、承租人、救助人等海事賠償責任限制的法定特權，但同時也對這一特權進行了限制，其第二百零九條規定：「經證明，引起賠償請求的損失是由於責任人的故意或者明知可能造成損失而輕率地作為或者不作為造成的，責任人無權依照本章規定限制賠償責任。」在調閱廈門海事局的事故調查原始記錄時，陳律師就是非常敏銳地注意到了可能證明船方存在「明知可能造成損失而輕率地作為」的情況：「華頂山」輪底倉裝載著過硫酸鈉——其在船上的明火被撲滅后爆炸；而按照有關規定，像過硫酸鈉這樣的危險品，是只能裝載在甲板上，而不應裝載於貨艙中的。同時，陳律師也注意到，對於這一危險品，貨主在裝船前已經有申報，亦即船方是在明知所裝載的是過硫酸鈉而仍然將其配載於底艙的；而且，明火被撲滅后，正是由於過硫酸鈉的爆炸使得不知底細的救援人員措手不及，從而直接並最終導致了救援行動的失敗和船舶的沉沒。

發現這一情況后，陳律師迅速代表所代理的貨主向法院提出了《責任限制異議書》，反對船方享有海事賠償責任限制。

《海事訴訟特別程序法》規定了責任限制基金的申請、債權登記以及確權訴訟的程序，卻沒有規定以何種程序審理船方能否享受責任限制，這就牽涉一個關鍵問題：是在確權訴訟中審理船方能否享受責任限制的問題，還是啓動新的程序來審理這一問題？

由於《海事訴訟特別程序法法》沒有明確規定，在實踐中也存在著不同的認識。為慎重起見，廈門海事法院通過福建省高院向最高人民法院請示。最高法院法院做出答復：經過確權程序後，原告還有疑義的，轉入普通程序，而其他確權訴訟程序的案件中止審理，等待普通程序案件審結後按既定判例處理。最高法院的相關負責人同時指出，這類問題法律沒有明確規定，希望借助此案的審理促進海事立法的完善。至此，案件峰回路轉，進入普通程序。廈門海事法院通過對本案的審判，留下了可供參考的審理模式，是一筆寶貴的財富，也將對以後立法的完善提供有益的實踐借鑑。

在案件轉入普通程序後，船方繼續辯稱導致船舶沉沒的原因是船上所載保險粉自燃而引起的火災，承運人不應承擔責任；過硫酸鈉的爆炸並沒有對船舶及其裝運貨物造成損壞，船舶的沉沒是由於進入過多的水所致，與過硫酸鈉爆炸沒有必然的因果關係，並稱這一點在中國海事仲裁委員會的仲裁裁決中也得到了明確認定，因此船方即使承擔責任，也應享受海事賠償責任限制，所有的賠償請求都應限制在責任限制基金的範圍之內。

船方的抗辯看似有理有據，而且此前的司法實踐中又鮮有打破責任限制的先例，代表其他貨主的律師均對在責任限制上進行突破缺乏信心。面對困難險阻，陳律師毫不畏懼，在細心的分析論證之後，堅持認為：在船舶明火已經撲滅，救援行動已經取得成效的情況下，正是過硫酸鈉的爆炸直接導致了救援的失敗，並最終導致了船舶的沉沒。與此同時，廈門海事法院通過兩次向廈門海事局進行進一步調查，得到的專業意見是：爆炸對船舶的平衡和穩性產生了影響，增加了施救的難度，造成了消防水大量進入船艙。這一意見進一步印證了陳律師的觀點。最終，廈門海事法院採納了陳律師的代理意見，判定：在船方未能證明過硫酸鈉的爆炸與「華頂山」輪的沉沒沒有因果關係的情況下，應承擔舉證不能的法律后果；本案貨物因船舶沉沒而落水受損，船方是在明知這一損害后果可能發生的情況下仍進行違規配載造成損失，應對原告全額承擔賠償責任，無權享受海事賠償責任限制。

一審判決下來之后，船方不服，將案件上訴至福建省高級人民法院。二審過程中雙方的爭議仍然十分激烈。二審法院本著實事求是的原則對沉船事故的過程和原因進行了反覆核實。經分析認證，福建省高級人民法院最終認定：鑒於廈門海事局的《調查報告》已經證明，××公司（船方）違規將過硫酸鈉裝於艙內，××公司作為專業的輪船公司，長期從事海上貨物運輸，對國家關於危險品運輸的規定是明知的，但為了謀取利益，冒險違規配載危險品，對可能發生的事故採取放任的態度，因此可以認定本次運輸中實際負責船舶配載的××公司對沉船事故的發生具有主觀上的故意和明知。而根據廈門海事局的認定，過硫酸鈉的分解爆炸與船舶沉沒有直接的因果關係。因此，本案貨物因船舶沉沒而落水受損，××公司在明知這一損害后果可能發生的情況下仍進行違規配載造成損失，應全額承擔賠償責任，無權享受海事賠償責任限制。結合其他的事實和證據，福建省高級人民法院於2005年11月30日做出最終判決：駁回船方的上訴，維持廈門海事法院的原判。至此，「華頂山」輪系列案以當事人完勝而成為終審判決。

「華頂山」輪系列案突破了給予船舶所有人、經營人、承租人等特殊保護的海事賠償責任限制，明確判定在責任人故意或者明知可能造成損失而輕率地作為的情況下，不應享受海事賠償責任限制而應全額賠償受損方的損失。聯繫到當前國內集裝箱運輸中危險品瞞報的情況大量存在，有關行政部門雖採取各種嚴厲措施，但仍有少數托運人、貨代公司及船公司在利益的驅動下鋌而走險，「華頂山」輪系列案的判決對於那些懷有僥幸心理，冒險違規載運危險品的承運人，可以說是敲響了一記強有力的警鐘。

【實訓目標】

加深學生對海事賠償責任限制制度的認識和理解；學會分析問題、解決問題，提高團隊合作意識。

【實訓組織】

根據學生選擇將學生分為兩組分別代表兩方進行辯論。（注意：教師應提出活動前的要求和注意事項，同時隨隊指導）

【實訓成果】

1. 考核和評價採用個人評價和整隊評價相結合的方式；
2. 評分採用學生和老師共同評價的方式。

評價考核標準	分值
法庭辯論的具體內容	40
辯論結果是否對己方有利	20
相關法律規定是否理解準確	20
學生是否積極參與以及團隊合作意識如何	20
合計	100

第十二章
海上保險合同

【本章概要】

　　海上保險是現代保險的起源地，也是一切保險的鼻祖。它是隨著海上貿易的發展而興旺發達起來的。海上運輸中船舶和貨物有時會遭遇危險或意外事故，由於人們的認知程度有限和航海技術水平方面的限制，遭受的損失往往是巨大的。客觀上需要一種能夠為遭受的財產損失予以賠償的制度。如果說海運促進了貿易的發展，那麼海上貿易的發展就是海上保險興旺發達發展的動力。海上保險發展到今天已經成為當今海上活動不可缺少的保障體系。中國《海商法》第二百一十六條至第二百五十六條共計41條是有關海上保險合同的規定。

【學習目標】

1. 瞭解：海上保險合同的基本知識；
2. 熟知：海上保險合同的主要內容；
3. 理解：海上保險合同適用的主要原則；
4. 掌握：海上保險合同的轉讓；保險委付的構成要件。

【技能目標】

1. 能夠根據相關法律的要求掌握海上保險合同的訂立程序和技巧；
2. 能夠靈活運用法律規定，具有處理海上保險合同糾紛的能力。

【先導案例】

　　賣方甲與買方乙以 FOB（上海港）的貿易術語條件達成合同，乙投保了海上貨物運輸的一切險（all risks），之后貨物在目的地（一切險合同約定的地方）直接裝上丙（乙將貨物的單據都轉讓給了丙，包括保單）的運輸工具運往另一城市，途中貨損（假設屬承保事故造成的損失），請問保險公司是否賠付？為什麼？

【知識精講】

第一節　海上保險合同概述

一、海上保險合同的概念

（一）海上保險

海上保險，俗稱水險，是指保險人對與海上運輸有關的保險標的遭受約定事故引起的損失和責任負責賠償，而由被保險人向保險人支付保險費的保險。由於海上保險是在海上這一特定領域內的保險，鑒於海洋氣候條件複雜而且變化不定，保險標的總是處於流動狀態，海上保險形成了一些自己獨有的特徵（見表12-1）。

表 12-1　　　　　　　　　　海上保險合同的特徵

海上保險的特徵	
承保風險的綜合性	包括財產和利益上的風險、責任上的風險、海上風險、陸上風險、客觀風險、主觀風險等
承保標的的流動性	承保標的主要為船舶和貨物，因國際貿易海上運輸的要求，船舶和貨物需要從一國到另一國或者從一個港口到另一個港口
承保隊形的多變性	貨物受讓人通過提單和保險單轉讓而成為新的貨物所有人和被保險人，從而引起貨物運輸保險的保險對象不斷變化
保險種類的多樣性	因海上保險需要滿足被保險人不同的保障需要，因此要求海上保險的險種和險別不僅要數量多，形式也要不斷發生變化
海上保險的國際性	海上運輸客觀需要在世界範圍內進行業務活動，海上保險標的物途經不同的國家和港口，從而涉及許多國際法律關係

早期的海上保險僅承保海上風險造成的財產損失，對陸上風險是不予承保的。科學技術的發展、海上運輸業的不斷發展以及國際多式聯運業務的展開，對海上保險提出了新的要求。保險業為順應時代發展的要求，目前，海上保險既承保海上風險，也承保陸上風險。

（二）海上保險合同

為了調整海上保險這種獨特的社會關係，各國法律都對海上保險作出了專門的規定。中國《海商法》第二百一十六條規定：「海上保險合同，是指保險人按照約定，對被保險人遭受保險事故造成保險標的的損失和產生的責任負責賠償，而由被保險人支付保險費的合同。」

其中保險事故是指保險人承保的風險，如自然災害、船舶碰撞、戰爭與罷工等風險。海上保險實務中，保險事故的具體範圍可以由雙方當事人約定，並在保險合同中以承保責任的形式將承保何種風險列明，並以除外責任的方式將不予承保的風險一一列明。

二、海上保險合同的分類

海上保險合同的種類很多，從不同的角度可以進行不同的分類並具有不同的法律

意義。

(一) 按照保險標的分類

保險標的是保險合同中雙方當事人約定的保險保障對象。海上保險合同的保險標的是指海上保險所承保的財產或有關利益和責任。依保險標的分，海上保險合同可以分為海上貨物運輸保險合同、船舶保險合同、運費保險合同、保賠保險合同及海上石油勘探開發保險合同。按照保險標的進行分類，可以判斷投保人是否具有可保利益，也可以確定保險金額以及保險費等。

(二) 按照保險期間分類

保險期間是指保險人所承擔的保險責任從開始到終止的時間。在此期間發生的承保風險造成保險標的損害的，保險人應承擔賠償責任。依海上保險的期間分，可將其分為航程保險、定期保險和混合保險。航程保險的保險期間為航程開始時起至航程終止時結束。定期保險的保險的保險期間由雙方協商確定，可以是半年或一年。混合保險的保險期間以一個航程為主，又加上一定的時間作為限制，兩者以先發生者為準。

(三) 按照保險價值分類

保險價值是指海上保險合同中雙方當事人約定的保險標的的價值。海上保險按照是否確定保險標的的價值來分，可分為定值保險和不定值保險。保險價值是確定保險金額的依據，也是保險人確定保險賠償的基礎。一般來說，發生保險事故后，定值保險不再對保險標的物進行估價，不定值保險按照保險標的發生時的實際價值來確定自己的賠償責任。

(四) 按照承保方式分類

海上保險按照保險標的承保方式的不同，可以分為逐筆保險、預約保險和總括保險。

逐筆保險是指由被保險人單次、逐筆向保險人投保的一種保險。適用於船舶保險和批量零星、收貨人分散的進出口貨物運輸保險。預約保險是保險雙方約定總的保險範圍並簽訂預約保險合同的一種長期保險。中國海上進口貨物大都採用預約保險。總括保險是指保險人對投保人在約定的期限內所運送的一定量的貨物實行總承保的保險。

三、海上保險合同的法律特徵

海上保險合同從性質上看屬於財產保險合同，具有保險合同的一般特徵：

(一) 海上保險合同是一種賠償性質的合同

海上保險合同的賠償性從海上保險合同的定義中就可以看出，「對被保險人遭受保險事故造成保險標的的損失和產生的責任負責賠償」。保險的目的就是賠償經濟損失，使其恢復到未受損失前的經濟地位。雖然是對財產的賠償，但是海上保險的賠償方式主要指金錢上的賠償，而不是恢復原狀或歸還原物。

(二) 海上保險合同是一種射幸合同[①]

海上保險合同中，被保險人支付保險費后能否從保險人處獲得賠償完全取決於保險事故是否發生，是否造成被保險人的損失。保險事故發生與否、被保險人因保險事

[①] 射幸合同是指訂立合同時，雙方當事人約定，一方對於將來的或然性事件的發生與否，作出預斷，以其得到驗證而取得另一方當事人一定金錢的合同。可能是一本萬利，也可能是毫無所得。

故造成損失與否本身就是不確定的，如果發生，那麼保險人需要支付賠償金；如果不發生，保險人則無須支付，同時被保險人將喪失所交的保險費。因此，海上保險合同是一種典型的射幸合同。

（三）海上保險合同是一種格式合同

格式合同是指一方當事人提出合同的主要內容，另一方只能接受或者拒絕，一般無商量余地。海上保險合同中，一般是保險人單方擬訂和事先印備好保險合同，合同條款都是保險人單方制訂的，形成標準的格式合同，被保險人只能就這些條款所規定的條件表示願意與否，而不能提出修改意見。即使有時候需要對個別保險條款作出修改，通常這些修改也是由保險人作出的。

（四）海上保險合同是一種雙務有償合同

海上保險合同從合同法角度看屬於約定雙方當事人之間權利與義務的協議。對於保險人來說，發生保險事故有支付保險費的義務，對於被保險人來說，有支付保險費的義務，因此海上合同中被保險人和保險人均需要履行一定的義務。同時保險費與保險賠償的對價交換也體現了海上保險合同的有償性。

四、海上保險合同的法律適用

保險合同屬於民事合同，目前調整民事法律關係的法律主要有中國的《民法通則》《合同法》和《保險法》。海上保險合同作為保險合同中的一種，自然要遵循保險合同所具有的共同規則，因此上述法律對海上保險合同也適用。但是，海上保險合同是一種專門調整海上保險關係的專門性保險合同，具有自身的特徵，中國《海商法》對海上保險合同作出了專章規定。這種典型的調整保險某領域的特別法對海上保險合同自然也適用。

上述法律規範在適用順序上是有區別的，海上保險合同中，在法律適用時，首先應適用中國《海商法》的規定，《海商法》沒有作出規定時，適用《保險法》的規定；《保險法》沒有規定時，適用《合同法》的規定；《合同法》沒有規定時，適用民法通則的規定。

第二節　海上保險合同的主要內容

根據《海商法》第二百一十七條的規定，海上保險合同的內容，主要包括下列各項：

一、保險人與被保險人

海上保險合同的當事人是保險人與被保險人。保險人是指與被保險人訂立保險合同，並承擔賠償或者給付保險金責任的保險公司。中國的保險人均為保險公司，主要有國有的中國人民保險公司、平安保險公司、太平洋保險公司等，其他單位和個人不得經營保險業務。被保險人（Insured，Assured）是指保險事故發生以後，享有保險金請求權的人。如船舶所有人、貨物所有人、船舶抵押權人。

事實上與保險人訂立保險合同，並按照保險合同負有支付保險費義務的人為投保

人。當投保人為自己的利益而訂立保險合同時，保險合同訂立后其為被保險人。但是中國《海商法》中沒有投保人這個概念，因為根據《海商法》的規定，被保險人就是投保人。

二、保險標的

如前所述，保險標的是指作為保險對象的財產及其有關利益。保險標的的範圍很廣，可以是有形財產、無形財產或利益等。根據中國《海商法》第二百一十八條的規定，海上保險標的有船舶、貨物、船舶營運收入、貨物預期利潤、船員工資和其他報酬、對第三者的責任以及由於發生海上或與海上航行有關的保險事故可能受到損失的其他財產和產生的責任、費用以及再保險等。

三、保險價值

保險價值是被保險人投保的財產的實際價值。實踐中，由於受各種因素的影響，被保險人很難準確測定保險標的的實際價值，所以保險標的的保險價值一般是由保險人和被保險人約定的。如果雙方當事人未作約定，中國《海商法》第二百一十九條規定了船舶、貨物、運費等保險標的的保險價值的計算標準。[1]

四、保險金額

保險金額是指保險人承擔賠償或者給付保險金責任的最高限額。保險金額根據保險價值來確定，可以等於或低於保險價值，但不能超過保險價值。超過保險價值的，超過部分無效。保險金額與保險價值相等的，稱為足額保險或全額保險；保險金額超過或大於保險價值的，稱為超額保險。保險金額低於保險價值的，稱為不足額保險。海上保險實務中，同保險價值的確定一樣，一般由當事人事先約定並載入海上保險合同。

五、保險責任和除外責任

保險責任是指海上保險合同規定的保險人承保的風險範圍。它通常通過保險條款來體現。除外責任是指保險人不承保的風險。除合同另有約定外，保險人對除外責任中的原因造成的損失不負賠償責任。一般來說，保險人的承保責任分為兩種方式：一種是一切險減除外責任，另一種是列明風險責任。在不同的海上保險合同中，保險責任和除外責任的範圍都是不同的。

六、保險期間

保險期間實質上就是保險人對保險事故所負責任的期間。保險責任的期間有三種確定方法，一種是以時間來確定；另一種是以空間的方法來確定，例如規定保險責任

---

[1] 根據《海商法》第二百一十九條的規定，保險價值依照下列規定計算：①船舶的保險價值，是保險責任開始時船舶的價值，包括船殼、機器、設備的價值，以及船上燃料、物料、索具、給養、淡水的價值和保險費的總和；②貨物的保險價值，是保險責任開始時貨物在起運地的發票價格或者非貿易商品在起運地的實際價值以及運費和保險費的總和；③運費的保險價值，是保險責任開始時承運人應收運費總額和保險費的總和；④其他保險標的的保險價值，是保險責任開始時保險標的的實際價值和保險費的總和。

自貨物離開起運地倉庫起至抵達目的地倉庫止；第三種方法是採用以空間和時間兩方面來對保險期間進行限定的方法。

七、保險費

保險費是投保人或被保險人支付給保險人的報酬。保險費是根據保險費率計算出來的。一般情況下，被保險人應當在保險合同訂立后立即支付保險費；被保險人支付保險費前，保險人可以拒絕簽發保險單證。保險費可以因為某些特殊情況而有所增減，比如保險人在收到被保險人違反保險合同的保證條款的通知后，可以要求增加保險費。

第三節　海上保險合同的訂立、變更、解除和終止

一、海上保險合同的訂立

任何合同的訂立都必須經過要約和承諾兩個階段，海上保險合同的訂立也不例外。海上保險合同實務中，大多是由被保險人根據需要向保險人提出訂立海上保險合同的要求或建議，這種保險要求就是要約。對於被保險人的這種提議，保險人接受提議表示同意承保，即為承諾。實務中，保險人的承諾方式有在投保單上蓋章、接受被保險人支付的保險費等。

海上保險合同自保險人承諾之時起成立。海上保險合同成立後雙方當事人就受該合同的約束。海上保險合同的成立對於判斷合同是否存在，認定合同是否有效，判定有關當事人應當承擔什麼樣的責任具有重要意義。

二、海上保險合同的變更

海上保險合同成立后，可能因為某些原因發生變化而產生需要變更保險合同的要求。海上保險合同的變更包括合同主體的變更和合同內容的變更。

合同主體的變更，一般指合同的轉讓，即被保險人將其在保險合同中的權利轉移給第三方的行為，中國《海商法》對海上貨物運輸保險合同和船舶保險合同的轉讓作出了不同的具體規定①。合同內容的變更主要指保險標的的變更、保險風險的變更、保險責任的變更等，被保險人和保險人均可要求變更保險合同的內容，但是需要經過對方的同意。根據《保險法》的規定，被保險人和保險人經協商同意，變更保險合同的，應當由保險人在原保險單或其他憑證上批註或附貼批單，或者訂立變更的書面協議。

三、海上保險合同的解除和終止

(一) 海上保險合同的解除

海上保險合同的解除即保險合同的當事人取消其之間的法律關係的行為。中國

---

①　《海商法》第二百二十九條規定：「海上貨物運輸保險合同可以由被保險人背書或者以其他方式轉讓，合同的權利、義務隨之轉移。」《海商法》第二百三十條規定：「因船舶轉讓而轉讓船舶保險合同的，應當取得保險人同意。未經保險人同意，船舶保險合同從船舶轉讓時起解除；船舶轉讓發生在航次之中的，船舶保險合同至航次終了時解除。合同解除后，保險人應當將自合同解除之日起至保險期間屆滿之日止的保險費退還被保險人。」

《海商法》第二百二十六條至第二百二十八條對保險合同在保險責任開始前和開始後的解除進行了不同的規定：
（1）在保險責任開始前，被保險人可以要求解除合同。
（2）在保險責任開始後，被保險人是否可以解除合同須依情況而定。

（二）海上保險合同的終止

海上保險合同的終止是指合同效力的解除，雙方當事人不再受合同的約束。海上保險合同的終止可以因各種原因引起，合同終止的情況主要有以下幾種：

（1）自然終止

自然終止是海上保險合同終止最基本、最常見的原因，是指海上保險合同規定的保險期限屆滿時，保險合同即告終止。

（2）協議終止

協議終止是指海上保險合同中被保險人和保險人達成協議，在某些特定情況下任何一方可以隨即註銷終止合同。海上保險實務中，一般都給予保險人在一定情況下終止合同的權利。

（3）義務履行終止

義務履行終止是指在保險人按照海上保險合同規定履行賠償全部保險金額的義務後，保險合同即行終止。

（4）特殊終止

特殊終止通常是指被保險人在保險合同期限內發生違反保險合同規定時，保險人可以終止合同。包括法定解除和違約解除兩種。

知識小百科 12-1　　海上保險合同適用的原則

（一）最大誠信原則

最大誠信原則（Principle of Utmost Good Faith）是被保險人和保險人訂立海上保險合同的基本原則之一。保險合同雙方當事人必須本著最大誠意和信用來訂立合同。任何合同的簽訂，都須以合同當事人的誠信作為基礎。如果當事人一方以詐欺為手段，誘使他方簽訂合同，一旦發現，他方則可據以解除合同。如有損害，還可要求對方予以賠償。對此，英國《1906年海上保險法》第十七條規定：「海上保險合同是建立在最大誠信基礎上的，如合同任何一方不遵守這一規定，另一方可宣布合同無效。」

對被保險人來說，最大誠信原則含如下三方面內容：

（1）告知

告知（Disclosure）是指被保險人在投保時將其所知道的有關保險標的重要情況告訴保險人。所謂重要情況，是指一切可能影響一位謹慎的保險人做出是否承保以及確定保險費率的有關事項。這種主要情況大體包括兩類：一是被保險人實際知道的事實或信息，另一類是被保險人在業務活動中應當知道的事實或信息。在第一種情況下，被保險人實際知道有關情況，在第二種情況下，被保險人被推定為知道有關情況，以防止被保險人以不知為名推卸。對於保險人知道或者在通常的業務中應當知道的事實、資料或信息，除非被保險人特別詢問，否則被保險人無義務特別提醒保險人。中國《海商法》第二百二十二條規定：「合同訂立前，被保險人應當將其知道的或者在通常業務中應當知道的有關影響保險人據以確定保險費率或者確定是否同意承保的重要情

況，如實告知保險人。」

合同訂立后，保險人發現被保險人違反告知義務的，保險人有權解除合同。中國《海商法》第二百二十三條對被保險人故意和非故意違反告知義務的情況，作了不同規定。如果被保險人的不告知是故意所為，保險人有權解除合同，並且不退還保險費；合同解除前發生保險事故，造成損失的，保險人不負賠償責任。如果被保險人的不告知不是故意所為，保險人有權解除合同或者要求相應增加保險費。保險人解除合同的，對於合同解除前發生保險事故造成的損失，保險人應當負賠償責任，但是，未告知或錯誤告知的重要情況對保險事故的發生有影響者除外。

(2) 擔保

擔保（Warranty）又稱保證，是最大誠信原則的另一重要內容。所謂保證是指保險與被保險人在海上保險合同中約定被保險人擔保對某一事項做或不做，或者擔保某一事項的事實性。應注意的是保證不同於告知，正如英國大法官曼斯菲爾德所說，告知與保證不同，告知僅須實質上正確即可，而保證則必須嚴格遵守。

保證可分為明示保證和默示保證，明示保證（Express Warranty）是以書面形式在合同中明文規定或作為特別條款附加於合同中的保證條款。英國《1906年海上保險法》第三十五條規定的，明示保證可以以任何文字形式來說明保證意圖；明示保證必須包含在或寫進保險單，或包括在並入保險單的某些文件之中。默示保證（Implied Warranty）是指在保險單內雖未明文規定，但是按照法律或慣例，被保險人同樣應嚴格遵守的保證。默示保證的法律效力同明示保證一樣，不能違反。

(二) 保險利益原則

該原則在保險領域普遍適用，海上保險亦不例外。它的基本含義是要求與保險標的具有保險利益的投保人與保險人簽訂的海上保險合同才具有法律效力，保險人才承擔保險責任。保險利益原則可以限制保險人的保險賠償責任，防止超額保險；可以杜絕利用保險進行賭博，防止道德危險的出現。

在海上保險中，不論是有形的保險標的（如船舶、貨物、海上石油開採設備等），還是無形的保險標的，它們的損失或支出都會影響到被保險人的合法利益，故構成海上保險所要求的保險利益。按照海上保險市場的慣例，海上保險的保險利益分為現有利益、期得利益和責任利益。從中國保險公司現在經營的海上保險險種和險別來看，上述三種保險利益皆被認可，《中華人民共和國海商法》的有關規定（如第二百一十八條規定的海上保險合同的保險標的）亦體現了這一精神。

(三) 損害賠償原則

損害賠償原則（Principle of Indemnity）是海上保險合同最基本的原則之一。海上保險合同是補償性合同。海上保險的主要目的就是當被保險人因保險標的發生保險責任範圍內的事故而遭受損失時，按保險合同規定從保險人處得到相應的補償。換言之，被保險人的財產受損後，保險人應按合同規定履行賠償義務，使被保險人得到相應的補償，但這種補償僅限於保險事故實際損失的價值，並僅以保險金額和被保險人應有的保險利益為限，即被保險人不得因保險事故的賠償而獲得額外利益，以防止被保險人投機取巧，因禍得福。

當保險標的發生保險責任範圍內的損失，保險人對被保險人理賠時，即須掌握以下賠償原則：無損害無賠償（No Lose-No Indemnity），即保險標的沒有發生損失時，保

險人只收取保險費，而不負任何責任。其意在於防止有人利用保險進行以贏利為目的的投機或有意製造損失，以保障社會整體利益和保持經營的穩定性。英國《1906年海上保險法》第一條規定，海上保險合同是指保險人按照約定的方式和程度，對被保險人遭受與海上風險有關的海上損失負責賠償的合同。該條規定明確了損害賠償的基本原則。

（四）近因原則

近因原則（Principle of Proximate Cause）是保險理賠中必須遵循的又一項基本原則，是指保險人對承保範圍的保險事故最直接的、最接近的原因所引起的損失，承擔保險責任，而對於承保範圍以外的原因造成的損失，不負賠償責任。在各國保險法律實務中，通常都採用「近因原則」來判斷承保危險與保險標的損害之間的因果關係。英國《1906年海上保險法》第五十五條第一款規定，根據本法規定，除保險單另有規定外，保險人對由其承保危險直接造成的損失，承擔賠償責任；但對非由其承保危險直接造成的任何損失，概不承擔責任。

雖然近因原則在海上保險中廣泛適用，但是如何認定致損的近因尚無統一標準，具體的論證方法有多種多樣，主要的有三種：一是最近時間論，它將各種致損原因按發生的時間順序進行排列，以最后一個作為近因；二是最后條件論，它區別於前一方法，是將致損所不可缺少的各個原因列出，以最后一個作為近因；三是直接作用論，即將對於致損最直接最重要的原因作為近因。這一方法為大多數人所認可。

第四節　海上保險的索賠與理賠

一、海上保險的索賠

（一）海上保險索賠的概念

海上保險的被保險人在保險標的遭受損失后，憑保險單向保險人要求賠償損失的行為稱為索賠。海上保險索賠是被保險人為了維護自身經濟利益而行使的索賠的權利過程，包括損失通知、申請檢驗、保險索賠和領取賠款等。

（二）海上保險索賠的條件

合理的海上保險索賠需要具備四個條件：第一，索賠人具有索賠權。只有保險單的合法持有人，才有權向保險人提出索賠。例如，對於貨物保險索賠而言，提單上記載的收貨人或合法的提單持有人可向保險人提出索賠。第二，保險人應當負有實際賠償責任。索賠方提出的索賠應屬於保險人承保範圍之內，並且事故發生在保險人責任期間。第三，索賠人必須具有保險利益。如果保險標的受損，但是被保人的利益未受任何影響，被保險人則不具備保險利益。第四，在規定的索賠期內提出索賠。索賠必須在規定的「訴訟時效」內提出，否則難以得到賠償。

（三）海上保險索賠單證

1. 海上貨物運輸保險的索賠

在海上運輸貨物的索賠中，被保險人應當提交下列單證：

（1）保險單或保險憑證，保險單是被保險人索賠的主要憑證，它用以證明保險人的責任範圍；

（2）運輸單證，海上貨物運輸的單證是提單，提單可以證明貨物承運的狀況；

（3）貨損貨差證明，貨損貨差證明是由承運人、受託人或有關當局出具的證明貨物殘損或短少的文件；

（4）發票、裝箱單和磅碼單，發票是計算保險賠償的依據，裝箱單和磅單可以用來核對損失數量；

（5）向第三方提出索賠的文件，具備該文件證明被保險人已辦完了追償手續，使保險人不致喪失對第三方的追償權利；

（6）檢驗報告，此報告用來證明被保險貨物的損失原因、損失程度及損失金額等。

2. 海上船舶保險的索賠

中國海上船舶保險條款對被保險人向保險人索賠應提供的單證未作規定，從船舶保險實踐來看，被保險人需要提交的單證有：海事報告和海事聲明；航海日誌；檢驗報告；費用清單；船舶有關證書；保險單正本；索賠清單等其他文件。

二、海上保險的理賠

（一）海上保險的理賠

保險理賠是指保險人處理保險索賠案的程序和工作。在海上保險實務中，一旦發生保險事故，保險理賠程序便要開始運作了。保險理賠具體包括立案、保險索賠、損失確定、責任審定、賠款計算、賠款給付等6個環節。理賠是保險人應盡的保險義務，也是保險人完善經營管理的重要措施。

（二）海上保險理賠的原則

海上保險的理賠應遵循一些基本原則：

（1）以海上保險合同為依據的原則

海上事故發生後，是否屬保險責任範圍、是否在保險期限內、保險賠償金額多少、免賠額的確定、被保險人自負責任等均依據保險合同來確定。

（2）合理原則

因為海上保險合同條款不能概括所有情況，所以海上保險人在處理保險賠償時，要以保險合同為依據並注意合理原則。

（3）及時原則

海上保險的主要職能是提供經濟補償。保險事故發生後，保險人應迅速查勘、檢驗、定損，將保險賠償及時送到被保險人手中。

（三）免賠額

免賠額是指海上保險合同中保險人和被保險人約定的賠付時由被保險人自己承擔的部分數額。免賠額一般分為絕對免賠額和相對免賠額。海上保險實務中，船舶保險單一般都有免賠額的規定。中國關於船舶保險的規定採用的是絕對免賠額。海上保險中規定免賠額的意義在於排除一部分小額索賠，可以節省理算費用，簡化相關程序。

三、代位求償與保險委付

（一）代位求償

如果保險標的的損失是由於第三者的疏忽或過失造成的，在保險人依保險合同向被保險人支付了約定的賠償后，即取得了由被保險人轉讓的對第三者的損害賠償請求

權，也就是代位求償權。根據定義可知，海上保險代位求償權的構成應當具備兩個基本條件：第三者對保險標的損害負有責任；保險人賠付被保險人的損失。

法律之所以規定保險人的代位求償權，原因有：第一，為了防止被保險人獲得雙重賠償。即從保險人和第三者責任方同時獲得賠償而額外獲利。第二，防止第三者逃脫責任。第三者不能因為被保險人享有保險賠償而免除賠償責任。第三，維護保險人的利益。保險人可以通過代位求償從第三者手中追回保險人支付的賠償費用，從而維護自己的合法權益。

(二) 保險委付

保險委付是指發生保險事故造成保險標的的推定全損，被保險人放棄保險標的，將一切權利和義務轉移給保險人，而要求保險人按全部損失給予賠償的法律行為。保險委付的成立需要滿足五個條件：第一，保險標的發生推定全損；第二，被保險人向保險人發出委付通知；第三，委付不能附帶任何條件；第四，委付要以保險人接受為前提條件；第五，全部委付。保險人可以接受委付，也可以不接受委付，但是保險人一旦接受委付，就不得撤回。

本章小結

海上保險合同是指保險人按照約定，對被保險人遭受保險事故造成保險標的的損失和產生的責任負責賠償，而由被保險人支付保險費的合同。海上保險合同的訂立要經過要約和承諾兩個階段。

海上保險合同按照不同的分類標準可以進行不同的分類，具有不同的法律意義。

如果保險標的的損失是由於第三者的疏忽或過失造成的，在保險人依保險合同向被保險人支付了約定的賠償後，即取得了由被保險人轉讓的對第三者的損害賠償請求權。

海上保險的被保險人在保險標的遭受損失後，憑保險單向保險人要求賠償損失的行為稱為索賠。包括損失通知、申請檢驗、保險索賠和領取賠款等。保險理賠是指保險人處理保險索賠案的程序和工作。具體包括立案、保險索賠、損失確定、責任審定、賠款計算、賠款給付等6個環節。

基礎訓練

一、單項選擇題

1. 在中國保險人為（　　）。
   A. 個人　　　　B. 銀行　　　　C. 保險公司　　　D. 國家
2. 保險利益是指被保險人對（　　）具有法律上承認的利益。
   A. 保險合同行為　B. 保險制度　　C. 保險風險　　D. 保險標的
3. （　　）是指發生保險事故造成保險標的的推定全損，被保險人放棄保險標的，將一切權利和義務轉移給保險人，而要求保險人按全部損失給予賠償的法律行為。
   A. 代位求償權　　B. 保險委付　　C. 推定全損　　D. 實際全損

4. 海上保險屬於（　　）。
   A. 財產保險　　　　　　　　B. 人身保險
   C. 保證保險　　　　　　　　D. 責任保險
5. 海上保險按照（　　）分類，可以分為逐筆保險、預約保險和總括保險。
   A. 是否確定保險價值　　　　B. 保險人承保的保險期限
   C. 保險標的　　　　　　　　D. 承保方式

二、多項選擇題

1. 海上保險合同的訂立要經過（　　）階段。
   A. 要約　　　B. 要約邀請　　　C. 承諾　　　D. 簽發保單
2. 海上保險合同的特徵有（　　）。
   A. 雙務有償合同　　　　　　B. 賠償性質合同
   C. 格式合同　　　　　　　　D. 射幸合同
3. 根據中國《海商法》的規定，能夠作為海上保險保險標的的有（　　）。
   A. 船員工資和其他報酬　　　B. 貨物
   C. 貨物逾期利潤　　　　　　D. 對第三者的責任
4. 保險委付成立的條件有（　　）。
   A. 發出委付通知　　　　　　B. 保險標的發生實際全損
   C. 委付不能附帶任何條件　　D. 全部委付
5. 海上保險合同終止的情況有（　　）。
   A. 自然終止　　　　　　　　B. 協議終止
   C. 義務履行終止　　　　　　D. 特殊終止

三、判斷題

1. 海上保險合同中的保險標的是暴露與海上風險中的船舶、貨物等有形財產。（　　）
2. 海上保險實務中，船舶保險單一般都有免賠額的規定。（　　）
3. 只有保險單的合法持有人，才有權向保險人提出索賠。（　　）
4. 定值保險是按照保險標的發生時的實際價值來確定自己的賠償責任。（　　）
5. 保險標的的保險價值一般是由保險人和被保險人約定的。（　　）

四、簡答題

1. 簡述海上保險合同的特徵。
2. 簡述海上保險合同的法律特徵。
3. 簡述海上保險合同的主要內容。
4. 簡述引起海上保險合同終止的幾種情況。
5. 簡述海上保險合同的索賠原則及合理的海上保險索賠需要具備的條件。

五、技能應用

賣方甲與買方乙以 FOB（上海港）的貿易術語條件達成合同，乙投保了海上貨物運輸的一切險（all risks），之後得知貨物在上海港裝船前由於保險人承保的風險造成全損，乙持保單要求保險人賠償，乙能否獲賠？乙將保單轉給甲，甲能否獲賠？

模擬法庭

一、案例分析

【背景資料】

2002年9月4日，案外人華昌公司與浦江公司簽訂運輸合同，約定浦江公司將華昌公司的750噸小麥從上海港運至廣州新豐港，承運船舶為「金山泉818」輪。次日，小麥被裝上「金山泉818」輪。涉案水路貨物運單載明，托運人是華昌公司，收貨人為貨物買方，裝船日期為2002年9月5日，在承運人（簽章）處蓋有「福州金帆船務有限公司金山泉818」字樣的船章，在船章右側蓋章字樣為「上海浦江聯運有限公司貨運部業務專用章」。2002年9月8日，裝貨船舶駛至長江口，觸碰障礙物沉沒。上海吳淞海事處出具「水上交通事故責任認定書」，認定「金山泉818」輪應對此次事故負全部責任。2003年1月23日，該處作出說明，稱由於「金山泉818」輪一直未提供有關船舶證書，關於船舶所有人應以《船舶國籍證書》和《船舶所有權登記證書》為準。

此前，華昌公司與寧波人保營業部簽訂貨物運輸險統保協議（未註明簽訂日期），約定了保險期限、投保貨物運輸保險總額、保險責任、每一票貨物的具體投保辦法等，並特別約定了載貨船舶的載重噸應在300噸級以上否則不予賠償的限制條款。2002年1月23日和7月18日，原告兩次批單，將上述保險合同期限延長至2002年7月31日和2002年12月31日，並確定上述限制條款限定為只適用海上運輸。就涉案貨物運輸，華昌公司曾向寧波人保投保，但該投保單未註明投保日期，寧波人保也未蓋章或以其他方式確認。出險後，寧波人保向華昌公司進行了賠付。

上海海事法院經審理認為，寧波人保延長「貨物運輸險統保協議」保險期限的批單合法有效，可以認為與華昌公司協商一致，且已實際履行。涉案事故發生在保險期限之內，屬保險責任事故。寧波人保向華昌公司賠付並無不當，且該賠付行為既無違法又無損害第三人利益，故寧波人保依法取得代位求償權。浦江公司是契約承運人，而金帆公司作為「金山泉818」輪的經營人與船舶所有人郭某共同成為涉案運輸的實際承運人，根據《國內水路貨物運輸規則》的規定，三被告應對涉案貨損承擔連帶責任。一審判決后，金帆公司不服上訴。上海市高級人民法院經審理認為，原判認定事實清楚，適用法律正確，遂判決駁回上訴，維持原判。

（資料來源：http://www.ccmt.org.cn/shownews.php？id=5696.）

【思考與討論】

請根據案例背景資料，回答下列問題：
(1) 法院的判決是否正確？
(2) 如果你作為本案中的當事人，能否接受法院的判決？

二、實訓操作

【實訓內容】

保險公司海上保險合同承保範圍的調查報告

【實訓目標】

調查瞭解主要保險公司海上保險合同的基本類型和不同海上保險合同的承保範圍，加深學生對海上保險合同的性質和主要內容的認識和理解；能夠理論聯繫實際，具有根據實際需要選擇海上保險合同類型的能力。

【實訓組織】

學生平均分成若干組（每組具體人數根據班級的總人數情況而定），每組選定一個組長，負責本小組的調研工作。通過走訪保險公司等方式完成，調研結束后形成一份書面調研報告，報告中應包括實踐訓練時間、地點、人員、內容、完成過程、實訓結果等項目。最后通過課堂展示與答辯的方式進行展示。

【實訓成果】

1. 調研過程是否按照要求進行；
2. 調查報告是否具體翔實；
3. 課堂展示與答辯情況。

評價考核標準	分值
調研過程是否按照要求進行	20
調查報告是否具體翔實	50
課堂展示與答辯情況	30
合計	100

第十三章
海事爭議的解決

【本章概要】
　　如今航運事業正蓬勃發展，隨之而來的是大量的海事爭議和糾紛。如：與船舶或在可航水域運輸、生產相關以及其他發生在海上的海事侵權糾紛、海事合同糾紛和其他海事糾紛。處理海事爭議的途徑一般可以協商、調解（包括由港務監督機構進行的調解）、海事訴訟、海事仲裁等。

【學習目標】
　　1. 瞭解：海事爭議的概念、機構；海事仲裁的概念及受案範圍；
　　2. 熟知：海事爭議解決的途徑；
　　3. 理解：海事訴訟的概念與特點、法律關係、受案範圍及司法管轄權；
　　4. 掌握：海事仲裁的依據、協議、程序；海事請求權與海事請求保全；海事訴訟的時效。

【技能目標】
　　1. 能夠根據海事仲裁、海事訴訟的相關法律，處理海事糾紛；
　　2. 能夠靈活運用法律規定，具有處理具體海事爭議問題的能力。

【先導案例】
　　在甲乙兩船碰撞案件中，造成甲方船員2人死亡，船載貨物損失80萬元；乙船財產損失60萬元。海事局海事報告認定兩船責任比例相當。事故發生后3個月時，甲船死亡船員家屬及甲船貨方均對甲方船東向海事法院提起訴訟，訴訟案件發生超過2年時，兩權利人發現甲方支付能力有限，又向法院起訴乙方船東主張賠償權利。請問：
　　（1）死亡船員家屬是否有權對乙方船東提起訴訟？
　　（2）貨方是否有權向乙船東提起訴訟？為什麼？

【知識精講】

第一節　海事爭議解決概述

一、海事爭議的概念
　　海事爭議並非一定發生在海上，它作為民事爭議的一種，只要在原因、過程、結

果三要素中有任何一方在海上發生，都可以稱為海事爭議。

海事爭議的範圍歸納起來主要可分為兩方面：海上運輸或與海上運輸有關的合同關係的爭議；海上侵權行為引起的爭議。此外，還有由於不當得利或無因管理而產生的海事爭議。

海事爭議產生的最直接的原因，就是海難事故的肇事者或責任人不願承擔自己的責任，其主要表現為五種情況：

（1）海事活動中產生的財產損失或人身傷害，給雙方造成了損失，雙方當時人均有責任，但雙方都不願承擔自己的責任，或者其中一方不願承擔責任或僅承擔小於應承擔的那部分責任，從而引起的海事爭議。

（2）財產損失或人身傷害僅給一方造成了損失，但雙方當事人都有責任，本應由雙方按比例承擔，但無損失的一方不願承擔引起的爭議。

（3）由於一方的責任，造成另一方的人身傷害或財產損失，負有責任的一方拒不承擔全部或部分責任，從而引起了雙方的爭議。

（4）由於意外事故或不可抗力的原因導致有關當事人的損失，在界定是否是意外事故或不可抗力而另一方是否可以免責的問題上雙方產生爭議。

（5）由於非爭議雙方當事人的原因，即第三方的原因導致的海事糾紛，雙方均不應承擔責任。

從法理上分析，海事爭議主要表現為物權和債權之爭。物權之爭主要體現在船舶、貨物的所有權問題上；債權之爭主要體現在合同和侵權行為問題上。

二、海事爭議解決的途徑

海事爭議解決的途徑是指解決和處理海事爭議當事人之間的法律關係的方法。對此，爭議雙方有權作出選擇。按照各國海事爭議解決的法律及國際上通行的慣例，海事爭議解決的途徑有四種：自行協商與和解、調解、海事仲裁機構仲裁、海事訴訟。

（一）協商與和解

通過協商的方法解決海事爭議是指在海事爭議發生后，由爭議雙方當事人直接接觸，進行磋商，在分清是非、消除誤會、明確責任的基礎上，以自願為原則，相互做出一定程度的讓步，在雙方當事人都認為可以接受的情況下，達成和解協議，使爭議事項得到解決，這種方法經常被稱為和解（Reconciliation）。它主要有以下幾個特點：

（1）雙方協商達成的協議必須符合法律規定，不能違背海商法及其他海事法規的內容，否則無效。

（2）這種協商方式必須在雙方自願的基礎上進行，任何一方有權拒絕協商或終止協商，而另行採用其他方法。

（3）要體現協商一致、平等互利的原則，堅持各方地位平等，意思表示必須真實地反應當事人的意願，任何一方不得採取脅迫、詐欺等手段，強迫對方接受自己的主張。

協商的方法可以貫穿海事爭議解決的始終，即使在調解、仲裁或訴訟進行中，雙方也可以隨時再次協商。

（二）調解

海事爭議發生后，爭議雙方在第三者主持下，查明事實，分清是非，消除誤解，

在互諒互讓的基礎上達成協議，以使爭議得到解決，這就是調解（Mediation）。調解是在沒有任何利益關係的第三者主持下進行的。

中國司法實踐中的調解方法，主要有民間調解、行政機構調解、仲裁機構調解及法院調解。

（三）仲裁

中國於1958年開始設立了海事仲裁委員會，1988年6月又更名為中國海事仲裁委員會。1994年9月中國又頒布了《中華人民共和國仲裁法》（以下簡稱《仲裁法》），特別是1988年9月12日中國國際貿易促進委員會通過的《中國海事仲裁委員會仲裁規則》，更提高了海事仲裁法的層次。由於海事仲裁方式「一裁終局」和「專家審理」的優越性，海事仲裁正在成為解決海事糾紛的重要方式。

（四）訴訟

通過法院訴訟的方式解決爭議，就是海事訴訟，它是解決海事糾紛最有效的一種方法。

三、海事爭議解決的機構

中國處理海事爭議的機構主要有三個，即港航行政部門、海事仲裁機構、海事法院。

（一）港航行政部門

中國的港航行政部門主要是指港務監督，它隸屬於交通部水上安全監督局，負責對沿海水域的交通安全實施統一監督管理，行使航政管理職能。

港務監督機構處理海事糾紛的法律依據主要是1983年9月2日頒布、1984年1月1日實施的《中華人民共和國海上交通安全法》（以下簡稱《海上交通安全法》）、《中華人民共和國船舶登記條例》（以下簡稱《船舶登記條例》）和2000年4月1日實施的《中華人民共和國海洋環境保護法》（以下簡稱《海洋環境保護法》）等。

中國《海上交通安全法》規定港監主要有以下職責：負責監督船舶的航行、停泊和作業；負責安全保障；負責管理危險貨物的運輸；對影響交通安全、航道整治以及有潛在爆炸危險的沉沒物、漂浮物，港監要採取措施打撈清理，同時，對於船舶或設施發生的交通事故，港監要查明原因、判明責任，進行處理。

中國《海洋環境保護法》規定了港監要負責船舶排污的監督和調查處理，並有權強制採取避免或減少污染損害的措施，負責港口水域的監視，並主管防止船舶污染損害的環境保護工作。

中國《船舶登記條例》規定港監是船舶登記主管機關，具體實施船舶的登記。

港監部門的海事處理權是其行使行政職能的表現，而不是司法行為，如果出現了海難事故，就要根據行政訴訟法的規定，首先向港監申請處理，而不能直接向法院起訴，法院也不予受理。而對於港監的行政處理，當事人不服的，可在法定期限內向法院起訴，由法院作出裁定或判決。

（二）海事仲裁委員會

海事仲裁委員會是中國處理海事仲裁案件的機構。

（三）海事法院

《最高人民法院關於設立海事法院幾個問題的決定》於1984年11月28日發布，

該文件規定在廣州、上海、青島、天津、大連設立海事法院，並劃分了各海事法院的管轄區域。之後，又相繼設立了武漢、海口、廈門、寧波等海事法院，負責管轄第一審海事案件和海商案件，而對海事法院的判決和裁定的上訴案件，由海事法院所在地的高級人民法院管轄。各海事法院設立海事審判庭、海商審判庭、研究室和辦公室等機構。

第二節　海事仲裁

一、海事仲裁的概念

海事仲裁（Maritime Arbitration）是指海事爭議的雙方當事人，根據書面仲裁協議，將他們之間發生的海事爭議提交某一國的海事仲裁機構或仲裁員裁決的制度。它作為解決海事爭議的主要途徑之一，既不同於訴訟，也不同於其他仲裁，而有其自身的特點。

二、海事仲裁的受案範圍

海事仲裁機構或仲裁員所解決的海事爭議範圍很廣，類型也較多。一般有以下幾類：以合同為基礎產生的爭議；海上侵權行為產生的爭議；特殊類型的爭議。

1995年10月1日修訂的《中國海事仲裁委員會仲裁規則》的受案範圍主要包括以下六個方面：①關於船舶救助以及共同海損所產生的爭議；②關於船舶碰撞或者船舶損壞海上、通海水域、港口建築物和設施以及海底、水下設施所發生的爭議；③關於海上（水上）船舶經營、作業、租用、抵押、代理、拖帶、打撈、買賣、修理、建造、拆解業務以及根據運輸合同、提單或者其他文件辦理的海上（水上）運輸業務和海上（水上）保險所發生的爭議；④關於海洋資源開發利用及海洋環境污染損害的爭議；⑤關於貨運代理合同、船舶物料供應合同、涉外船員勞務合同、漁業生產及捕撈合同所引起的爭議；⑥雙方當事人協議仲裁的其他海事爭議。

在以上範圍的海事爭議案件中，從主體資格上看，該委員會受理的案件的當事人可以分為以下幾種：①雙方當事人均為外國公司；②一方當事人為外國公司，而另一方當事人為中國公司；③雙方當事人均為中國公司，但案件有涉外因素；④雙方當事人均為中國公司，案件無涉外因素。

三、海事仲裁的依據

中國1995年9月1日生效的《中華人民共和國仲裁法》及《中國海事仲裁委員會仲裁規則》為海事仲裁提供了法律依據。海事爭議當事人雙方的書面仲裁協議是海事仲裁機構受理案件的最直接依據。仲裁協議可以以仲裁條款的形式出現，也可以表現為仲裁協議書。

四、海事仲裁協議

海事仲裁協議是指雙方當事人合意將他們之間已經發生的或將來可能發生的海事爭議提交仲裁機構解決的一種書面協議。

(一) 海事仲裁協議的形式

海事仲裁協議的形式主要有以下幾種：①仲裁條款；②仲裁協議書；③其他表明當事人願將爭議提交仲裁的文件。

(二) 海事仲裁協議的內容

在以中國《仲裁法》為準據法的情況下，仲裁協議必須具備以下三項內容：請求仲裁的意思表示；仲裁事項；選定的仲裁委員會。

中國海事仲裁委員會的仲裁規則特別推薦了海事仲裁協議的示範條款，即「凡因本合同產生的或與本合同有關的任何爭議，均應提交中國海事仲裁委員會，按照該委員會的現行仲裁規則在北京進行仲裁。仲裁裁決是終局的，對各方當事人均有約束力」。

(三) 海事仲裁協議的作用

1. 仲裁協議能夠約束雙方當事人。
2. 仲裁協議是仲裁機構取得對案件管轄權的基本依據。
3. 仲裁協議能排除法院的管轄權。

五、海事仲裁的程序

海事仲裁程序是海事仲裁機構和海事爭議雙方當事人在解決海事爭議的過程中必須遵循的程序和規則。

(一) 申請仲裁

申訴人向仲裁委員會提交仲裁申請書，提出仲裁申請，同時附具申訴人要求所依據的事實證明文件；在仲裁名冊中指定一名仲裁員，或委託仲裁委員會指定。仲裁委員會收到仲裁申請書及其附件后，經審查認為手續完備，即將它們連同仲裁委員會的仲裁規則和仲裁員名冊，寄送被訴人。被訴人在規定時間內指定一名仲裁員並提交答辯狀及有關文件。

仲裁委員會可以根據當事人的申請和法律規定，提請被訴人財產所在地或仲裁機構所在地的中國法院作出關於保全措施的裁定。

(二) 組成仲裁庭

雙方當事人各自在仲裁委員會仲裁員名冊中指定或委託仲裁委員會主席指定一名仲裁員后，仲裁委員會主席應在仲裁員名冊中指定第三名仲裁員作為首席仲裁員，組成仲裁庭，共同審理案件。雙方當事人可以按照上述辦法共同指定一名仲裁員作為獨任仲裁員，成立仲裁庭，審理案件。

被指定的仲裁員如果與案件有利害關係，應當自行向仲裁委員會請求迴避，得到准許后，按照原指定仲裁員的程序，重新指定。

(三) 審理

仲裁庭應當開庭審理案件，但經雙方當事人申請或同意，也可以不開庭，而只依據書面文件進行審理並作出裁決。開庭審理的案件，不公開進行，如果雙方當事人要求公開審理的，則由仲裁庭作出決定。

仲裁庭可以就案件中的專門問題請專家諮詢或指定鑒定人進行鑒定，當事人應提供證據，必要時，仲裁庭可以自行調查，搜集證據，由仲裁庭審定。仲裁委員會受理案件，一般在委員會所在地進行，但經主席批准，也可以在其他地點進行審理。

仲裁委員會受理的案件，如果雙方當事人自行達成和解，申訴人應當及時申請撤銷案件，如果當事人就已經撤銷的案件再次向仲裁委員會提出仲裁申請的，由仲裁委員會主席作出受理或者不受理的決定。

（四）裁決

仲裁庭應當在案件審理終結之日起45天之內作出裁決書，同時說明裁決所依據的理由，並由仲裁庭全體或多數仲裁員署名。

仲裁庭認為有必要或者當事人提出經仲裁庭同意，可以在仲裁過程中的任何時候，就案件的任何問題作出中間裁決或部分裁決。

仲裁裁決是終局的，任何一方均不得再向法院起訴，也不得向其他機構提出變更仲裁裁決的請求。

（五）執行

當事人應當履行仲裁裁決。一方當事人不履行的，另一方當事人可以依照民事訴訟法的有關規定向人民法院申請執行。一方當事人申請執行裁決，另一方當事人申請撤銷裁決的，人民法院應當裁定中止執行。法院裁定撤銷裁決的，應當裁定終結執行。撤銷裁決的申請被裁定駁回的，法院應當裁定恢復執行。

六、對外國仲裁裁決的承認與執行

海事仲裁因大都具有涉外性，即常常涉及多個國家，且各國的仲裁法和仲裁規則又存在一定的差異，這就決定了海事仲裁裁決的承認和執行較之國內仲裁更為複雜。對於承認和執行外國的海事仲裁裁決和其他國際商事仲裁裁決，各國都採取比較謹慎的態度，一般要求兩國間存在互惠，或者有兩國間簽訂或共同參加的條約為依據。中國承認和執行外國海事仲裁裁決的主要依據是1958年《承認及執行外國仲裁裁決公約》和中國締結的其他國際條約的有關規定和互惠原則，以及《中華人民共和國民事訴訟法》（以下簡稱《民事訴訟法》）、《中華人民共和國海事訴訟特別程序法》（以下簡稱《海事訴訟特別程序法》）。

（一）《民事訴訟法》和《海事訴訟特別程序法》的有關規定

《民事訴訟法》第二百六十九條規定，國外仲裁機構的裁決，需要中華人民共和國法院承認和執行的，應當由當事人直接向被執行人住所地或者其財產所在地的中級人民法院申請，人民法院應當依照中華人民共和國締結或參加的國際條約，或者按照互惠原則辦理。

《海事訴訟特別程序法》第十一條規定，當事人申請執行海事仲裁裁決，申請承認和執行外國法院判決、裁定以及國外海事仲裁裁決的，向被執行的財產所在地或者被執行人住所地海事法院提出。被執行的財產所在地或者被執行人住所地沒有海事法院的，向被執行的財產所在地或者被執行人住所地的中級人民法院提出。

（二）在1958年《承認及執行外國仲裁裁決公約》締約國內作出的裁決

1958年《承認及執行外國仲裁裁決公約》（簡稱《1958年紐約公約》）已於1987年4月22日對中國生效。中國在加入該公約時作了互惠保留和商事保留，即中國只對《1958年紐約公約》締約國境內作出的按照中國法律屬於「契約性和非契約性商事法律關係」所引起的爭議的仲裁裁決承擔使用《1958年紐約公約》的義務。根據中國最高人民法院1981年4月10日發布的《關於執行中國加入的〈承認及執行外國仲裁裁

決公約〉的通知》中的解釋，所謂「契約性和非契約性商事法律關係」，是指由於合同、侵權或者根據有關法律規定而產生的經濟上的權利義務關係。

申請人根據《1958年紐約公約》的規定，申請中國法院承認與執行在另一締約國領土內作出的仲裁裁決時，應向對被申請人或財產有管轄權的中國下列地點的中級人民法院提出：

（1）被執行人為自然人的，為其戶籍所在地或居所地；
（2）被執行人為法人的，為其主要辦事機構所在地；
（3）被執行人在中國無住所、居所或者主要辦事機構，但是有財產在中國境內的，為其財產所在地。

中國法院接到一方當事人的申請后，進行審查，以決定是否予以承認和執行。

（三）在與中國訂有雙邊條約的國家作出的外國裁決

在中國與一些國家訂立的司法協助的條約或協定中，規定有關於相互承認與執行對方國家的仲裁裁決的條文，對於在這些國家作出的裁決，可按雙邊條約的規定予以承認及執行。

（四）在其他國家作出的裁決

對於在《1958年紐約公約》締約國以及與中國定有雙邊條約國家以外的其他國家作出的仲裁裁決，需要在中國境內承認與執行的，應由申請人向中國法院提出申請，中國法院按互惠原則辦理。只要裁決符合中國法律規定，不違反國家主權、安全、社會公共利益的，又存在互惠關係，就對該仲裁裁決予以承認並執行。

【法律課堂13-1】 漢迪波克公司申請承認和執行外國海事仲裁裁決案

申請人：漢迪波克海運有限公司（以下簡稱「漢迪波克公司」）

被申請人：舟山中昌海運股份有限公司（以下簡稱「中昌公司」）

中昌公司和漢迪波克公司於2003年9月簽訂了買賣「歐太羅蔓西普」輪的協議，約定有關爭議將在倫敦提交仲裁，適用英國法解決。2004年3月5日，中昌公司以賣方漢迪波克公司違約、拒絕向其交付船舶為由，將雙方糾紛在倫敦提交仲裁，海事仲裁員Patrick ODonovin擔任該案的獨任仲裁員。中昌公司提出的索賠請求是：漢迪波克公司賠償拒絕交船造成的損失10,892,217.83美元，並返還購船保證金717,150美元，同時賠償相關利息和費用。同年5月28日，中昌公司在加拿大溫哥華申請扣押了「歐太羅蔓西普」輪。漢迪波克公司隨后就中昌公司的申請扣船行為在倫敦仲裁程序中提出了反索賠請求，要求中昌公司賠償扣船造成的損失及相關利息和費用。仲裁庭於2007年10月22日作出《宣告性裁決》，駁回中昌公司的全部請求，同時仲裁員保留可能就雙方之間尚存的所有爭議作出其他進一步裁決的管轄權。應漢迪波克公司的請求並經過審理，仲裁庭於2008年11月5日作出《費用裁決書》，裁決中昌公司應向漢迪波克公司支付《宣告性裁決》以及《費用裁決書》內所裁決事項而發生的各種費用，並支付該費用的利息，具體應付款項有待於雙方協商。鑒於雙方未能就費用賠償問題達成一致，2009年5月22日，仲裁庭對費用數額問題作出終局裁決，即《第二份費用裁決書》，裁定中昌公司向漢迪波克公司支付本金629,112.14英鎊、有關費用10,569英鎊，並按利率為年利率4%計算利息，每3個月計算1次複利，直到有關付款或歸還款付清之日為止。因中昌公司未履行該裁決書下的付款義務，漢迪波克公司於2009年

8月14日向寧波海事法院申請承認並強制執行上述第二份費用裁決。

[審理]

經過審理，寧波海事法院認為上述第二份費用裁決符合《1958年紐約公約》和中國法律所規定的承認與執行外國仲裁裁決的條件，中昌公司的異議不成立，遂於2009年11月13日，依法作出裁定：對仲裁員Patrick ODonovin作出的上述第二份費用裁決的法律效力予以承認，對該裁決予以執行。

[評析]

1. 案件的審查依據及審理程序設置。

本案的裁決由倫敦仲裁機構作出，中國和英國均是《1958年紐約公約》的成員國，因此審查本案應適用該公約的規定。除了公約第四條規定的形式要件外，是否予以承認和執行，主要應按公約第五條進行審查。該第五條所規定的可以拒絕承認和執行的7種情形，大多屬程序範疇，只有抵觸公共秩序一項可能與案件實體有關。本案被申請人對案件事實所作的陳述以及提出的實體爭議，不應作為本案審查內容。在審理方式上，有關法律或者司法解釋都沒有詳細規定海事法院應如何辦理此類案件。實踐中有書面審查和近似庭審的聽證審查兩種模式，就公約第四條所規定的形式要求而言，書面審查即能夠予以判定，然而當被申請人就該公約第五條提出異議時，僅靠書面審查是無法明晰是非的，應當給予雙方當事人充分陳述其主張的機會和場合。因此，在辦理申請承認和執行國外仲裁裁決案件時，應採取以公開聽證為主、書面審查為輔的審理模式。

2. 申請人有權單獨就第二份費用裁決提出承認和執行申請。

雖然第二份裁決與前兩份裁決存在內在聯繫，但是它是相對獨立的裁決，既確認了被申請人的責任，又就具體金錢給付作出了裁決，在形式上完全符合將其單獨作為外國仲裁裁決在中國法院申請承認和執行的要求。被申請人並沒有提供任何可能夠證明第二份裁決不能單獨付諸執行的證據。同時，中國《仲裁法》、中國仲裁機構的仲裁規則也都有「可以就部分事項先行裁決或作出中間裁決」的規定。被申請人提出要審查前兩份裁決有關責任認定的理由和依據，偏離了《1958年紐約公約》所賦予他們的權利。如果被申請人認為前兩份裁決的有關內容其中有違反公約第五條規定的情形，應由被申請人舉證說明。

3. 仲裁員作出第二份費用裁決有管轄依據。

首先，雙方當事人在提交仲裁時，無論是被申請人的請求還是申請人的反請求，其中都包含有利息和費用損失的主張。其次，兩份費用裁決的仲裁過程中，雖然仲裁庭對各方進行了通知，但被申請人沒有參加仲裁。因費用損失的金額問題是實體爭議，被申請人放棄了在仲裁庭抗辯的權利，現在不應再作為本案的抗辯理由。再次，根據《1996年英國仲裁法》第五十九條和第六十三條的規定，仲裁庭對費用承擔具有仲裁管轄權。最後，從宣告性裁決直到第二份費用裁決，仲裁庭都在裁決中對相關問題的裁決管轄權作了保留，並沒有終止管轄權。因此，被申請人有關管轄依據的異議理由不成立。

4. 本案不應適用公共秩序保留。

被申請人提出的與此有關的理由主要是仲裁認定的事實與中國法律基本常識抵觸，在此基礎上作出的裁決顯然有悖於法律基本原則，絕無公正可言。而當事人提交的證

據表明：仲裁員沒有對中國法律進行評述，而只是將其作為案件事實進行查明，同時也聽取了被申請人提供的中國法律專家的意見。法院認為，無論是訴訟還是仲裁，外國法的查明都是事實問題，需要當事人的舉證證明。被申請人提出的宣告性裁決與中國法律相抵觸的部分，其本身實質也是案件事實的認定，該部分事實系由仲裁員根據優勢證據原則和英國法作出認定，不能歸入公共秩序的範疇。至於宣告性裁決的事實認定是否合理，也不屬於本案審查範疇的實體問題。

第三節　海事訴訟

一、海事訴訟的概念與特點

（一）海事訴訟的概念

海事訴訟（Maritime Litigation）是指享有海事請求權的人為了行使其海事請求權，在其合法權益受到損害或遭受人身傷亡時，向有管轄權的海事法院起訴，海事法院在海事爭議當事人的參加下，按照民事訴訟程序，解決海事爭議的全部活動，包括起訴、受理、送達、保全、審理、判決和執行等全部訴訟活動。這是解決海事爭議最普遍、最經常也是最有權威和最有強制力的一種方式。簡言之，海事訴訟就是國家司法機關在海事糾紛當事人參與下處理糾紛的全部活動和過程。正像一般的民事訴訟行為包含有民事法律關係的因素一樣，海事訴訟也應從兩個方面理解：其一為海事訴訟行為，其二為海事訴訟法律關係。

（二）海事訴訟的特點

第一，海事訴訟不同於刑事訴訟。
第二，海事訴訟不同於行政訴訟。
第三，海事訴訟也不同於一般的民事訴訟。
第四，海事訴訟具有較強的涉外性。

> **知識小百科 13-1　《海事訴訟特別程序法》簡介**
>
> 《海事訴訟特別程序法》於 1999 年 12 月 25 日由第九屆全國人大常委會第十三次會議通過，自 2000 年 7 月 1 日起開始施行。根據《海事訴訟特別程序法》的規定，《海事訴訟特別程序法》與《民事訴訟法》是並行的關係，即在中華人民共和國領域內進行海事訴訟，適用《民事訴訟法》和《海事訴訟特別程序法》；但《海事訴訟特別程序法》有規定的，依照其規定。《海事訴訟特別程序法》全文分 12 章，計 127 條。

二、海事訴訟法律關係

（一）海事訴訟法律關係的概念

海事訴訟法律關係是指海事法院和一切訴訟參與人之間存在的以海事訴訟權利義務為內容的社會關係。它以海事法院為主導，由民事訴訟法律規法及其有關的海事法規所調整。

（二）海事訴訟法律關係的特點

（1）海事訴訟法律關係是海事法院與一切訴訟參與人之間存在的一種社會關係。

（2）海事訴訟法律關係是分立和統一相結合的法律關係。
（三）海事訴訟法律關係的要素
海事訴訟法律關係與其他法律關係一樣，由主體、內容、客體三要素組成。

三、海事訴訟的受案範圍

為了更好地行使中國的海事司法管轄權，充分發揮海事法院的審判職能作用，1989年5月13日最高人民法院發布了《關於海事法院受案範圍的決定》，規定中國海事法院受理中國法人、公民之間，中國法人、公民同外國或其他地區法人、公民之間，外國或者地區法人、公民之間的下列案件：

（一）海事侵權糾紛案件
（1）船舶碰撞損害賠償案件；
（2）船舶觸碰海上、通海水域、港口的建築物和設施的損害賠償案件；
（3）船舶損壞在空中架設或在海底鋪設及水上的設施案件；
（4）船舶排放、泄漏有害物質或污水，海上或港口建設作業以及拆船，造成水域污染或損害的賠償案件；
（5）船舶航行、作業損壞漁網及其他捕魚設施索賠案件；
（6）航道中沉船、廢棄物、海上作業造成損害的賠償案件；
（7）海上運輸或作業過程中的人身傷亡事故引起的損害賠償案件；
（8）非法留置船舶或船載貨物的案件等。

（二）海商合同糾紛案件
海商合同糾紛案件主要是由下列合同引起的糾紛案件：水上貨物運輸合同，旅客及行李運輸合同，船舶建造、買賣、修理和拆解合同，以船舶或其營運收入作抵押的借貸合同，租船合同，船舶代理合同，貨運代理合同，海員勞務合同，供應船舶營運及日用品合同，海上救助、打撈、拖航、保險合同，海上運輸聯營合同等。

（三）海事執行案件
海事執行案件主要有海洋、內河主管機關依法申請強制執行案件；一方當事人不履行海事仲裁裁決的執行案件；公證機關確認的債權文書案件；依據《1958年紐約公約》及雙邊司法協助協定或互惠，執行外國仲裁裁決或法律判決的案件。

（四）海事請求保全案件
海事請求保全案件主要是海事請求權人依法或依合同規定，訴前申請扣船或扣押船載貨物或船用燃油的案件。

（五）其他海事海商案件
其他海事海商案件包括：海運、海上作業中重大責任事故案件；港口作業糾紛案件；共同海損案件；裝卸設備、屬具、集裝箱滅失索賠案件；海洋開發利用糾紛案件；船舶共有人經營、分配、收益糾紛案件；船舶物權案件；海運詐欺案件；海上無主財產案件；海洋、內河主管機關的行政案件等。

四、海事訴訟司法管轄權

海事訴訟中的管轄，是指各海事法院之間受理第一審海事案件、海商案件的分工和權限。它是法院正確行使審判權的依據。中國海事訴訟中的管轄權，主要分為三種

情況：

（一）中國海事訴訟管轄的一般規定

根據中國《民事訴訟法》的基本原則，海事訴訟管轄有以下幾種情況：

（1）根據「原告就被告」的地域管轄原則，一般的海事訴訟，由被告住所地海事法院管轄，被告在中國境內無住所的，由其在中國的居所、主營業地或常設機構所在地海事法院管轄。

（2）因海上貨物運輸、旅客及行李運輸、船舶租用等合同提起的訴訟，由合同履行地、合同簽訂地海事法院管轄。

（3）因海上保險合同糾紛提起的訴訟，由被告住所地或者保險標的物所在地人民法院管轄。

（4）因水上或水陸聯合運輸合同糾紛提起的訴訟，由運輸始發地、目的地或者被告住所地人民法院管轄，但發生在中國海事法院轄區的，由海事法院管轄。

（5）因海上事故請求損害賠償的訴訟，由事故發生地、船舶最先到達地或者被告住所地人民法院管轄。

（6）因船舶碰撞或其他海事損害事故請求損害賠償的訴訟，由碰撞發生地、碰撞船舶最先到達地、加害船舶被扣留地或者被告住所地人民法院管轄。

（7）因海難救助費用的訴訟，由救助地或者被救助船舶最先到達地法院管轄。

（8）共同海損提起的訴訟，由船舶最先到達地、共同海損理算地或航程終止地人民法院管轄。

1984年11月28日，《最高人民法院關於設立海事法院幾個問題的決定》中，對在廣州、上海、青島、天津、大連設立的海事法院的管轄區域分別作了具體規定。1987年7月28日，最高人民法院又對武漢、上海海事法院管轄區域進行了調整，一直適用至今。

（二）涉外海事訴訟管轄

中國海事法院的涉外海事訴訟管轄問題，在1986年2月26日發布的《最高人民法院關於涉外海事訴訟管轄的具體規定》中有明確的規定，主要體現為以下原則：

（1）地域管轄原則。只要當事人、訴訟標的物，在其管轄的領域內，或者引起訴訟的法律關係、法律事實發生在該國管轄的領域內，則該國法院就有司法管轄權。

（2）專屬管轄原則。中國海事法院能夠享有獨占的、排他的管轄權的案件，主要有：在中國的港口作業中發生的訴訟；在中國設定船舶抵押權引起的訴訟；油污事故發生在中國領海或中國領海因油污事故受損以及為防止或減輕油污損害，中國採取了預防措施提起的賠償訴訟等，都由中國海事法院專屬管轄。

（3）協議管轄原則。海事爭議的雙方當事人以書面協議的方式約定由中國法院管轄的，由協議提交的海事法院管轄。

（三）涉外海事訴訟管轄權的國際公約規定

由於各國法律的差異，在涉外海事訴訟管轄權的問題上時常會發生衝突，國家間為了解決管轄衝突，求得統一，制定了關於管轄權方面的國際公約，主要有三個：

（1）《1952年船舶碰撞中民事管轄權方面若干規定的國際公約》，規定對於船舶碰撞案件具有管轄權的法院有被告經常居住地或營業地法院、扣押過失船舶或姊妹船舶的法院、碰撞發生於港口或領海時的行為地法院、雙方協議選擇的法院。

（2）《1978年聯合國海上貨物運輸公約》即《漢堡規則》，規定對海上貨物運輸中發生的海事爭議，被告的主要營業所、契約訂立地、裝貨港或卸貨港、當事船舶或其姊妹船舶被扣押港口所在地法院都有管轄權。

（3）《1969年國際海上油污損害民事責任公約》，規定對因油污損害引起賠償案件具有管轄權的法院是油污損害事件發生地或採取防止或減輕油污預防措施地點的法院。

（四）解決海事訴訟管轄權衝突的規定

以上國內法和國際公約關於海事訴訟管轄權的規定，都賦予法院對海事訴訟以廣泛的管轄權。

中國法律如此規定，其他各國法律也是如此。正因如此，在雙方當事人都有權起訴對方的情況下，根據法律規定的不同聯結因素，各自對同一訴訟標的在各自選擇的法院起訴時，即產生了管轄權衝突。另外，某些原告就同一訴訟標的對同一被告分別在兩國法院起訴，因而也會產生管轄權的衝突。

為了解決這種衝突，某些國際公約已對此作了規定。例如，《1952年船舶碰撞中民事管轄權方面若干規定的國際公約》第一條第三款規定：「請求人不得在撤銷原有訴訟之前，就同一事實對同一被告在另一管轄區域內提起訴訟。」又如，《1977年民事管轄權公約草案》第三條規定：「如果由於同一碰撞而產生一個以上適用本公約的請求權時，都可在最初受理該案的法院對訴訟的任何當事人就任何這種請求權提起訴訟，不管是反訴或其他。」中國《中華人民共和國民事訴訟法（1991年）》第三十五條也規定：「……原告向兩個以上有管轄權的人民法院起訴的，由最先立案的人民法院管轄。」

以上各項規定，都是解決管轄權衝突的有效依據。

【案例應用13-1】

中國籍A海輪在從釜山到上海的航行途中與日本籍B海輪在公海發生碰撞，事故導致A船受損10萬美元，B輪未受損。A輪所屬海運公司向上海海事法院申請扣押了停泊在上海港的B輪並對其所有人提起損害賠償訴訟。

根據上述案情，回答下列問題：

（1）上海海事法院對本案管轄權的依據何在？
（2）上海海事法院應該依據何種法律適用規則處理本案？
（3）假設本案雙方過錯程度無法判定，雙方各自承擔的賠償金額為多少？為什麼？
（4）上海海事法院應在多長期限內審結本案？

案例精析：

（1）上海海事法院為船舶扣押地法院，因此對該案有管轄權。
（2）依據法院地法，即中國《海商法》處理本案。
（3）5萬美元。理由：過失程度的比例無法判定的，船舶碰撞各方平均負賠償責任。
（4）一年。

五、海事訴訟的原則與程序

（一）海事訴訟的基本原則

海事訴訟作為民事訴訟的一種形式，顯然要遵守民事訴訟的基本規定和原則，主

要有訴訟權利平等、辯論原則、調解原則、處分原則、支持起訴原則、人民調解原則等。海事訴訟案件中，大量涉及的是涉外案件。處理涉外海事案件必須遵循的原則是：主權原則；平等與對等原則；國際條約優先和國際慣例補遺原則。

(二) 海事訴訟的基本程序

有關海事訴訟的程序按照中國《民事訴訟法》的原則辦理，審理海事案件也有普通程序、簡易程序、二審程序、審判監督程序。與一般民事訴訟不同的是海事案件由海事法院作為一審，由其所在地的高級人民法院作為二審。

六、海事請求權與海事請求保全

(一) 海事請求權及其保全的概念

海事請求權是財產保全的一種。海事請求權是指與海運船舶的監造、買賣、租賃、營運、操作、救助以及船舶所有權、佔有權、抵押權、優先受償權等有關的或者由此產生的索賠權利。海事請求權人，在海事請求的時效期間，向海事法院申請依法對負有賠償責任的人所有或經營的船舶實行扣押，以保全海事請求權的行使，這就是海事請求保全。

(二) 海事請求保全與一般訴訟保全的區別

海事請求保全與一般訴訟保全都是法院依法定程序向被申請人的財產所採取的強制性措施。但兩者也有很大不同：一般訴訟保全，是為了保證訴訟的順利進行和判決的實際執行，在當事人起訴時，案件受理後直到判決前，都可以提出申請（所以有訴訟財產保全和訴前財產保全之分），其保全措施主要有查封、扣押、凍結、提供擔保金、擔保函等，而且只能向受理案件的法院提出；而當事人提出海事請求保全的直接目的是通過扣船來保全其海事請求權的實現，而並非一定要通過扣船使被扣押的船舶成為將來執行法院判決的對象。海事請求保全措施的實施，一般是在訴訟前，而且採取該項措施後，也不一定提起訴訟。具有海事請求權的當事人可以在自己認為最適當的地方申請扣船以至訴訟，因而使得對本案無管轄權的法院取得管轄權。

(三) 海事請求保全的措施

海事請求保全的措施，主要是扣押船舶，簡稱「扣船」。訴訟前扣押船舶，是指海事法院根據海事請求人再提起訴訟之前的扣押船舶申請，依照法律程序，對船舶實施扣押的訴訟前財產保全措施。1952年5月10日在布魯塞爾第9屆海洋法外交會議上通過的《關於扣押海運船舶的國際公約》，首次以國際法的形式對扣船問題予以規定，之後在1985年5月里斯本會議上通過了《統一扣押海運船舶若干規定的國際公約修正案》（簡稱《1985年扣船公約草案》），對1952年公約進行了修改，適應了新的海事請求類型，把申請扣船的海事請求由原來的17項增加到22項。

中國為了及時保護海事糾紛當事人的合法權益，促進國際經濟貿易和國際航運業的發展，參照上述兩個公約，於1994年7月6日由最高人民法院通過了《關於海事法院訴訟前扣押船舶的規定》（簡稱《訴前扣船規定》），為中國海事法院行使海事請求保全提供了法律上的依據。其主要內容是：海事請求的範圍；扣押船舶的範圍；扣押船舶的申請與擔保；扣押船舶與訴訟。

(四) 關於拍賣被扣押船舶清償債務的規定

對被扣押船舶的拍賣，是由國家專門機關實施的、經過特定程序和方式的強制處

分行為。扣船法院在一定條件下，按照法定程序，通過國家司法強制力將被扣船出售，以便獲得價款實現和滿足應予金錢給付的海事請求，這就是拍賣。拍賣的標的物是被扣押的船舶。中國最高人民法院1994年7月6日發布了《關於海事法院拍賣被扣押船舶清償債務的規定》，在總結以往審判經驗的基礎上，參照國際慣例，規定了如下內容：拍賣被扣押船舶；債務清償。

【法律課堂 13-2】

　　北京的一家貨主公司（以下簡稱「貨主」）委託北京的一家貨代公司（以下簡稱「貨代」）把一批貨物通過海運方式從天津運送至巴西某港口，海上貨物運輸合同中規定運費到付，但要貨主付清運費后方能讓收貨人取得提單提貨。貨物到港后，貨主說一時資金週轉困難，請求貨代放一馬，暫時先交單放貨，然后貨主負責幾日內把運費支付給貨代。貨代出於好意便交單放貨了。結果貨主一拖再拖，遲遲不予支付運費。於是貨代想採取法律行動，但是又怕貨主轉移財產導致執行困難，因此想採取訴前海事請求保全行動，以凍結貨主在北京某銀行的資金帳戶。海上貨物運輸合同中同時規定，合同糾紛的管轄法院為天津海事法院。

　　本案中保全的對象是什麼？即貨主在北京的資金帳戶。《海事訴訟特別程序法》第十二條規定：「海事請求保全是指海事法院根據海事請求人的申請，為保障其海事請求的實現，對被請求人的財產所採取的強制措施。」另外《最高人民法院關於適用〈中華人民共和國海事訴訟特別程序法〉若干問題的解釋》第十八條規定：「《海事訴訟特別程序法》第十二條規定的被請求人的財產包括船舶、船載貨物、船用燃油以及船用物料。對其他財產的海事請求保全適用民事訴訟法有關財產保全的規定。」顯然，本案中欲保全的財產不屬於船舶、船載貨物、船用燃油以及船用物料中的任一種，而是屬於上述規定中的「其他財產」，因此應該適用民事訴訟法有關財產保全的規定。而《民事訴訟法》中沒有明確訴前財產保全的管轄法院，但是《最高人民法院關於適用〈中華人民共和國民事訴訟法〉若干問題的意見》第三十一條規定：「訴前財產保全，由當事人向財產所在地的人民法院申請。在人民法院採取訴前財產保全后，申請人起訴的，可以向採取訴前財產保全的人民法院或者其他有管轄權的人民法院提起。」因此本案中訴前海事請求保全的管轄法院為資金帳戶所在地的人民法院。申請人成功取得保全后，可在法定期限內向天津海事法院提起訴訟以維護自身的合法權益。

第四節　法律適用與訴訟時效

一、涉外海事關係法律適用概述

　　中國《海商法》關於涉外海事關係法律適用的基本原則，主要體現在第二百六十八條和第二百七十六條規定之中，「中華人民共和國締結或者參加的國際條約同本法有不同規定的，適用國際條約的規定；但是，中華人民共和國聲明保留的條款除外。中華人民共和國法律和中華人民共和國締結或者參加的國際條約沒有規定的，可以適用國際慣例」，「適用外國法律或者國際慣例，不得違背中華人民共和國的社會公共利益」，可見，中國首先採用的是國際條約優先的原則，與中國《海商法》有不同規定

的，中國締結或者參加的國際條約要優先適用；其次適用中國《海商法》；再次是中國的其他民事法律；再次后使用的是中國國務院、交通部、最高人民法院發布的有關海事海商案件的決定、規定；最后適用國際慣例。

二、中國海商法對涉外海事關係法律適用的具體規定

中國《海商法》第二百六十五條至第二百七十五條專門規定了涉外海事關係的法律適用：

（1）海商合同當事人可以選擇合同適用的法律，法律另有規定的除外，合同當事人沒有選擇的，適用與合同有最密切聯繫的國家的法律。

（2）船舶所有權的取得、轉讓和消滅，適用船旗國法律。

（3）船舶抵押權適用船旗國法律。如果船舶在光船租賃以前或者光船租賃期間設立船舶抵押權的，適用原船舶登記國的法律。

（4）船舶優先權，適用受理案件的法院所在地法律。

（5）船舶碰撞的損害賠償，適用侵權行為地法律，船舶碰撞如果發生在公海上，其賠償案件適用受理案件所在地法律；但同一國籍的船舶，不論碰撞發生於何地，碰撞船舶之間的損害賠償適用船旗國法律。

三、海事訴訟的時效

（一）海事訴訟時效的概念

海事訴訟時效是民事訴訟時效的一種，它是指享有海事請求權人依照法律或合同的規定請求海事法院保護其海事請求權的有效期限。在這個有效期限內，如果海事請求權人未向海事法院提起訴訟，海事訴訟時效屆滿后，還是請求權人的海事請求就不再受法律的強制保護。它分為一般海事訴訟時效、短期海事訴訟時效、長期海事訴訟時效、特殊海事訴訟時效。海事訴訟時效的規定有利於督促享有海事請求權人在訴訟時效期間內及時行使其海事請求權，有利於法院及時、正確地審理海事爭議案件，維護國際海上運輸秩序。

（二）海事訴訟時效的特點

1. 訴訟時效期間的規定較為具體

訴訟時效期間主要分為三類：1年、2年和3年，最長不超過6年。

2. 訴訟時效中斷的原因不同

《民法通則》第一百四十條規定，訴訟時效因提起訴訟、當事人一方提出要求或者同意履行義務而中斷；《海商法》第二百六十七條規定，訴訟時效因請求人提起訴訟、提交仲裁、被請求人同意履行義務以及請求人申請扣船而中斷，但請求人撤回起訴、撤回仲裁或者起訴被裁定駁回的，時效不中斷。很顯然，對海事訴訟時效中斷的原因的規定比民事訴訟時效中斷的原因的規定更加嚴謹。

（三）海事訴訟時效的起算

海事訴訟時效的起算，是規定海事請求權人的權利受到損害或者侵害后，向海事法院請求法律保護的法定期間從哪一天開始計算。只有明確了時效期間起算的日期，才能確定海事訴訟時效期間終止的日期。中國《海商法》對此規定為：

（1）海上貨物運輸的訴訟時效期間，自承運人交付或者應當交付貨物之日起計算。

（2）海上旅客和行李運輸的訴訟時效期間，自旅客離船或應當離船之日起計算。

（3）船舶租用合同、海上拖航合同請求權的時效期間，自知道或者應當知道權利被侵害之日起計算。

（4）船舶碰撞請求權的時效期間，自碰撞事故發生之日起計算。

（5）海難救助的請求權的時效期間，自救助作業終止之日起計算。

（6）共同海損分攤的請求權時效期間，自理算結束之日起計算。

（7）因海上保險合同產生索賠的時效期間，自保險事故發生之日起計算。

（8）船舶發生油污損害的請求權的時效期間，從損害發生之日起計算。

有關船舶發生油污損害的請求權，時效期間為3年，自損害發生之日起計算；但是，在任何情況下時效期間不得超過從造成損害的事故發生之日起滿6年。

（四）海事訴訟時效的中止

在時效進行中，由於法定事由的發生，使海事訴訟時效暫停進行，從障礙消除之日起，訴訟時效繼續計算。中止的一段時間不計入訴訟時效之內。時效中止以前所經過的期間是有效的，當時效繼續進行時，其中止前經過的時間要記入時效期間內。中國《海商法》第二百六十六條就是關於時效中止的規定，在時效期間的最后6個月內，因不可抗力或者其他障礙不能行使請求權的，時效中止，自中止時效的原因消除之日起，時效期間繼續計算。這一條款與《中華人民共和國民法通則》的規定是完全一致的。

時效中止有三個條件：其一是必須在時效期間的最后6個月內；其二是由於不可抗力或其他障礙不能行使請求權；其三是時效中止的事由一經消除，時效中止即告完結。

（五）海事訴訟時效的中斷

海事訴訟時效進行中，由於某種法定事由的發生，致使以前經過的海事訴訟時效期間歸於無效。從中斷時起，海事訴訟時效期間重新計算。中國《海商法》第二百六十七條規定了時效中斷的法定事由有四個：請求人提起訴訟、提交仲裁、被請求人同意履行義務、請求人申請扣船。中國《海商法》沒有訴訟時效期間延長的規定。

（六）《海商法》對具體時效的規定

中國《海商法》對訴訟時效的規定主要有三種情況：

（1）訴訟時效期間為1年的海事請求有：因海上貨物運輸引起、有海上拖航合同引起、由共同海損的分攤引起的海事請求。

（2）訴訟時效期間為2年的海事請求有：有關航次租船合同的、海上旅客運輸向承運人提出的、船舶租用合同的、關於船舶碰撞的、海難救助的、海上保險合同向保險人提出的海事請求。

（3）訴訟時效期間為3年的海事請求，只有由於船舶發生油污損害而引起的海事請求。

另外，關於追償請求權問題，海上貨物運輸向承運人要求賠償請求的，在時效期間內或時效期間屆滿后，被認定為負有責任的人向第三人提起追償請求的，時效期間為90日，自追償請求人解決原賠償請求之日起算，或自收到受訴法院送達的起訴狀副本之日起算。

本章小結

按照各國海事爭議解決的法律及國際上通行的慣例，海事爭議解決的途徑有四種：即自行協商與和解、調解、海事仲裁機構仲裁、海事訴訟。

海事仲裁是海事爭議的雙方當事人，根據書面仲裁協議，將他們之間發生的海事爭議提交某一國的海事仲裁機構或仲裁員裁決的制度。

海事訴訟是享有海事請求權的人為了行使其海事請求權，在其合法權益受到損害或遭受人身傷亡時，向有管轄權的海事法院起訴，海事法院在海事爭議當事人的參加下，按照民事訴訟程序，解決海事爭議的全部活動，包括起訴、受理、送達、保全、審理、判決和執行等全部訴訟活動。

海事訴訟中的管轄是各海事法院之間受理第一審海事案件、海商案件的分工和權限。它是法院正確行使審判權的依據。

海事訴訟時效是民事訴訟時效的一種，它是享有海事請求權人依照法律或合同的規定請求海事法院保護其海事請求權的有效期限。在這個有效期限內，如果海事請求權人未向海事法院提起訴訟，海事訴訟時效屆滿後，海事請求權人的海事請求就不再受法律的強制保護。

基礎訓練

一、單項選擇題

1. 解決海事糾紛最有效的一種方法是（　　）。
 A. 調解　　　　B. 仲裁　　　　C. 協商　　　　D. 訴訟
2. 仲裁庭應當在案件審理終結之日起（　　）天之內作出裁決書，同時說明裁決所依據的理由，並由仲裁庭全體或多數仲裁員署名。
 A. 45　　　　B. 60　　　　C. 90　　　　D. 120
3. 海事訴訟時效的中止必須在時效期間的最後（　　）個月內。
 A. 2　　　　B. 4　　　　C. 6　　　　D. 一年
4. 訴訟時效期間為（　　）年的海事請求，只有由於船舶發生油污損害而引起的海事請求。
 A. 1　　　　B. 3　　　　C. 5　　　　D. 一年
5. 海上貨物運輸向承運人要求賠償請求的，在時效期間內或時效期間屆滿後，被認定為負有責任的人向第三人提起追償請求的，時效期間為（　　）日。
 A. 45　　　　B. 60　　　　C. 90　　　　D. 120

二、多項選擇題

1. 海事爭議解決的途徑主要有（　　）。
 A. 協商　　　　B. 和解　　　　C. 調解　　　　D. 仲裁
2. 中國處理海事爭議的機構主要有（　　）。

A. 公安機關　　B. 港航行政部門　　C. 海事仲裁機構　　D. 海事法院
3. 海事仲裁協議的內容主要包括（　　　）。
A. 仲裁的地點　　　　　　　　B. 仲裁事項
C. 選定的仲裁委員會　　　　　D. 仲裁的時間
4. 海事訴訟的基本原則有（　　　）。
A. 國際慣例補遺原則　　　　　B. 主權原則
C. 平等與對等原則　　　　　　D. 國際條約優先原則
5. 處理涉外海事案件必須遵循的原則是（　　　）。
A. 主權原則　　　　　　　　　B. 平等與對等原則
C. 國際條約優先和國際慣例補遺原則　D. 海事請求權必須財產保全原則

三、判斷題

1. 中國司法實踐中的調解方法，主要有民間調解、行政機構調解、仲裁機構調解及法院調解。（　　）
2. 中國《船舶登記條例》規定海關是船舶登記主管機關，具體實施船舶的登記。（　　）
3. 海事仲裁委員會是中國處理海事仲裁案件的機構。（　　）
4. 海事訴訟法律關係與其他法律關係一樣，由主體、內容、客體三要素組成。（　　）
5. 有關船舶發生油污損害的請求權，時效期間為6年，自損害發生之日起計算；但是，在任何情況下時效期間不得超過從造成損害的事故發生之日起滿3年。（　　）

四、簡答題

1. 簡述海事爭議解決的途徑。
2. 簡述海事仲裁協議的作用。
3. 簡述海事仲裁的程序。
4. 簡述海事訴訟的受案範圍。
5. 簡述中國《海商法》對海事訴訟時效是如何起算的。

五、技能應用

某公司作為承運人的代理人，向托運人簽發了記名提單，運輸貨物為凍魚。漁貨通過集裝箱班輪從非洲運往中國港口。貨物到達中國目的港，收貨人（托運人同時為收貨人）在提貨時發現整個集裝箱的漁貨已全部腐爛變質，出入境檢驗檢疫部門要求立即全部銷毀。原因是承運人運輸中沒有按照約定的溫度對冷藏漁貨制冷所致。此案時經4個月因協商無效果，收貨人向海事法院對提單簽發人代理人提出訴訟，索賠漁貨損失。在案件審理中，承運人的代理人抗辯自己不是提單運輸下的承運人和貨損責任的承擔主體，請求法院駁回原告的訴訟請求。此時距貨損已經有一年半的時間，原告向海事法院申請追加起訴了承運人。

請問：①權利人的訴訟時效應該是幾年？②權利人是否應該追加承運人為被告？是否已經超過訴訟時效？依據是什麼？

模擬法庭

一、案例分析

【背景資料】

原告：天馬輪船股份公司

被告：江蘇宇宙貨運公司

某年8月，原告天馬輪船股份公司與被告江蘇宇宙貨運公司在上海簽訂航次租船合同，其「確認書」約定：履約船舶為「MV. NORVIDV. 18」，船籍港為馬耳他，運輸的貨物為「平底頂推船」，裝貨港為南通港，卸貨港為鹿特丹港，使用船東的租船提單格式，船東有權選擇任何港口或地點為共同海損理算地，且共同海損理算適用《1990年約克—安特衛普規則》，新杰森條款和互有過失碰撞條款視為並入本租船合同，倫敦仲裁，適用英國法，本合同沒有規定的其他部分適用金康94租船合同並可作適當的修改。航次租船合同金康94格式的法律和仲裁條款設定：本合同應受英國法律約束並按照英國法律進行解釋。任何因本租船合同引起的爭議應按照1950年和1979年仲裁法或任何對其進行的法律修正或因其效力期間屆滿而重新頒布的法律，在倫敦提交仲裁裁決。如果當事各方不能協議選定一名獨任仲裁員，每一方當事人應各自指定一名仲裁員，雙方分別指定的仲裁員再共同指定第三名仲裁員，三名仲裁員組成的仲裁庭作出的決定或三人中任何一人作出的決定，構成終局裁決。當一方當事人得知另一方當事人的仲裁員已書面指定時，該方當事人應在14天內指定本方的仲裁員。如果不能指定，則單方指定的這名仲裁員所作的裁決將是終局裁決。對於任何一方請求的總額未超過第25欄規定數額，仲裁應按照倫敦海事仲裁協會的小額索賠程序進行。

上海海事法院受理原告天馬輪船股份公司與被告江蘇宇宙國際貨運公司航次租船合同糾紛一案后，被告在提交答辯狀期間對本案管轄權提出異議，認為其與原告在涉案的航次租船合同中已約定「倫敦仲裁，適用英國法」的仲裁條款，法院不應受理該案或裁定駁回原告的起訴。

在法院對管轄權異議進行聽證的過程中，原告認為判斷涉案租船合同中仲裁條款的效力應適用中國法，根據中國《仲裁法》和最高人民法院的有關復函，涉案合同中的仲裁條款僅約定仲裁地點，而對仲裁機構沒有約定，應認定仲裁條款無效；合同雙方當事人均為境內法人，且涉案標的金額較小，若選擇倫敦仲裁，不利於糾紛的迅速解決等，請求法院駁回被告的管轄權異議申請。

【思考與討論】

請根據案例背景資料，回答下列問題：

（1）上海海事法院如何對該案件進行裁決？

（2）本案的臨時仲裁條款是否有效？說明原因。

二、實訓操作

【實訓內容】

原告：山哥拉—多明戈斯公司（SHANGOLA-DE DOMINGOS LEITE FERREIRA DE CEITA）

被告：尼羅河航運私有有限公司（NILE DUTCH AFRICA LINE B.V.）

原告與東方環球公司簽訂了兩份購銷合同，約定原告向東方環球公司購買大蒜。為兩票貨物出運，被告出具了抬頭人為被告的提單。提單記載：托運人東方環球公司，收貨人山哥拉—多明戈斯公司，裝運港上海，卸貨港盧安達（LUANDA），貨物品名大蒜，分裝兩個集裝箱，貨物交接方式堆場至堆場（CY TO CY）。

2006年11月26日，貨物到達目的港盧安達。同日，被告向原告開具提貨單，原告辦理完了清關手續。11月28日，貨物到達冷藏箱專用堆場。12月27日，目的港海關向原告收繳關稅。2007年1月6日，原告提貨后發現大蒜發生變質，經檢驗，大蒜發生變質是因為集裝箱在到達堆場后至原告提貨的42天內缺少制冷。

原告認為，被告作為承運人有妥善保管、照料貨物的義務，因被告疏忽大意導致貨損，被告應承擔賠償責任。請求判令被告賠償貨物損失和關稅損失及港口費用74,935美元、公證認證費1511美元，並承擔本案訴訟費用。

被告認為，涉案貨物交接方式為堆場至堆場（CY TO CY），承運人的責任期間應至承運人開具提貨單之日時終止，因此貨損的發生不在承運人責任期間，即使在承運人責任期間，因目的港長期存在斷電現象，收貨人有盡快提箱義務，原告遲延提貨導致的貨損不應由被告承擔賠償責任，且原告的損失不具有合理性。

提要：

在海上貨物運輸合同貨損賠償糾紛案件審理過程中，承運人一般會以貨損的發生不在承運人責任期間內、原告損失缺乏合理性等理由來進行抗辯。在用集裝箱運輸的情況下，承運人交付貨物的地點隨著承、托雙方的約定，而遠離船舷和碼頭。此時，如何確定承運人責任期間是案件審理的關鍵，只有明確了承運人責任期間的起止，才能對承運人的責任有正確判斷。此外，由於從承運人向收貨人開出提貨單，至收貨人實際收貨之間有一定的時間，期間承運人對貨物保管仍有責任。而對於原告的損失，需結合原告提供的證據加以分析，從而決定是否予以支持。

【實訓目標】

加深學生對海事爭議案件的解決能力；學會分析問題、解決問題，提高團隊合作意識。

【實訓組織】

根據學生選擇將學生分為原告和被告兩組（如果某隊人數較多，可以適當協調一下），以冷藏集裝箱貨物受損，承運人應否承擔賠償責任為主題，進行實訓。每組選定2名負責人組織本組成員進行實訓，兩組分別代表原告和被告。（注意：教師提出活動前的要求和注意事項，同時隨隊指導）

【實訓成果】

1. 考核和評價採用個人評價和整隊評價相結合的方式；
2. 評分採用學生和老師共同評價的方式。

評價考核標準	分值
法庭辯論的具體內容	40
法律依據是否合理（承運人責任期間的認定、收貨人是否存在遲延提貨的認定、原告損失範圍的認定）	20
相關法律規定是否理解準確	20
學生是否積極參與以及團隊合作意識如何	20
合計	100

附：案例集錦

【案例1】

A船在航行中疏忽，鈎斷了海底電纜，造成重大經濟損失，並引起了船舶自身危險，遇B船救助而脫險。進入目的港后，在卸貨過程中因艙蓋板放置不妥，使港口理貨人員某甲墜艙身亡。隨后，由於船舶走錨，又撞壞了碼頭設施，港口緊急調用C輪將其安全遣返錨地。請問：受償順序如何？

【案例2】

甲與乙簽訂船舶買賣合同，甲將所有的船舶「東方1號」賣予乙，乙付了首期船款，餘款交接船舶時結清，但未交接船。后甲又與丙簽訂合同，將船舶賣予丙，丙付清船款並與甲交接完船，並向船舶登記機關登記。乙得知向法院起訴甲與丙，要求甲履行合同，並要求丙將船舶交還。請問：此案如何處理？理由是什麼？

【案例3】

船舶載運一批牛舌從悉尼出發，中途海水從船舶防浪閥的蓋板處進入，損壞了貨物。經查，船舶幾個月前曾檢查並重換過放浪閥，重換工作是由船東雇請的一家著名的修船廠的合格的維修人員在勞氏船級社的監督下進行的。但維修人員在工作中由於疏忽沒有擰緊防浪閥蓋板上的螺絲，而后經過幾個航次的顛簸，螺絲滑落才造成了進水。請問：承運人有沒有盡到適航義務？其是否應該對貨損承擔賠償責任？

【案例4】

某公司雇傭一名大管輪時，僅查驗其職務證書，未對其工作履歷加以考核，在登輪以後，公司既沒有對船上的壓載水系統加以特別指導或說明，也未提供任何關於機艙的圖標以參照使用。在航程中，該大管輪開錯了閥門，水漬了貨物。請問：承運人是否應對該貨損承擔賠償責任？

【案例5】

某船裝載一批紅茶從上海運至德國漢堡港，貨到目的港后發現茶葉串味變質，經檢驗紅茶受精萘污染，后查明承運船舶上一航次曾經運載精萘，貨損系貨艙殘留余味所致。請問：承運人是否應對貨損承擔賠償責任？

【案例6】

承運人承運了一批咸魚。裝咸魚的藤條箱上註明「遠離發動機和蒸汽機」，除此之外，托運人未對貨物應如何裝運發出任何指示。貨物運抵目的地后已腐爛變質。經調查，這種貨物在進行這種航次的運輸時必須進行冷藏，但承運人不知道這一點也沒有

採取措施。請問：承運人是否應承擔貨損的賠償責任？

【案例7】

中國A公司與某國B公司於2013年10月20日簽訂購買52,500噸化肥的CFR合同。A公司開出信用證規定，裝船期限為2014年1月1日至1月10日，由於B公司租來運貨的「雄獅」在開往某外國港口運貨途中遇到颱風，結果裝貨至2014年1月20日才完成。承運人在取得B公司出具的保函的情況下，簽發了與信用證條款一致的提單。「雄獅號」於1月21日駛離裝運港。A公司為這批貨物投保了水漬險。2014年1月30日「雄獅號」途經達達尼爾海峽時起火，造成部分化肥燒毀。船長在命令滅火過程中又造成部分化肥濕毀。由於船在裝貨港口的延遲，使該船到達目的地時趕上了化肥價格下跌，A公司在出售余下的化肥時價格不得不大幅度下降，給A公司造成了很大損失。請問：

（1）途中燒毀的化肥損失屬什麼損失，應由誰承擔？為什麼？
（2）途中濕毀的化肥損失屬什麼損失，應由誰承擔？為什麼？
（3）A公司可否向承運人追償由於化肥價格下跌造成的損失？為什麼？
（4）承運可否向托運人B公司追償責任？為什麼？

【案例8】

一艘船舶因潮汐的原因而自動擱淺，本來到了漲潮的時候可以重新起浮，但是另一艘船的船長誤認為該船遭遇了擱淺事故而對其實施了救助。請問：該救助船能否主張海難救助的救助報酬？

【案例9】

一條載船從青島港出發駛往日本，在船行途中貨船起火，大火蔓延到機艙。船長為了船貨的共同安全，命令採取緊急措施，往艙中灌水滅火。火撲滅后，由於主機受損，無法繼續航行。船長雇傭拖輪將貨船拖回青島修理。檢修后重新將貨物運回日本。事後經調查，此次事件造成損失有如下幾項：① 500箱貨物被燒毀；② 1500箱貨物因灌水滅火受到損失；③主機和部分甲板被燒壞；④雇傭拖輪費用；⑤額外增加的燃料和船長、船員工資。請問：

（1）共同海損的範圍有哪些？
（2）以上各項損失，哪些屬於共同海損？哪些屬於單獨海損？
（3）如本案在日本進行理算，應適用哪個國家的法律？

【案例10】

北京某貿易公司以FOB價格從德國某公司進口價值150萬美元的貨物。貿易公司向中國人民保險公司北京分公司為該批貨物投保了平安險。上海某海運公司A海輪載運該批貨物。提單中約定按照中華人民共和國的法律處理提單糾紛。A海輪在由漢堡港駛往天津港途中因為遭遇極端惡劣氣候造成船舶故障和貨物濕損，船長遂組織船員自救，並前往就近的新加坡某港口避難和修理。經清點，惡劣氣候造成貨物濕損3萬美元，在自救過程中被迫拋棄5000美元貨物，有關避難港的費用4萬美元。船舶抵達天津港后船貨雙方為有關損失和費用的賠償和分攤發生爭執。

根據上述案情，回答下列問題：

（1）本案收貨人如主張貨損的賠償請求，應該向中國哪個海事法院起訴？
（2）法院應該適用何種法律處理本案所涉海上貨物運輸合同糾紛？

（3）本案中所出現的海損包括貨損3萬美元、拋棄5000美元貨物和避難港的費用4萬美元，可以列為共同海損的有哪些？

（4）承運人是否應承擔3萬美元濕損貨物的賠償責任？為什麼？

（5）若收貨人直接向保險公司提出請求賠償A輪濕損以及貨物的共同海損分攤，保險公司是否應理賠？為什麼？

【案例11】

2014年7月2日，韓國A公司作為出租人與中國B公司作為承租人，簽訂了一份運輸4000公噸散裝硫鐵砂航次租船合同。為履行此合同，韓國A公司作為承租人與韓國C公司作為出租人簽訂了一份與上述內容基本相同的航次租船合同，約定由C公司所屬的「永安」輪承運上述貨物。

7月11日，C公司的船務代理人向B公司簽發了清潔提單。根據提單記載，托運人為B公司，承運人為C公司，收貨人為「憑指示」。后提單由B公司通過銀行流轉到韓國D公司，B公司同時將保險公司E承保該批貨物的保險單一併轉讓給D公司。

「永安」輪在航行過程，由於遭遇惡劣氣候，「永安」輪在中途沉沒。

D公司憑受讓的保險單向保險公司E提出索賠。E向D賠償后，向C公司進行追償。

根據上述案情，回答下列問題：

（1）B公司與C公司是否存在合同關係？請說明理由。

（2）D公司可以向誰提出索賠要求？請說明理由。

（3）E公司向C公司的追償是否合理？請說明理由。

（4）責任人對起訴方應承擔何種責任？請說明理由。

【案例12】

某輪船所有人拖欠船員的工資，在船只進入某港口時又拖欠港務費，該船舶所有人向銀行貸款時辦理了抵押該輪的手續並進行了登記，在發生了工資和港務費的債項后，該輪遇難。為救該輪又發生了一筆救助費。請問：

（1）享有船舶優先權的海事請求包括哪些？

（2）上述費用的賠償順序如何？

【案例13】

中國甲公司與美國乙公司於1995年10月簽訂了購買4500公噸化肥的合同，採取集裝箱運輸，由某航運公司的「NEWSWAY」號將該批貨物從美國的新奧爾良港運至大連。「NEWSWAY」號在途中遇小雨，因貨艙艙蓋不嚴使部分貨物濕損。請問：

（1）什麼是海上貨物運輸合同？它有哪些特徵？

（2）海商貨物運輸合同的承運人有哪些義務？

（3）本案中承運人的責任期間如何界定？

（4）你認為貨物的損失應由誰來賠償，為什麼？

（5）如何計算貨物損失的賠償限額？

（6）《海商法》對海上貨物運輸合同的訴訟時效是如何規定的？

【案例14】

土耳其伊斯坦布爾費查姆斯航運和貿易公司所屬的土耳其籍「安娜·俄克麥日」輪（以下稱「安」輪），由香港遠洋公司經營。2014年4月4日至10日，「安」輪在

中國營口港裝載光大公司出口保加利亞的中國大米，共計9761.34公噸。裝貨完畢以後，承托雙方對大米包裝是否符合要求產生嚴重分歧。「安」輪在未向托運人簽發提單的情況下，離開營口港開往鎮江港，並於同年5月4日從鎮江港航行至長江瀏河錨地錨泊，準備調換引水員后繼續開赴目的港。2014年5月5日，托運人即光大公司向上海海事法院提出訴訟前扣船申請，要求法院扣押「安」輪，責令對方提供300萬美元的擔保。光大公司還向法院提供了由中國光大（集團）總公司出具的擔保（反擔保），以及有關證據材料。請問：

（1）什麼是提單？提單有哪些種類？
（2）提單在何時簽發？本案中承運人簽發提單是否正確？為什麼？
（3）提單有哪些功能？
（4）有關提單的公約有哪些？它們的規定有何區別？

【案例15】

2014年8月，廈門特區錦江貿易公司與德國五礦貿易公司簽訂了一份進口2000噸鋁錠的合同。合同約定起運港為巴西伊塔基港、裝運期為2014年8月。該批貨物由天津遠洋運輸公司所屬「大豐」輪承運。「大豐」輪在巴西伊塔基港共裝載了萬噸鋁錠，分別屬於中國三個港口交貨的近20家貨主。2014年11月27日，「大豐」輪駛駛抵廈門東渡碼頭。廈門特區錦江貿易公司經審查其所屬的兩票貨物提單上的裝船日期，均為8月30日，均於9月8日裝完，認為「大豐」輪船期過長，懷疑「大豐」輪在巴西裝貨港倒簽了提單。廈門特區錦江貿易公司經上船瞭解，雖掌握了一些證據材料，但很難確認倒簽提單的事實。由於貨物遲到，給廈門特區錦江貿易公司如約履行國內貿易合同產生了極為不利的后果，因此會承擔巨大的經濟損失。廈門特區錦江貿易公司為維護自己的合法權益，遂於2014年12月2日向廈門海事法院申請證據保全，要求對「大豐」輪倒簽提單的行為予以確認；同時，廈門特區錦江貿易公司還向廈門海事法院提供了1萬元人民幣的擔保，保證如因申請錯誤給天津遠洋運輸公司造成損失時承擔賠償責任。請問：

（1）什麼是倒簽提單？倒簽提單是否能得到許可？
（2）本案是否存在倒簽提單？為什麼？

【案例16】

中國A船務公司某輪裝載500噸香蕉運往歐洲某港口，船長簽發了一式三份清潔提單。到歐洲指定卸貨港時，正值當地港口工人罷工，不能卸貨，罷工持續兩天。船員在罷工期間忘記開放貨艙通風，致使艙內香蕉全部變壞，貨主向法院起訴索賠。承運人以香蕉變壞是由於工人罷工不能卸貨所致，主張免責。提單上載明了提單受中國《海商法》約束。請問：

（1）該案應如何適用法律？
（2）什麼是清潔提單？船長簽發提單的效力如何？
（3）承運人對香蕉全部變壞主張免責能否成立？
（4）承運人是否應當承擔賠償責任？

【案例17】

2013年9月，天遠運輸公司所屬的「大興」輪在上海簽發了5份由上海經香港至悉尼的1,500箱服裝的全程清潔已裝船提單。貨至香港后，由「亞洲」船務公司所屬

的「菲利普」輪裝箱運至目的港。在香港卸貨時，清理貨物時未對貨物表面狀況作任何批註，二程船也簽發了清潔提單。同年 11 月，貨物運抵悉尼後，收貨人發現貨物表面和內部均有不同程度的鹼性污染。經調查，系因承運人將服裝與肥皂同裝一艙所致。收貨人於 2014 年 10 月在香港法院起訴天遠運輸公司。請問：

（1）本案服裝受損責任在何方？

（2）收貨人可否對天遠運輸公司提起訴訟？

（3）收貨人對天遠運輸公司的起訴是否超過了訴訟時效？

（4）假設天遠運輸公司賠償損失後，可否向亞洲船務公司追償？

【案例 18】

甲船務公司與乙石油公司簽訂了《定期租船合同》，約定由甲船務公司所有的 A 輪運輸乙公司的原油，合同約定了違約責任：如欠付租金，船東有權將船舶從營運中撤回，且不影響未來對承租人的索賠權利等。按照乙石油公司指示，A 輪承載了乙石油公司從丙油田購買的原油運送到目的港，但在此期間，乙石油公司未依合同向甲船務公司付租金和其他費用。請問：

（1）定期租船合同與航次租船合同有何區別？

（2）甲船務公司是否有權撤回船舶？

（3）甲公司在提起訴訟期間申請扣押 A 輪所載的原油，但乙石油公司辯稱該原油因未付給丙油田貨款，故不屬其所有，甲公司的請求是否能夠得到法院的支持？

【案例 19】

張某與甲海運社簽訂了一份《船舶租賃合同書》，租用甲海運社的 B 輪經營海上貨物運輸，租期 1 年，租金 1000 元/月；並約定自租船之日起，船舶的維修及設備添置、船員配備、船舶的營運、責任事故造成的毀損，由張某負責。交船後，張某對船進行了維修，並且配船員投入營運，安全運行了 4 個多月後，一次航程中因高壓油泵故障拋錨，后又因風浪較大，船艙進水下沉，船貨全損。經查，事故的主要原因是船體質量欠佳，船舶的不適航性造成的。請問：

（1）本合同是定期租船合同還是光船租船合同？為什麼？

（2）交船時，該船是否具有適航性？

（3）張某能否依據《海商法》的有關規定對甲海運社要求損失賠償？為什麼？

（4）《海商法》對船舶租用合同的訴訟時效是如何規定的？

【案例 20】

2014 年 12 月 3 日王某在大鵬旅遊公司購票，12 月 5 日登上長城船務公司所屬的「銀斧」號客輪，行李中攜帶有自製雷管和汽油一桶。王某與船員張某相熟，托張某保管。張某將雷管和汽油分開藏於船上兩個地方。翌日，張某感覺船上有雷管太危險，報告了船長，船長命令將雷管拋入海中以絕后患。同年 12 月 7 日，「銀斧」號遇風浪，顛簸中汽油桶受碰撞破裂，汽油外溢，燃起大火，燒毀船舶財產價值 10 萬元人民幣，旅客行李 50 件。旅客對「大鵬」旅遊公司提起訴訟。被告主張賠償責任限制。請問：

（1）「銀斧」號船員張某在該次海上旅客運輸中是什麼法律地位？

（2）大鵬旅遊公司應否承擔賠償責任？能否主張海事賠償責任限制？

（3）假設長城船務公司起訴張某，要求張某承擔賠償責任。張某反訴，要求「長城」船務公司承擔「銀斧」號銷毀雷管、侵犯自己財產權利的侵權賠償責任，雙方是

否應承中自對對方的賠償責任？

【案例21】

天津甲公司與荷蘭乙公司簽訂了出口香腸的合同，價格條件是CIF鹿特丹，甲公司依合同的規定將香腸用木桶裝妥后由承運人所屬的「美虹」號貨輪運輸。該批貨物投保了水漬險並附加滲漏險。「美虹」號在途中由於突遇臺風使船劇烈顛簸，當船抵達目的港時發現大部分木桶破碎，貨物損失約20萬美元。請問：

(1) 本案應由誰簽訂海上貨物運輸合同？
(2) 本案應由誰向保險公司辦理保險？
(3) 本案應由誰向保險公司提出索賠要求？
(4) 承運人按照《海商法》是否可以免除貨物損失的賠償責任？
(5) 什麼是水漬險？它與平安險、一切險有何區別？
(6) 滲漏險屬於一般附加險還是特別附加險？

【案例22】

2012年3月15日，「回浪」號油輪滿載原油在公海上與另一輪相撞，船體傾斜，原油外溢。「回浪」號船長與「可替」救助公司簽訂了該救助公司提供的格式救助合同。合同中約定：即使救助無效果，也應給予救助公司相當於救助費用2倍的報酬。3月20日，救助未獲成功，油輪沉沒，原油污染了大片海域。4月1日，救助公司請求救助費用時，油輪所有人A公司稱：救助合同是船長越權代理行為，依法為無效合同。根據「無效果，無報酬」的國際慣例，救助未獲成功，不應支付報酬。2014年3月29日，救助公司提起訴訟，要求A公司按合同約定支付救助報酬。請問：

(1) 本案油輪船長簽訂的救助合同是否屬於越權代理？
(2) 本案救助方應否獲得報酬？
(3) 被告可否要求法院變更救助合同中的報酬條款？
(4) 原告起訴是否超過了訴訟時效期間？

【案例23】

2014年6月24日，屈某所有的宜機96號船，裝載黃沙15噸，自宜昌縣樂天溪下駛，進入長江水域后，尾隨四川省墊江縣航運公司所屬墊江3號船隊行駛。雙方行至陡山沱附近時，宜機96號船追越墊江3號船隊，與該船隊左側的渝道13號駁船碰撞，致宜機96號船沉沒。為此，屈某向武漢海事法院起訴稱：宜機96號船進入長江水域后，與墊江3號船隊保持30多米橫距並列下駛。行駛至陡山沱附近時，墊江3號船隊慢車分別讓川陵30號、江渝6號輪從其右航追越，宜機96號船便超越該船隊。宜機96號船行至陡山沱時，由於墊江3號船隊忽視瞭望，穩向加車，造成船隊左側駁船左前角與宜機96號船右舷尾部碰撞，使宜機96號船當即沉沒。墊江3號船隊是追越船，根據《內河避碰規則》關於「追越船在追越過程中應當避讓被追越船」的規定，墊江3號船隊沒有避讓，造成碰撞事故，應當承擔賠償責任。要求四川省墊江縣航運公司賠償事故直接經濟損失12,393元。

四川省墊江縣航運公司辯稱：發生碰撞是由於宜機96號船違章追越所致，這次事故的全部責任應由宜機96號船所有人屈某負責。請問：

(1) 船舶碰撞的成立條件有哪些？
(2) 如何界定船舶碰撞的責任？

(3) 本案損失應由誰承擔，為什麼？

【案例 24】

金一公司所屬「金一」輪為趕船期，在公海航線上超速行駛。在平行趕超一艘以正常速度航行的小型載貨駁船時，因航速過快，兩船距離太近，「金一」輪掀起的水浪把駁船掀翻，貨物落海，船上 5 名船員落水呼救。「金一」輪不予理睬，繼續開航。駁船船員遇救后遂向「金一」輪起訴，請求「金一」輪承擔航舶碰撞賠償責任。「金一」輪則辯稱：「金一」輪船體並未接觸駁船，不能按碰撞責任處理。請問：

(1) 本案中，「金一」輪的抗辯理由是否成立？
(2) 「金一」輪違反了哪些法定義務？應承擔哪些賠償責任？
(3) 如何確定船舶碰撞請求權的訴訟時效？

【案例 25】

「天倫」號貨輪從香港至日本的航行中因遇雷暴天氣，使船上部分貨物失火燃燒，大火蔓延到機艙。船長為滅火，命令船員向艙中灌水，由於船舶主機受損，不能繼續航行。船長雇拖輪將「天倫」號拖到避難港。請問：

(1) 什麼是海損？海損包括哪幾種？
(2) 失火燒毀的貨物屬於什麼海損？

【案例 26】

「平安」號貨輪因疏於瞭望，在渤海海面與「海風」號客輪相撞（「海風」號底艙裝了部分貨物）。「平安」號船體撞擊部分變形，「海風」號客艙進水，緩慢下沉，「海風」號船長一邊指揮船員拋棄貨物和旅客行李，一邊命令船舶全力衝向海灘，使其擱淺，避免了沉沒；忙亂中 1 名船員不慎落水，被「平安」號救起。「平安」號抵達第一個港口 A 港后宣布了共同海損，貨方認為因碰撞導致船方延遲交貨，造成貨方在下手交易中違約，買方因此索賠的損失應列入共同海損；並且指出船方的損失是由於自己的過失造成的，無權要求共同海損分攤。「海風」號被拖輪拖至 A 港后，也宣布了共同海損。船長認為拋海的貨物和旅客行李以及拖航費用、擱淺造成的船損等，都應列入共同海損，參加分攤。請問：

(1) 如何區分單獨海損與共同海損？共同海損的成立條件有哪些？
(2) 本案中「平安」號貨方有關共同海損的意見是否正確？
(3) 「海風」號船方意見是否正確？
(4) 「平安」號是否可以請求救助人命的救助報酬？

國家圖書館出版品預行編目(CIP)資料

海商法 / 李賀，胡聰編著. -- 第一版.
-- 臺北市：崧博出版：財經錢線文化發行，2018.10

　面；　公分

ISBN 978-957-735-589-8(平裝)

1.海商法

587.6　　　　107017190

書　名：海商法
作　者：李賀、胡聰 編著
發行人：黃振庭
出版者：崧博出版事業有限公司
發行者：財經錢線文化事業有限公司
E-mail：sonbookservice@gmail.com
粉絲頁　　　　　　網　址：
地　址：台北市中正區延平南路六十一號五樓一室
8F.-815, No.61, Sec. 1, Chongqing S. Rd., Zhongzheng Dist., Taipei City 100, Taiwan (R.O.C.)
電　話：(02)2370-3310　傳　真：(02) 2370-3210
總經銷：紅螞蟻圖書有限公司
地　址：台北市內湖區舊宗路二段121巷19號
電　話：02-2795-3656　傳真:02-2795-4100　網址：
印　刷：京峯彩色印刷有限公司（京峰數位）

　　本書版權為西南財經大學出版社所有授權崧博出版事業有限公司獨家發行電子書及繁體書繁體版。若有其他相關權利及授權需求請與本公司聯繫。

定價：400元
發行日期：2018年 10 月第一版
◎ 本書以POD印製發行